浙江省哲学社会科学规划课题成果（项目号：23NDJC314YB）

高丽青瓷纹饰整理与绘录研究

翁妙妙　吴新伟　著

浙江大学出版社·杭州
ZHEJIANG UNIVERSITY PRESS

图书在版编目（CIP）数据

踵武前贤 临流摹影：高丽青瓷纹饰整理与绘录研
究 / 翁妙妙，吴新伟著. -- 杭州：浙江大学出版社，
2025. 6. -- ISBN 978-7-308-26018-3

Ⅰ．K883.120.63

中国国家版本馆 CIP 数据核字第 2025VW3043 号

踵武前贤 临流摹影——高丽青瓷纹饰整理与绘录研究

翁妙妙 吴新伟 著

策划编辑	吴伟伟
责任编辑	陈 翮
责任校对	丁沛岚
封面设计	雷建军
出版发行	浙江大学出版社
	（杭州天目山路148号　邮政编码310007）
	（网址：http://www.zjupress.com）
排　　版	大千时代（杭州）文化传媒有限公司
印　　刷	杭州捷派印务有限公司
开　　本	710mm×1000mm　1/16
印　　张	23
字　　数	336千
版 印 次	2025年6月第1版　2025年6月第1次印刷
书　　号	ISBN 978-7-308-26018-3
定　　价	128.00元

浙江大学出版社市场运营中心联系方式：（0571）88925591；http://zjdxcbs.tmall.com

미술학박사 강성곤 (姜星坤)

호남대학교 대학원 문화예술경영학과 명예교수
한국도예진흥원 초대고문
한국도자교수협의회 회장

　도자는 고대로부터 중국에서 최초로 발명되어 그 우수성과 함께 동서양을 막론하고 전 세계로 전파된, 중국 고유한 유형의 세계적인 문화유산으로서 인문학, 과학, 예술의 최고 결집체라고 단언할 수 있습니다 .

　중국의 우수한 도자 유형에는 여러 가지가 있지만, 그 중에서도 특히 용천지역에서 발생한 청자는 천육백여년의 기예의 종합으로서, 푸른 옥의 수려함과 천봉취를 얻은 곱고 귀한 유색으로 천지의 신비한 아름다움과 심연의 고요함이 있으며, 부드럽고 우아한 조형미를 품은 아름다운 자태를 지니고 있어 월요도자와 함께 그 존재만으로 심미적 가치가 절정인 예술품으로서 높이 인식되고 있음을 잘 알고 있습니다 .

　한국의 청자도 역시 이러한 중국의 우수한 송대의 용천청자와 월요청자를 근본으로 하여 고려에 유입되면서 그 영향으로 한국의 도자 유형 중 가장 뛰어남 한국 도자를 대표하는 고려청자가 탄생되었고, 이후 고려만의 독창적인 기법인 상감청자로 발전하였으며, 나아가 일본 및 세계 모든 청자의 모태가 되었습니다 .

　이 글을 쓰는 저는, 중국과 중국 도자를 너무나 좋아하고 사랑하는 한국 대학의 도자전공 교수로서, 오래 전에 청자를 연구를 시작하면서 중국 용천과 용천청자에 관해 공부하게 되었고 그러한 연유로 2014년에는 '한국대학도자교수협의회'의 많은 교수들과 용천을 방문하여 '용천청자박물관'에서 "中·韓 청자학술대회 및 中·韓 청자예술교류전시회"를 주관하고 논문을 발표한 경험이 있어 항상 용천청자와도 밀접한 관계를 맺고 있다고 스스로 자부하고 있습니다 .

더구나 본 청자의 전문저서인 "고려청자 장식문양 정리 및 회록에 관한 연구"는 중국 용천지역의 젊은 학자이자 리쉐이대학 교수인 웡박사의 한국 고려청자에 관한 연구로서 中·韓 양국의 청자에 관한 교차연구라는 점에서 저를 포함한 한국 연구자들의 큰 관심과 더욱 깊은 의미를 갖게 하였고, 마침내 이제 그 연구 결과를 전문저서로 출간하게 되었음을 한국의 학자들과 함께 축하와 힘찬 격려의 박수를 보내드리고자 합니다 .

특히 저자인 웡박사와 저는, 한국에서 연구 활동을 하는 동안 중국 청자와 한국 청자의 비교 연구에 심취하였을 때 만난 이후로 다년간 도자의 학술 연구와 청자디자인 작품 등의 교류를 함께 하였으며, 특히 고려청자로 대표적인 고요지가 밀집된 지역인 강진과 가까운 호남대학에서 강진을 왕래하며 전시와 청자에 관한 연구를 함께 진행하였던 기회로 깊은 학술적인 인연을 가지고 있습니다 .

그 시절 웡박사는 멀리 타국생활에서의 어려움을 극복하면서 전문적인 연구 능력 배양과 함께 자기 계발에 열중하였고, 지식과 경험의 범위를 넓히고자 노력하였던 뛰어난 연구자였습니다 . 또한 웡박사는 예술적 수준이 높은 도자디자인 분야의 공동연구 및 국제행사와 프로젝트에도 참여하여 우수한 성과를 거두는 등 예술분야에서의 학술연구 역량과 기획 및 추진 능력 등을 크게 인정받았습니다 . 이것을 계기로 한국의 도자분야의 학자 및 예술가들은, 웡박사의 체계적인 전문 지식과 연구 능력은 물론이고, 다양한 국제적인 경험, 낙천적이고 관대한 성격, 팀워크와 및 친화력 등에서도 매우 우수한 리더로 평가하였습니다.

따라서 본 저서인 "고려청자 장식문양 정리 및 회록에 관한 연구"에 나타난 많은 기록들은 윙박사의 훌륭한 연구 능력에 근거한 그 동안의 연구성과이자 결과물이라고 판단됩니다.

이 저서의 내용에는, 중국의 학자로서 한국의 도자 전문가들도 쉽지 않은, 한국 청자의 도자사적 위치와 가마터, 고려청자의 예술적, 기술적 특징 및 중국 월요청자와의 비교분석을 통한 상관성, 연관 관계 등을 규명할 수 있도록 체계적인 연구와 수준 높은 논술 등을 포함하고 있어 청자분야에 있어서 국제적으로도 매우 괄목할 만한 훌륭한 성과로 인정받기에 충분하다고 판단됩니다.

또한 고려청자 장식문양을 분류하여 정리하고 그리기, 각 박물관별 고려청자 유물에 대한 분석과 해설 등은 중국에서 한국 고려청자를 이해하고 연구하는데 꼭 필요한 전문서적으로 참고문헌의 역할과 함께 청자를 공부하는 전공자와 도예가들에게 실습을 위한 장식문양을 다양하게 활용할 수 있는 좋은 지침서가 될 수 있을 것이라고 확신합니다.

그리고 저는 본 우수한 저서가 나오기까지 윙박사의 한국에서의 연구과정을 가끔 지켜 본 적인 있었습니다. 윙박사는 연구의 질적 수준과 내용의 완성도 높이기 위해서 많은 시간 동안 한국의 고려청자와 관련된 여러 전문기관인 '강진청자박물관', '강진청자디자인연구소', '부안청자박물관', 그리고 '단국대학교 강진도예연구소', '호남대학교 도서관' 등의 많은 기관들을 직접 탐방하고 토론하며 참고문헌과 자료를 수집하는 최대한의 노력을 다하였음을 저는 잘 알고 있습니다. 또한 항상 윙박사의 곁에서 연구 활동을 위해 또 다른 도움을 주신, 또한 저와 함께 한국에서 박사과정 강의를 했던 동료로서, 용천청자의 문양과 각획분야의 석학이신 우신웨이 교수님의 내·외적으로 헌

신적인 노력이 있었다는 점도 잘 알고 있습니다 . 모두 이글을 통해 깊은 경의를 표하고자 합니다 .

끝으로, 본 한국 고려청자에 관한 연구가 바탕이 되어, 윙박사의 앞날에 더욱 훌륭한 국제적인 연구 업적과 깊이 있는 학문적 성과를 이루기를 바라고, 청자 학술분야의 연구자로서 높은 위치를 성취할 수 있기를 기대합니다 .

2024. 07

踵武前贤　临流摹影
高丽青瓷纹饰整理与绘录研究

序
一

美术学博士　姜星坤

韩国湖南大学研究生院文化艺术经营学名誉教授
韩国陶艺振兴院首任顾问
韩国陶瓷教授协会会长

[韩] 李泳旼 译

　　陶瓷，作为自古便诞生于中华大地的伟大发明，以其卓越品质跨越东西方文明疆界传遍寰宇，堪称凝聚人文精神、科学智慧与艺术精髓的世界级文化遗产。

　　在众多优秀的陶瓷品类中，中国龙泉地区孕育的青瓷尤为璀璨夺目。历经一千六百余载的技艺积淀，其釉色如碧玉般温润通透，似千峰叠翠般清雅脱俗，既蕴含着天地造化之玄妙，又暗合幽谷空灵之静谧。其器型线条柔美典雅，与越窑青瓷共同构筑起中国青瓷艺术的巅峰之境。

　　高丽青瓷正是以宋代龙泉窑青瓷与越窑青瓷为根基，经高丽王朝吸纳融合而催生出的独具特色的青瓷种类，并在此基础上衍生出具有独创性的象嵌青瓷工艺，不仅确立了其在韩国陶瓷史上最具代表性的地位，更成为日本及东亚青瓷艺术的重要源头。

　　我非常喜欢中国和中国的陶瓷。作为韩国高校的陶瓷专业教授，自早年起，便潜心钻研龙泉青瓷，了解中国青瓷相关文化。2014 年，我曾与韩国大学陶瓷教授协会的同仁造访龙泉，在龙泉青瓷博物馆主办的"中韩青瓷学术研讨会暨中韩青瓷艺术交流展"上发表论文。自此,我与龙泉青瓷结下了深厚的学缘。

此次付梓的专著《踵武前贤 临流摹影——高丽青瓷纹饰整理与绘录研究》,是丽水学院翁妙妙博士以跨文化视角对韩国高丽青瓷展开的系统性研究,其选题蕴含中韩青瓷交叉研究价值,对于包括我在内的韩国陶瓷研究者都具有重要的参考意义。值此专著问世之际,谨代表韩国陶瓷学术界致以热烈祝贺及诚挚敬意。

我与翁博士的学术情谊始于共同探索中韩青瓷比较研究的相关课题。翁博士在韩国开展学术交流期间,我们曾一起深入全罗南道康津郡——这片遍布高丽古窑址的陶艺圣地,开展了系列研究及展览活动。在此过程中,我们建立了深厚的学术合作基础。翁博士在异国求学历程中展现出的治学热忱与专业素养令人钦佩,其在国际陶瓷领域的实践研究能力广受韩国陶艺界认可。学界同仁对翁博士乐观豁达的性格、扎实的学术功底、卓越的策划与统筹能力以及开阔的国际视野给予了高度评价。

本著作通过对高丽青瓷窑址遗存、艺术风格及技术特性的深度剖析,特别是与龙泉窑青瓷、越窑青瓷的跨文化比较研究,构建起具有国际学术视野的研究架构。书中对高丽青瓷装饰纹样的科学分类与图录编撰,以及对各博物馆藏品的专业解析,不仅为理解中韩青瓷文化关联提供了关键性的学术参照,更将成为陶艺创作者取法传统纹样的实用指南。

作为见证者,我深知这部著作背后凝聚的心血。翁博士学术态度严谨,为丰富研究对象、提升研究质量,她遍访韩国康津青瓷博物馆、韩国扶安青瓷博物馆等专业机构，在韩国檀国大学康津陶艺研究所、韩国湖南大学图书馆等地进行大量文献考据与田野调查。此外，我还知道，在翁博士的研究过程中，始终有一位得力助手相伴左右，那就是她的爱人，也是曾与我一同在韩国担任博士生导师的吴新伟教授。吴教授也是龙泉青瓷刻划纹饰研究领域的权威学者，他学养深厚，为翁博士的研究提供了很大的帮助。在此，我向吴新伟教授表示深深的敬意。

最后，我期待翁博士以这部关于韩国高丽青瓷的研究成果为基石，在未来能取得更加辉煌的国际研究成就与深厚的学术造诣，在青瓷学术领域勇攀高峰。也衷心希望翁博士能够以青瓷传统纹样为基础，开展现代青瓷设计工作，在推动青瓷文化走向全球的进程中绽放别样光彩。

2024 年 7 月

序二

张建平

丽水学院资深教授

陶瓷艺术二级教授

于丽水学院，有一女博士，雅号妙妙。其对高丽青瓷与浙江青瓷予以深彻详究，遂获二者发展之源流脉络、文化内涵之同异殊别，以及相互交融冲荡后所呈之艺术状貌等。

往昔之彼，初为乡邑之执事者。然其心向艺术之境域，于二○一三年决然离乡邑，赴丽水学院龙泉青瓷协同创新中心任事，彼时吾乃中心之主理者。历经八载，妙妙于此间奋勉之历程，为其后考研读博及文化艺术之发展筑就坚牢之基。吾亲睹妙妙自寻常乡邑一员至青瓷科研工作者之蜕变，亦见其于中心此片沃壤辛勤耕耘，淬砺技艺，渐成己身独特之研究方向与视角之历程。此番，彼将研究成果汇聚成著述，于出版之前，邀吾作序。

妙妙负笈韩国读博。韩国，乃高丽青瓷之发祥地，丰饶之历史文献、实物标本与学术资源，以及高丽青瓷之历史背景、制作工艺与艺术特质等，皆为其撰写专著提供翔实之基。于韩攻博之期，彼获佳机与异国之学者、专家交相协作，共论青瓷艺术之演进与创新。此越境之文化学术交流，不惟拓展其研究之视域，亦擢升其研究之水准。

高丽青瓷，乃中韩两国民间瓷业交流融合之硕果，亦为两国不同文化艺术特色相碰相融之产物。然于诸多中外所出之高丽青瓷典籍中，虽内容繁富，图纹明晰，然囿于赏鉴与收藏之境，对实物标本之整理、分类、绘录之探究鲜见。高丽青瓷刻划装饰之发展虽有临摹中国越窑之痕，然于自身发展之程中展前所未有之多元与创新之神，所获成效非生硬之移置，乃依其民族文化之特质而作改易与调适，实乃借鉴与辩证运用之典范也。

妙妙之著述，自诸多维度对高丽青瓷及其刻划纹饰作深度之析解，于制作工艺则结合实例而详述备至，其构图、纹饰、线条、色彩等刻划皆清晰昭然。彼尝力于整理与绘录之际，探寻高丽青瓷之中国特征与元素，深入剖析中韩两国青瓷之源流及发展之脉络。

妙妙于专著中亦对高丽青瓷与越窑青瓷、龙泉窑青瓷之交融与碰撞详加探讨，以揭二者文化内涵与艺术形式之共通及差异。此著实可为吾等呈现全新之视角以观此二种瓷器，亦可助吾等更善体悟世界陶瓷文化之深邃广博与多元融会。此著不单为吾等供以珍贵之学术资源，更彰妙妙于文化艺术之域不懈探索、勇攀高峰之精神风仪。吾笃信，于来日之岁月，妙妙必能于艺术之途踔厉奋发，为促中韩两国于青瓷艺术领域之交流与合作立新功也。

二〇二四年六月书于丽水

目 录

绪论

　　世界上的"陶瓷文化"，舍去中国何谈也。在全球陶瓷文化的浩瀚星空中，中国无疑是一颗璀璨明珠，影响力深远而广泛。韩国的陶瓷文化，同样深深植根于中国的广袤土地，是越窑青瓷发展出的最为重要的海外代表瓷种，是具有中国特征的"非本土青瓷物种"。高丽青瓷不仅在韩国陶瓷历史上地位显著，在世界陶瓷史上也有一席之地。10世纪，随着越窑青瓷的传入，高丽青瓷在接受与模仿中步入发展之路。富有中国特征的刻划花纹被普遍使用，经过11世纪的不断改进与技艺革新，到12世纪，高丽青瓷刻划技术与艺术性达到巅峰，构筑成独具民族特色的象嵌样式的高丽青瓷特征。本书旨在将高丽青瓷刻划纹饰置于中国画层面予以分析，运用线描表现实现刀法与笔法的艺术转换，以符号化的视觉呈现表达工艺体验、文化思考以及视觉愉悦。同时，从工艺美术技艺的层面予以展开，对传播到国外的中国工艺文化进行细致分析，准确而较为全面地揭示高丽青瓷富含的中国特征，并通过比较得出什么样的刻划纹饰本质特征是高丽青瓷所独具的。

一、研究背景与意义

　　朝鲜半岛的高丽青瓷刻划纹饰技艺是中韩两国人民智慧的结晶，反映的是时代背景下的民族文化特征，是以青瓷为载体表达自然之道、文化之趣。系统研究高丽青瓷刻划纹饰的整理与绘录，既是对这一传统艺术方式的重新认识，有助于正本清源，也是对中韩两国青瓷文化交流的保护与传承。

本书将涉及韩国高丽时期青瓷纹饰的造型观、表现技艺、传承方式、工具材料利用等，既是对传统青瓷文化的发掘与整理，更是对这一"刻划技艺"绘画性的解剖与再认识的过程。找准高丽青瓷刻划纹样的本质特征与内涵，对于推动中韩陶瓷装饰技术创新，进一步促进工艺交流，具有重要的现实意义。

高丽青瓷刻划装饰的发展虽然起步于临摹和借鉴中国越窑，但其纹饰的多样性与革新创新精神是空前的，取得的效果并非生搬硬套的移植，而是依据其民族文化特质作出改造和适应，是借鉴和移植辩证应用的典范。本书利用中国画白描绘制方法重现高丽青瓷装饰纹饰，其具有档案应用的文献史料价值，有助于青瓷技艺的踵事增华，对拓展国内外青瓷的研究视野、传播中国文化都具有重要的学术意义。

二、国内外研究现状

高丽青瓷既是中韩两国民间瓷业交流与融合的结果，更是中韩不同特征的文化艺术相互激荡的产物。高丽青瓷华丽的刻划纹饰，成为中国青瓷外传史中摹仿与发展之典范。然综观中外出版的高丽青瓷图录，虽丰富但多以鉴赏、收藏为主题，专门以实物标本绘制图录开展研究者所见极少。

目前关于国内窑系刻划纹饰的研究中，代表性作品如《越窑纹饰》，该书较为全面地介绍了越窑刻划纹饰，同时进行纹饰描绘，涉及刻划纹饰种类近30种；《宋代陶瓷纹饰精粹绘录》，以宋代六大名窑作为研究对象，由各窑系而引申到宋瓷装饰；《宋代龙泉窑青瓷刻划纹饰绘录研究》，对龙泉窑刻划纹饰标本遗存展开研究，以国画白描绘制纹饰，笔法精到，较为全面地反映了龙泉窑刻划的精华。但以上研究并未涉及高丽青瓷刻划纹饰。关于高丽青瓷的研究中，如《翡色出高丽：韩国高津高丽青瓷特展》《尚青：高丽青瓷特展》等专著以及论文《高丽青瓷与同时期中国青瓷装饰技法比较研究》等，多为文字与实物图录，即使有考古绘制附图，也未能充分体现刻划纹饰的全貌及神韵。因此，不论是从制瓷工艺传承与发展的角度还是从探究海外青瓷具有的中国特征的角度，均迫切需要开展对高丽青瓷刻划纹饰整理与绘录的研究。

对韩国康津窑场的调查与发掘始自1910年，至今可以确认的窑址已有188处，可见其生产规模的庞大。在对朝鲜半岛海岸航道流通的水下考古发掘中，忠清南道泰安郡大岛海域出水了2.3万余件遗存。其他如在对杭州临安南宋宫殿、城址的发掘中，恭圣仁烈皇后宅遗址出土14件高丽青瓷。以上均表明，当时的高丽青瓷已进入中国宫廷贵族的生活，并以较高的技艺水平得到广泛认同。在一定意义上，高丽青瓷是中国青瓷刻划工艺技术外传的功绩。本书以高丽青瓷的历史性地标韩国康津郡窑场出土的实物，以及中口韩各大博物馆收藏的高丽青瓷实物遗存作为研究对象，区别于其他考古绘制图录，以线描绘画的方式呈现；试图在整理与绘录过程中总结高丽青瓷的中国特征及元素，探索中韩两国青瓷的渊源与发展脉络。

三、研究内容与方法

本书的研究内容主要包括三个方面：一是阐述高丽青瓷的传承与创新演进历程，涉及越窑、龙泉窑等的传播及其影响，中国青瓷行业技师的传入、交流与高丽青瓷技术革新，刻划纹饰呈现的中国符号特征及对比研究，刻划纹饰的借鉴移植与创新等；二是通过梳理与分析现有资料和实物，将高丽青瓷遗物按不同题材、风格和技法进行分类、归纳和总结；三是按主题、内容对高丽青瓷刻划纹饰进行整理和分类，并对其绘制技法（包括线条、色彩、构图等方面的技巧和方法）、艺术特色和文化内涵进行深入的剖析、研究与总结。

在研究方法上，本书从考古学、艺术学、文化学入手，综合采用了文献研究、实物考察、比较分析、整理与绘录等方法。通过查阅相关文献资料、参观博物馆和展览、实地考察遗址和窑址等方式获取资料以支撑研究内容；运用比较分析法，对不同时期的高丽青瓷刻划纹饰进行横向和纵向的比较分析，并对中国青瓷和高丽青瓷刻划纹饰、演变特点和发展趋势进行对比研究，探究中韩两国陶瓷审美演变趋势以及社会意识形态的变迁；通过整理与绘录，对高丽青瓷遗物进行归类、分析、研究，并对高丽青瓷遗物上的刻划纹饰进行分类绘制和展示，以更好地彰显其纹饰和线条的独特魅力，感受其艺术特色和文化内涵，并形成专著出版，回馈社会，以供参考。

四、研究展望

　　未来，拟将本书的研究成果应用于文博、美术、考古等专业的教学实践、技能培训中，以及用于国外留学生交流学习等，以满足陶瓷人才培养模式发展与生产技术需求；加强与国内外相关机构的合作与交流，通过举办展览、出版书籍等方式向公众展示青瓷刻划这一艺术形式的魅力，共同推动陶瓷艺术研究的深入发展；同时，将成果送呈相近行业的政府管理机构、院校等，为中韩两国青瓷产业发展提供技术支持，提升青瓷的文化传播价值，丰富青瓷文化内涵，服务于区域经济社会发展；最后，将继续深化对高丽青瓷刻划纹饰的学习与研究，探索其艺术特色和文化内涵，积极推动陶瓷优秀传统文化的创造性转化，探寻传统和现代之间的和谐与平衡，使其在新时代背景下展现出独特的文化品格和美学追求。

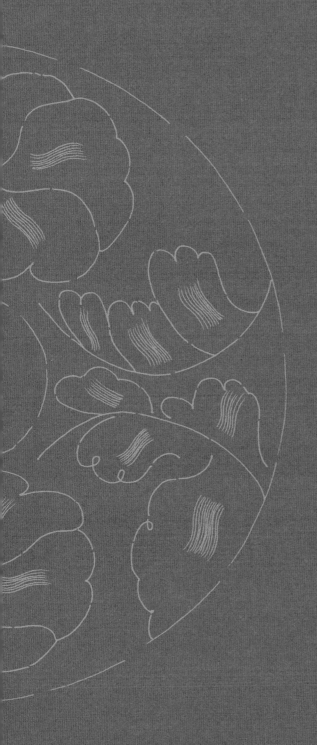

第一章

高丽青瓷的社会背景

一、高丽青瓷文化溯源

中国是世界上最早生产陶瓷的国家，陶瓷改善了人们的物质生活和精神生活，为人类文明做出了伟大贡献。中国与朝鲜半岛在历史上存在着深入的文化与技术交流。中国的越窑青瓷技术在 9 世纪末 10 世纪初传入朝鲜半岛，对高丽王朝时期（918—1392）的陶瓷艺术产生了深远影响。高丽工匠在学习和掌握了越窑的先进制瓷技术之后，并不是简单复制，而是结合本地资源、审美心理及文化特点，创造了具有朝鲜半岛民族特色的青瓷作品。这种青瓷艺术在高丽王朝时期达到巅峰，不仅在技艺上炉火纯青，更在美学上独树一帜，逐渐形成高丽青瓷这一独特的艺术门类。高丽青瓷因其细腻的釉色、优雅的造型和精致的装饰艺术，不仅深受当时民众的喜爱，也成为高丽王朝文化瑰宝的重要组成部分，对后世韩国陶瓷艺术乃至东亚陶瓷艺术的发展都有着不可磨灭的影响。高丽青瓷至今仍然是韩国文化遗产的骄傲标志。

"高丽青瓷"这一称谓的由来，正是鉴于韩国青瓷在高丽王朝时期发展达到鼎峰。这一时期的韩国青瓷，无论是工艺还是品质，都展现出了极高的水准，堪称精品辈出。因此，人们习惯在"青瓷"之前冠以"高丽"二字，以凸显其历史地位。

高丽青瓷在初创阶段确实受到了中国越窑的深远影响。在这一时期，高丽青瓷以单色青釉为主，色泽温润如玉，类似中国越窑青瓷的典雅风格。从窑炉的建造技术和烧制工艺上看，高丽工匠学习并借鉴了越窑的经验，采用了类似的龙窑结构，并在烧造过程中对装烧工艺（包括匣钵装烧、垫具使用等技术）进行了仿效和改进。[1] 在产品类型和造型艺术上，高丽青瓷起初也基本遵循了越窑的样式和技法，生产出了碗、盘、瓶、壶等各种日常用品和祭祀用具，其纹饰、线条、器型等方面都能看出越窑青瓷的影子。[2] 然而，随着时间的推移和本土化创新的推进，高丽青瓷逐渐形成了自己的艺术风格，例如在釉色、装饰手法、器物造型等方面展现出独特的审美取向和民族特性。此外，在窑政管理上，高丽青瓷生产也参照了唐宋时期的管理模式，包括官窑与民窑的划分、产品质量控制、工艺传承等环节，这不仅保证了高丽青瓷的质量和产量，也为其后期的发展壮大打下了坚实基础。此后数百年间，高丽陶工探索并掌握了阳刻、阴刻、镂雕、象嵌、铁绘、辰砂等多种装饰技法，特别值得一提的是12—13世纪出现的象嵌青瓷和翡色青瓷，别出心裁、独树一帜，开创了青瓷装饰工艺的新纪元。高丽青瓷最终成为世界陶瓷艺术史上的璀璨明珠，对后世韩国以及其他地区陶瓷艺术的发展产生了深远影响。高丽青瓷多变的装饰技法不仅表现了自然万物的生动姿态，也充分反映了高丽时期的人们喜欢从自然中获取灵感。北宋徽宗宣和年间（1119—1125），出使高丽的徐兢在其所著的《宣和奉使高丽图经》中记载"陶器色之青者，丽人谓之翡色。……制作工巧，色泽尤佳"，又指出："狻猊出香，亦翡色也。……诸器惟此物最精绝。"他盛赞高丽青瓷釉色晶莹剔透、如翡似翠，如汝窑"雨过天青"釉色一般，呈现出"师法自然"的美学精神。南宋太平老人在《袖中锦》中也赋予高丽青瓷"天下第一"的称号。高丽青瓷是制瓷世界化的肇端，对世界制瓷史有着划时代的意义。

辽圣宗（971—1031）永庆陵以及现杭州、宁波等地的宋元遗址出土的高丽青瓷残片，是高丽青瓷流通以及反哺流入中国的直接证据。高丽青瓷主要通

1　[韩]姜敬淑：《韩国陶瓷史》，一志社，1989年，第36页。
2　[韩]姜敬淑：《韩国陶瓷史》，一志社，1989年，第37—39页。

过外交使节和贸易两种方式传入中国。[1] 宋代赵汝适的《诸蕃志》与罗濬的《宝庆四明志》均记载高丽青瓷作为特产和进口商品的存在，其中《宝庆四明志》详细列出了 1226 年明州（今宁波）进口的贸易品，包括细色和粗色分类，高丽青瓷被归为粗色品而与其他工艺品如金属器、布匹、螺钿漆器等并列。[2] 大约100 年之后，1342 年编纂的《至正四明续志》，在贸易品明细中也列出了高丽青瓷。在山东蓬莱，曾经发现了元末明初的船舶，船上装载有高丽末期象嵌青瓷和陶器等。根据中国方面的有关贸易记录和出土物可知，高丽象嵌青瓷作为商品流入中国市场。高丽青瓷之所以向中国出口，是因为中国国内有购买高丽青瓷的需求。目前在中国各地出土的高丽青瓷，推测大部分是当时中国进口的贸易商品。[3]

二、高丽青瓷窑址

高丽窑，是对古代高丽王朝统治时期烧制陶瓷器窑口的统称。考古资料显示，该时期有多达数十个古窑遗址，如首尔市道峰区北汉山麓窑址、龙仁市二东面西里窑址、瑞山市圣渊面梧沙里窑址、保宁市川北面沙湖里窑址、扶安郡保安面柳川里窑址、庆州市见谷面来台里窑址等。[4] 高丽王朝初期玉璧底青瓷 I 式碗的特征为敞口、浅腹、碗壁斜直缓慢倾斜、内底无圆圈、足径较大而矮，其窑址分布在龙仁市二东面、瑞山市圣渊面、杨州市釜谷里、高兴郡豆原面。据推测，这些窑址皆属于同一窑系。高丽王朝初期玉璧底青瓷 II 式碗的特征为敞口、深腹、

1　[韩]金允贞：《高丽青瓷的制作背景和造型特征》，《当代韩国》2009年第2期。
2　王力军：《宋代明州与高丽》，科学出版社，2011年，第176页。
3　[韩]金允贞：《高丽青瓷的制作背景和造型特征》，《当代韩国》2009年第2期。
4　[韩]姜敬淑：《韩国陶瓷史》，一志社，1989年，第42页。

踵武前贤　临流摹影
高丽青瓷纹饰整理与绘录研究

碗壁斜直急剧倾斜、内底有圆圈、足径较小，其窑址主要分布在康津郡大口面及七良面，其次是在高敞郡雅山面和镇安郡圣寿面。

仁川市景西洞和全罗南道海南郡山二面一带，是主要生产高丽早期粗质绿青瓷的一大窑群。在全罗南道咸平郡孙佛面良才里、灵光郡盐山面梧洞里、忠清南道保宁市川北面沙湖里、庆尚北道庆州市见谷面来台里、釜山市德浦里等地也有生产绿青瓷的窑址，其中灵光郡盐山面梧洞里和咸平郡孙佛面良才里窑址生产的绿青瓷质量好、样式多，而且纹饰的设计与康津郡大口面龙云里出土的Ⅰ式末期青瓷有很多相似之处。[1] 此外，仁川市景西洞、庆州市见谷面来台里、保宁市川北面沙湖里、海南郡山二面珍山里和草松里窑址出土的青瓷质量粗糙，外观简单且有地方特色。海南郡山二面珍山里和草松里窑址不但出土优质青瓷，还有11世纪末到12世纪初的铁画、堆花纹等青瓷，釜山市德浦里古窑址曾是一个生产铁画纹绿青瓷的基地，现已变成繁闹的小街。[2]

目前发现最早的高丽青瓷是在京畿道窑址出土的，而体量最大、品质最优的青瓷则产自全罗南道康津郡和全罗北道扶安郡窑址，这两处窑址被称为高丽时期的"官窑"。康津郡大口面青瓷窑址取自村庄或山的名字，如堂前里窑、观察山窑、尾山窑、龙门里窑、盗贼山窑、巷洞窑等皆以此方式命名，当时出土的遗物上也大幅标明了该要地的名称。[3]《每日申报》1914年6月3日记载：品质最好的青瓷是在堂前里的第一窑和第二窑烧制的，特别是堂前里第一窑的青瓷像纸一样薄、像玉石一样绿，第二窑的青瓷大部分是象嵌图案美丽的大型器皿。1925年日本人中尾万三在发表的论文中公开了康津青瓷窑址的实测图纸和窑址分布图。青瓷窑址实测图纸包括康津郡大口面龙云里、沙堂里下湖土的8

1　[韩]木浦大学校博物馆、全罗南道海南郡：《海南珍山里绿青瓷窑址》，木浦大学校博物馆"学术丛书"第27册，1992年，第59—72、111—145页。

2　[韩]木浦大学校博物馆、全罗南道海南郡：《海南珍山里绿青瓷窑址》，木浦大学校博物馆"学术丛书"第27册，1992年，第53—55页。

3　[韩]尹龙二：《高丽陶瓷窑址的研究》，《考古美术》1986年第171、172期合集。

座窑和七良面明珠里沙邱的 1 座窑等共 9 座窑的图纸，但由于图纸尺寸小，很难确认各窑宽的数字。[1] 该窑址分布图引自 1914 年李王直（音译）博物馆发掘团队制作的分布图。在分布图中，确定为窑址的地方有 18 处，推定为窑址的地方有 47 处。1927 年去过康津的关野贞也画了大口面要地分布图。通往净水寺的龙云水库右侧的山谷被标记为"盗贼窟"（意思是盗贼藏身的地方）。但也有资料对此进行了不同的解释。柳宗悦对 1930 年以前的分布图进行了立体绘制，与以往的分布图不同，盗贼窟被标记为"陶土窟"。后来，日本学者推测，这里原来开采陶土，保留着陶土窟的名字，后来成为发音相似的盗贼窟。[2]

高丽青瓷的窑址主要分为砖筑窑和土筑窑两种形式，朝鲜半岛中西部以砖筑窑为主，西南部则以土筑窑为主，而此两种相异的窑业体系几乎是并行发展的。[3] 砖筑窑在发展过程中常被改建，并且也发现了改建成土筑窑的案例，因此可以推断砖筑窑的出现时代应早于土筑窑。[4] 砖筑窑的生产根基于中国龙窑的筑窑方式，中国华北的馒头窑一般被认定为是土筑窑的前身。砖筑窑和土筑窑两者的最大差异在于规模。砖筑窑规模大，便于大量生产，在高丽青瓷起源时期扮演重要角色的砖筑窑一般被认为始于 10 世纪，约在 11 世纪前半叶遭废除；土筑窑规模小，适用于烧制单件定制作品，因其生产方式适合高丽的自然环境、风土民俗、社会制度等，所以在砖筑窑废除以后，仍以青瓷生产的基础形式残存于高丽时代末期。[5] 在土筑窑中，位于全罗南道康津郡大口面的大窑业基地又逐渐发展为朝鲜半岛的青瓷生产中心。之后，11 世纪至 12 世纪末，由于青瓷生产体制改革，全罗北道扶安郡保安面柳川里周边也出现了大型的青瓷生产窑

1 [韩]高丽青瓷博物馆编：《康津沙堂里高丽青瓷》，高丽青瓷博物馆，2016年，第 165页。

2 [日]浅川巧：《朝鲜李朝陶瓷名考》，高源伸译，湖南美术出版社，2023年，第336页。

3 [韩]尹龙二：《高丽陶瓷窑址的研究》，《考古美术》1986年第171、172期合集。

4 [日]野守建：《高丽陶瓷的研究》，清闲舍，1945年，第593页。

5 [韩]姜敬淑：《韩国陶瓷史》，一志社，1989年，第53页。

踵武前贤　临流摹影
高丽青瓷纹饰整理与绘录研究

业基地[1]，直到高丽末期，康津窑向大口面的龙云里、桂栗里、沙堂里、水洞里以及七良面的三兴里一带扩散，与全罗北道扶安郡保安面柳川里、镇西面一带的青瓷窑共同发展成大规模的官窑形态青瓷窑系。

广为人知的全罗南道康津郡，作为高丽青瓷的杰出代表产地，坐落于山水之间，北侧依山，群山叠翠，大小山峦环抱，南侧濒临广阔的大海，得天独厚的地理位置为陶瓷的海上运输提供了极大便利。此外，该地区还拥有生产陶瓷所需的丰富原料，如高岭土、硅石等，水资源和燃料供应也极其充沛，这为陶瓷制作提供了完备的条件。得益于这样的自然环境和资源基础，结合当地精湛的技术实力，高丽时代的康津陶瓷业实现了跨越式发展，生产出了青瓷、白瓷、黑瓷等多种类型的陶瓷产品，其多样化的风格和精湛的品质更是成为高丽陶瓷发展史上的一座里程碑。

对康津青瓷窑址的发掘与调查始于 1914 年，其后又多次开展。朝鲜总督府博物馆于 1928 年 6 月正式绘制要地分布图，1938 年 5 月为将康津青瓷窑址指定为名胜古迹再次实施了调查。此外，以截至 1938 年的调查报告中的大口面 100 处青瓷窑址分布图为基础，"康津大口面陶窑址"于 1939 年 10 月 18 日被指定为古迹第 102 号[2]，当时范围包括沙堂里、桂栗里、龙云里、水洞里的 87 块地皮。其中，大口面窑址以龙门川为中心，从上游的龙云里一直延伸到中游的桂栗里，并广泛分布于与大海相邻的下游沙堂里地区。[3] 这一地区拥有约 180 处窑址，这些窑址见证了高丽青瓷的辉煌历史，是研究青瓷发展和演变过程的重要窗口。

论及对康津青瓷窑址的正式调查，一个绕不开的人物是美术史学家兼开城博物馆馆长高裕燮先生（1905—1944）。高裕燮曾对开城博物馆收藏的青瓷瓦

---

1 [日]野守建：《高丽陶瓷的研究》，清闲舍，1945年，第603—612页。

2 [韩]尹龙二：《高丽陶瓷窑址的研究》，《考古美术》1986年第171、172期合集。

3 [韩]尹龙二：《高丽陶瓷窑址的研究》，《考古美术》1986年第171、172期合集。

片给予高度评价，强调其既珍贵又卓越。据《高丽史·世家》卷18《毅宗二》记载，高丽朝毅宗十一年（1156）四月朔日，"阙东离宫成"；"又毁民家五十余区作太平亭，命太子书额，旁植名花异果，奇丽珍玩之物布列左右，亭南凿池作观澜亭。其北构养怡亭，盖以青瓷；南构养和亭"。这是韩国古代史籍中关于以青瓷作瓦的一条重要记载。这一记录让高裕燮坚信青瓷瓦片背后蕴藏着深厚的文化价值，因此他萌生了寻找烧制这些青瓷瓦的窑址的念头。后在其学生崔淳雨（后来成为韩国国立中央博物馆馆长）的努力下，这一调查得以正式展开，最终为后世留下了宝贵的文化遗产和学术财富。

1964年5月，崔淳雨出于对青瓷文化的深厚情感与学术责任，亲临青瓷瓦窑址。在走访大口面一带时，他从一位村民手中接过了一个装满青瓷碎片的箩筐。在这些碎片中，崔淳雨惊喜地发现了他一直寻找的青瓷藤蔓花纹圆瓦当等碎片。这是将一字形与长方形圆瓦当巧妙融合设计的瓦当。圆瓦当的顶部为圆形，其上精心雕刻出盛开的牡丹花纹，边缘则巧妙地运用连珠装饰，形成了转动的连续花纹。而滴水瓦的部分自然呈现出平缓的弯曲形态，似水流般顺畅，其表面阳刻了藤蔓花纹，细节之处彰显匠心独运。在沙堂里，发现了各种类型的瓦片，包括圆瓦当、滴水瓦等，不仅形态各异，而且许多瓦当上面阴刻有文字。自此，崔淳雨带领的研究团队正式开始了对康津青瓷窑址的深入探索与研究。

沙堂里出土了300多件青瓷瓦，目前，其标本在韩国国立中央博物馆和康津高丽青瓷博物馆都有陈列。这些青瓷瓦胎质坚密，胎呈青灰色；釉质莹润细腻，釉色青翠，个别因窑火不均而出现局部泛灰或泛黄的色调。瓦当头和筒瓦、板瓦的边缘饰有印花牡丹花叶和缠枝唐草纹，筒瓦和板瓦的瓦背大多素面无纹饰，也有一些筒瓦饰刻有缠枝牡丹、莲花、万年青等花纹。从窑址中的出土物推断，当时高丽国青瓷瓦件的生产并不是偶然行为。[1] 值得注意的是那些内面刻有"楼西南面""西楼"以及"一寸""五分"等字样的瓦片，这些文字标示了瓦片的

1　刘毅：《高丽青瓷的几项突出成就》，《中原文物》2004年第3期。

踵武前贤　临流摹影
高丽青瓷纹饰整理与绘录研究

放置地、高度以及大小等具体信息。阴刻文字的例子说明制瓦之初对其位置和用途已有精心规划与考虑。[1]

在 1968 年开展的第四次发掘中，考古学家发现了大量与青瓷瓦相伴的稀有象嵌青瓷瓷板，这些瓷板被推测为古代建筑的独特构件。这些瓷板呈方形，厚度各异，为 0.8—2.6 厘米。其装饰技法精湛，画面上绘有鹤舞长空、花开富贵、海浪翻滚以及罗汉禅定等丰富的花纹，每一幅画面都充满艺术魅力。与之相对的一面瓷板上覆盖着细腻且富有光泽的釉层。据推测，这些象嵌青瓷瓷板可能是作为瓷砖使用，被粘贴在古代高丽建筑物的墙壁上。这些珍贵的发现，为我们了解古代高丽建筑和陶瓷艺术提供了重要的实物资料。

韩国学者在沙堂里窑址的考古挖掘中已明确识别出用于烧制青瓷等器皿的多种辅助工具，如匣钵[2]和陶范[3]。匣钵，主要呈圆筒形状，其设计能有效防止灰烬等杂质附着在器皿表面。匣钵的高度大部分为 7—8 厘米，亦存在高达 20 厘米的特例。为确保器皿在烧制过程中保持水平放置，需将其稳妥地粘贴在匣钵底部。在圆盘形、圆筒形、臼形和圆锥形等形状的匣钵中均发现有防止器皿偏移的导针。特别是圆盘形匣钵，其导针在硅石衬托下经过烧制的痕迹丰富，说明其使用的广泛性和实用性。圆筒形匣钵的导针设计允许其倾斜放置，以确保器皿在窑内保持水平，或在底部形成圆形槽以稳定支撑烧制的器皿。这些导针大多数由掺有粗沙子的耐火土制成，部分在高温烘烤后表面甚至出现了玻璃化

---

1 [韩]崔淳雨：《康津沙堂里窑址出土青瓷瓦》，《美术资料》（9），韩国国立中央博物馆，1964年，第319页。

2 匣钵是窑具之一，在烧制陶瓷器过程中，为防止气体及有害物质对坯体、釉面的破坏及污损，将陶瓷器和坯体置于耐火材料制成的容器中焙烧，这种容器即称匣钵，亦称匣子。使用匣钵烧制陶瓷器，不仅可提高装烧量，而且由于匣钵具有一定的导热性和热稳定性，制品不致黏结，从而能提高成品率。

3 陶范亦称"印模"，古代中国铸造青铜的陶制范模。此处指高丽青瓷用于浇注瓷器的模具。

现象。此外，器皿成型过程中使用的工具同样值得关注。陶范在高温烧制后变得坚硬，确保了器皿在成型过程中的稳定性和精确度。

通过考察沙堂里出土的青瓷的色彩和形态，能捕捉高丽青瓷全盛期的独特风貌。高丽青瓷的全盛时期，不仅器种和器型日趋多样化，其花纹和装饰技法亦变得繁复而精彩。其中，高丽青瓷独特的翡色和象形设计尤为引人注目，而象嵌技法更是展现了高丽青瓷的非凡创意。高丽青瓷全盛初期阶段，色彩和形态无疑是最为重要的考量因素。王室和贵族对青瓷的偏好也深刻影响了匠人的创作方向。他们不仅追求青瓷的绚丽色彩，更追求与之相辅相成的流畅线条和优雅形态，这些元素在青瓷作品中被赋予了至高无上的价值。沙堂里是生产纯青瓷的圣地，这里的青瓷在翡色和象形的基础上，运用阴刻、阳刻、挤压阳刻、透刻、镂空等多种技法，装饰出丰富多样的花纹，令人瞩目。[1] 采用阴刻技法的青瓷，通过刻划的方式精心雕刻花纹，展现出多种材料的细腻纹理，给人以淡雅而干练的美感；阳刻技法是用刀具打磨花纹，使其突出于表面，形成鲜明的雕刻效果；挤压阳刻是利用模具印出花纹，这种方式既能使器物保持与阴刻相似的材质质感，又适合大批量生产花纹相同的青瓷；透刻技法是在器物的表面打孔，形成立体的花纹效果，给人以华丽而精致的感觉，这种技法多用于笔架、底座、椅子等艺术品，而非日常使用的容器；镂空技法是沿着花纹精心剪制，其制作过程和完成度都体现了高超的技艺。沙堂里的青瓷，尤其是象形青瓷，作为高丽青瓷的代表，展现了高丽特有的自然、协调、生动的艺术风格。

尽管这些花纹在某些方面与中国北宋（960—1127）和辽代（916—1125）的陶瓷花纹有相似之处，但沙堂里的青瓷在材质和表现手法上独树一帜，具有高丽特有的自然韵味和文化内涵。沙堂里不仅有高丽青瓷鼎盛初期那些清澈纯净的青瓷，更有绚丽多彩的象嵌青瓷以及使用堆花、铁画、铁彩等多种技艺的

1　[韩]崔淳雨：《康津沙堂里窑址出土高丽青瓷砖》，《考古美术》（89），韩国美术史学
　　会，1968年，第112页。

青瓷。这些技艺最初多出现在盒具、装具等特殊器型上，之后逐渐拓展到日常使用的容器中。然而，在沙堂里并未发现使用发红氧化铜颜料装饰的铜画（铜彩）青瓷。沙堂里窑址出土的采用象嵌技法装饰的青瓷，其上绘制着菊花、藤蔓、牡丹、莲花、宝相花、黄蜀葵、鹤、水边风景、龙、鱼等各式各样的花纹，从平面绘画到立体象嵌，无不展现着高丽时期独特的艺术魅力。从粉青瓷器到高丽末期的象嵌风格，无不呈现出丰富多样的艺术面貌。

人们关于高丽青瓷的价值认可随着时间的推移而更多地聚焦于其象嵌花纹而非单纯的颜色和形态。高丽青瓷的装饰技法随着时代的变迁而呈现不同的流行风格，11—12世纪以阴刻、阳刻、挤压阳刻为主，而13—14世纪盛行象嵌技法，这种技法要求先在半干的器物表面用雕刻刀刻出花纹，再填入瓷土、赭土或白土，经上釉烘烤后，瓷土呈现出黑白对比，花纹格外醒目。青瓷胎土与嵌泥的瓷土、白土在窑内烧制时的收缩率不同，因此，制作象嵌青瓷需要高超的技艺才能防止爆裂。

关于象嵌技法的起源，虽有说法认为源自中国（另一种说法认为是高丽自创），但其独特的黑白相间色彩在青紫色的基调上形成强烈对比，赋予了多种材质绘画性和干练性，这一点无疑是高丽青瓷独有的艺术特色。因此，翡色、象形等元素与高丽青瓷的结合，成为其独立性的代表性象征。象嵌青瓷作为高丽王朝瓷器艺术的集大成者，制作历史悠久、技艺精湛，无疑是陶瓷艺术史上的瑰宝。

另外，沙堂里出土了众多运用阴刻、压印、象嵌、铁画等技法的铭文青瓷，其中以象嵌青瓷的数量最为可观。这些刻有干支的象嵌青瓷说明沙堂里在这一时期已成为青瓷的重要生产中心。[1] 生产于12—13世纪的质量上乘的高丽白瓷

---

1 [韩]尹龙二：《高丽陶瓷窑址的研究》，《考古美术》1986年第171、172期合集。

不仅在沙堂里有所发现，在扶安郡柳川里也有发现。[1] 特别是在沙堂里，发现了数量相当多的刻有罗汉像的白瓷，尽管黑瓷和白瓷的产量相较于青瓷来说并不多，但它们的品质同样值得称道。[2] 高丽白瓷表面柔润如象牙，具有独特的柔和美感，与高丽青瓷相同的器皿形态和花纹在高丽白瓷上得以展现，赋予了其别样的魅力。

三、高丽青瓷的发展历程

（一）高丽青瓷初期（9世纪末期至10世纪）

唐代晚期，即9—10世纪，浙东沿海的工匠将龙窑技术和烧制青瓷工艺技术传到朝鲜半岛，使朝鲜半岛的陶工在很短的时间内就完成了由陶器向瓷器的技术更新，从而结束了从中国进口瓷器的历史，开创了高丽青瓷生产的新纪元。制瓷工艺技术的成功引入经过了几代人的努力。从新罗与唐朝的交往看，关键的人物是张保皋。[3] 公元9世纪，新罗由于争夺王位，政治混乱，庆州中央政府势力逐渐削弱，地方贵族势力大大增强，如清海镇大使张保皋以全罗南道莞岛为据点，形成强大势力，建立了东亚地区海上霸主的地位。此外，南海岸及其北部也有逐渐壮大的土豪势力。西南海岸一带大部分为平原，海岸线长，岛屿密布，物产丰富，同时与中国的海上交通条件十分优越，文物交流活跃。得天

1　[韩]高丽青瓷博物馆编：《康津沙堂里高丽青瓷》，高丽青瓷博物馆，2016年，第423页。

2　[韩]高丽青瓷博物馆编：《康津沙堂里高丽青瓷》，高丽青瓷博物馆，2016年，第424页。

3　林士民：《东亚商团中杰出人物——新罗张保皋》，《浙东文化》2000年第2期。

独厚的自然条件使西南海岸一带较之其他地方更易积蓄财富以及先行接触世界文明。因此，当新罗首都庆州地区仍停留在以陶器为主流的陶瓷制品生产阶段时，具有较高社会经济水平和对外开放程度的韩国西海岸和南海岸地区，由于地理位置邻近中国东部沿海地区，尤其是浙江地区——中国青瓷的重要发源地，已率先受到中国瓷器文化的影响，具备了接受和使用瓷器的社会与经济基础。

张保皋等人从中国浙江地区引进青瓷及黑白瓷等，或派陶工前往中国学习，或引进中国窑工至朝鲜半岛教授制瓷技艺。至9世纪末，在西南海岸一带便已有近10个窑址，如黄海道松禾郡云游面周村、黄海道峰泉郡圆山里、京畿道杨州市长兴面釜谷里、全罗北道高敞郡雅山面龙溪里、全罗南道康津郡大口面一带及七良面、全罗南道高兴郡豆原面云垈里等，新罗生产瓷器的新篇章徐徐展开。尤其是紧邻张保皋海上活动根据地莞岛的康津郡，因木材、瓷土、水资源等充沛，加之水运条件便利，在青瓷制作和运输方面优势独具。

初期的高丽青瓷底径大，腹较浅、微弧，无内底圆圈，被称为韩国式玉璧底青瓷，较玉璧底青瓷稍后出现的是绿青瓷。[1] 在器型上有晚唐、五代时期样式，在烧制技术上也与中国相类似，但与越窑青瓷相比略显粗劣：胎土中的杂质含量过多导致胎体不够紧密细腻，还原烧制不好又使得釉色呈现绿褐色，表面也不光滑。其产地主要有京畿道仁川市景西洞、忠清南道瑞山市圣渊面梧沙里、忠清南道保宁市川北面沙湖里、全罗南道海南郡山二面珍山里及草松里等地。[2] 初期的优质青瓷当数全罗南道康津郡大口面龙云里的玉璧青瓷，窑内还原气氛好使其胎质细腻，釉色光泽通透，瓷化度高，是鼎盛时期翡色青瓷的前身。虽然玉璧青瓷较早出现，在韩国的瓷器业中占主导地位，但它造价昂贵，生产数量少，只能满足少数贵族阶层的需求。相反，绿青瓷因其价格低廉，大量投

---

1 [韩]木浦大学校博物馆、全罗南道海南郡：《海南珍山里绿青瓷窑址》，木浦大学校博物馆"学术丛书"第27册，1992年，第86—87页。

2 郭守龄：《中国青瓷与韩国高丽青瓷比较研究》，清华大学硕士学位论文，2004年。

入生产，在老百姓中广受欢迎。

与初期青瓷渊源较深的还有 1960 年韩国高丽青瓷研究学者郑良谟发现的京畿道龙仁市二东面西里盘谷村窑址及 1997 年由海刚陶瓷美术馆主持第一次发掘的京畿道始兴市放山洞窑址。以上两个窑址除生产青瓷外，还生产玉璧底白瓷，由此可以推断，在 9—10 世纪初，白瓷就已投入生产。韩国梨花女子大学博物馆收藏的釉色为淡褐色、铭文为"淳化四年"（993）的高丽青瓷罐也许就是早期试验烧制白瓷不成功的案例。[1]

从 9 世纪后期到 11 世纪前半叶，玉璧底优质青瓷受中国南北方窑系的影响很深，其在朝鲜半岛一直占据主导地位，并逐渐与官窑衔接。因此，青瓷的纹饰和类别变得繁杂多样，而在器型、装饰、工艺等方面已经开始体现高丽特色。在此过程中，全罗南道扶安郡保安面一带的瓷窑也成了除康津窑以外生产规模最大的瓷窑。粗质绿青瓷的生产从 10 世纪一直延续到 11 世纪，有些地方甚至还延续到 12 世纪，其器型也受优质青瓷的影响，以碗、盘为主，并逐渐增加缸、罐、异形梅瓶、广口长颈瓶等器型。因此，9 世纪为青瓷、白瓷的初步摸索阶段，10—11 世纪是高丽青瓷质量日臻完善并形成自身特点的过渡时期。

前面提到的全罗南道康津郡大口面龙云里和沙堂里等窑烧制的青瓷釉色呈绿色、暗绿色、绿褐色，接近翡色，因大量使用了长石的釉而使器物釉面瓷化效果细腻、质地良好。但从其圈足形态、耐火泥点、垫饼等方面考察，仍可看到其受越窑影响的痕迹。在早期青瓷雄厚的基础上，11 世纪以后，高丽青瓷模仿耀州窑、汝窑等窑系的器型、纹饰及烧制工艺，在 1250℃ 的高温还原气氛下烧制出了优质青瓷。[2]而全罗北道高敞郡雅山面龙溪里窑址出土的青瓷，因其烧

---

1 [韩]郑良谟等：《高丽陶瓷铭文》，韩国国立中央博物馆，1992年，第276页。
2 郭守龄：《中国青瓷与韩国高丽青瓷比较研究》，清华大学硕士学位论文，2004年。

踵武前贤　临流摹影
高丽青瓷纹饰整理与绘录研究

制技艺不高，釉面呈黄褐色，整体品质较康津郡青瓷略逊。[1]11 世纪末至 12 世纪初，高丽青瓷又吸收了中国湖南长沙窑、广州西村窑、河北定窑与磁州窑等的工艺技法，烧制出了白瓷、黑瓷等，装饰纹样也出现了阴刻纹、阳刻纹、铁画纹、堆花纹等。

（二）高丽青瓷的发展（11世纪中早期至12世纪初期）

11 世纪前半期，受契丹的频繁骚扰，高丽举国上下举步维艰。但即使在如此艰难的环境下，高丽仍进行国史编纂、大藏经的雕版等工作，同时还重视教育，兴办了国子监等高等教育机构以努力培养优秀人才，在振兴文化艺术上可谓倾注了很大的心血。此时的宋朝在陶瓷艺术上已进入鼎盛时期，高丽抓住契机，与宋朝频繁开展交流，这为之后高丽青瓷的迅猛发展奠定了良好的基础。11 世纪后，高丽制瓷技术日益成熟，可分为两个阶段。

1. 第一阶段：11 世纪中早期

《宋史·高丽传》记载显宗六年（1015）高丽遣御史民官侍郎郭元来宋朝时曾说"民家器皿悉铜为之"，可见 11 世纪初时，高丽的老百姓还是以使用铜器为主，青瓷在高丽并未普及，尤其是冬天一般靠铜器取暖。[2]10 世纪末到 11 世纪早期，与同时期的北宋瓷器相比，高丽青瓷并没有可相媲美的产品，但高丽青瓷不论在器型种类还是在装饰纹样上，都有了一定程度的改良，从全罗南道康津郡龙云里和桂栗里一带出土的阴刻菊唐草纹碎片也可推测当时的高丽青瓷已开始走向成熟。另外，受陶瓷艺术影响，高丽青瓷的壶、瓶等一改以往因

---

1 [韩]高丽青瓷博物馆编：《康津沙堂里高丽青瓷》，高丽青瓷博物馆，2016年，第199—201页。

2 [韩]姜敬淑：《韩国陶瓷史》，一志社，1989年，第233页。

受金银器影响外形曲面刚硬、棱角分明的式样，表现手法转为柔韧温婉的曲面，装饰线条也变得纤长而柔和。早期高丽青瓷碗的制作还是延续斜直、足底矮而宽的越窑式造型，后设计出了口沿外翻、弧腹、圈足稍高而窄的样式。紧接着，象形器和花口碗等也相继出现。此阶段印花法占主导地位，阴刻、铁画、堆花等装饰手法流行。菊唐草纹、阴刻草花纹、印花浮雕纹、水波纹、鹦鹉纹为装饰纹样的主流，这些纹饰在龙云里 17 号窑址中已有发现。[1]

11 世纪前半叶时，高丽虽受契丹的威胁，但仍与宋朝保持隐秘的外交关系。高丽时代的螺钿漆或青铜错银中的蒲柳水禽纹与宋画内容的相似性绝不能完全归结为偶然。在内蒙古兴安岭辽圣宗永庆陵（建于 1031 年）、庆州罕山城辽遗址中出土的高丽时期的阴刻纹青瓷残片，被认定为是高丽王室向辽国赠送的国礼，这说明当时的高丽青瓷已经达到了较高的水准。[2]

2. 第二阶段：11 世纪后期至 12 世纪初

11 世纪中后期，辽、宋、高丽和睦相处，高丽与宋朝之间的使节来往密切频繁，连文宗之子大觉国师义天（1055—1101）也亲自访宋。[3]在这样的背景下，高丽青瓷进一步提高了生产技术，进入大发展时期，胎土质量、烧制技艺、纹饰表现等均进一步完善。在釉色上，釉面逐渐增亮，含气泡多，呈半透明状，绿色素减少，到 12 世纪前半叶已接近翡色。在胎土上，胎土质量稳定、含铁量减少。在雕刻技法上，棱角分明的越窑式方法逐渐被柔缓的线条、浅浮雕替代。在纹饰表现上，纹饰的中心部分更加突出，并出现了阴刻纹作为地纹以衬托主纹；纹饰素材广泛，虽然连续性的唐草纹仍然居主流地位，但出现了大自然中常见

1　[韩]高裕燮：《高丽青瓷》，乙酉文化社，1954年，第576—577页。

2　[日]小山富士夫：《高丽·李朝的陶瓷》，每日新闻社，1974年，第398页。

3　杨渭生：《大觉国师与华严宗》，金健人主编：《韩国研究》第7辑，学苑出版社，2004年，第194—209页。

的动植物纹饰，如云鹤纹、折枝纹、芍药纹、莲花童子纹、莲池纹、双龙纹等作为单独的纹饰形式；辅助纹饰也在这一时期出现了。在器型上，除广口瓶留存中国式风格、壶模仿金属器外，盘、碗等器皿都开始展现出特色风貌，如象嵌纹增多、口沿部柔缓外翻、阴阳刻纹饰更加犀利等。在烧制技艺上，除龙仁市二东面窑址外，全使用了既薄又大并可以重复使用的耐火度高的匣钵，因烧制时还原气氛好，胎土呈浅灰色。[1]

但要想创造出独具高丽特色的青瓷艺术，还有待于人们感性认识的进一步提升。总体来说，这个时期的高丽青瓷仍未摆脱耀州窑、磁州窑、定窑等的样式束缚，高丽固有的风貌并未完全形成。但此时期的发展与完善为12世纪高丽青瓷走向鼎盛奠定了强有力的基础。

（三）高丽青瓷的鼎盛（12世纪至13世纪前期）

12世纪至13世纪前期，高丽青瓷进入全面开花时期，也是韩国陶瓷史上的巅峰时期。素面青瓷、象形青瓷、透刻青瓷、露胎青瓷、象嵌青瓷、铜画青瓷、铁画青瓷、堆花青瓷、铁彩青瓷、练理纹青瓷、画金青瓷、黑釉青瓷在此时竞相绽放光彩。此时期的高丽不仅在陶瓷艺术方面有了质的飞跃，在绘画、印刷以及其他工艺美术方面均有了一定程度的发展。高丽青瓷在器型、装饰、技术、匠意等方面的本土化特色更加鲜明。全盛时期的高丽青瓷不仅在容器制作上达到了巅峰，而且在高丽王室的宫廷建筑中也得到广泛应用，以其独特的青釉瓷瓦作为建筑材料，这展示了高丽青瓷与中国青瓷的显著区别，成为其独特标识之一。

1　[韩]姜敬淑：《韩国陶瓷史》，一志社，1989年，第136—137页。

1. 翡色青瓷

12 世纪中期，高丽青瓷迎来又一个巅峰时期，开辟了青瓷领域崭新的面貌。这时的青瓷釉色更加清澈透明，阴刻、阳刻及两者结合的刻划纹饰不断丰富。翡色青瓷是高丽青瓷达到第一个高峰的代表。12 世纪初期，高丽青瓷的还原技艺日趋成熟，翡色青瓷便是在此时期逐步完成。翡色青瓷瓷化效果好，釉色呈半透明状，几乎没有开片，胎土颜色呈淡灰色，釉内含有极小的气泡，隐隐地照在胎土上，俊逸隽美的阴刻纹与细密繁杂的印花相得益彰，在薄釉层的覆盖下若隐若现，品之意趣盎然，凸显端庄文雅之韵味。难怪在我国已有秘色瓷的情况下，太平老人与徐兢仍对高丽的翡色瓷称赞有加。这时的高丽青瓷已完全达到了与宋徽宗年间的官窑汝窑相媲美的程度了。高丽纯青瓷的装饰手法有纯素面、阴刻、阳刻、象形等。

值得一提的是，此时期的高丽匠人已经开始使用"托珠"[1]的工艺进行烧制。即将器皿的底部也修得很精致，通体施釉后，底部垫上 3—5 个托珠进行烧制，运用此方法烧制大大减少了器物与窑的接触面，使器物底部能挂满釉，烧制更加完整。瓶、罐、壶等一般器型用耐火土托珠或细砂托珠来烧，而砚滴或粉盒等一些小器具或特殊的大器型就需要用硅砂托珠进行烧制。[2]

2. 象嵌青瓷

象嵌青瓷的成熟标志着高丽青瓷达到第二个高峰。自 10 世纪初始阶段起，象嵌技法便进入了试验与探索阶段，至 12 世纪中期前后，这项技艺在高丽青瓷的艺术表达中日趋成熟，并正式成为陶瓷装饰领域的一项标志性技艺。与文

1　托珠，也称为"托底"或"支钉"，是一种特定的垫烧方式，主要用于瓷器叠烧过程。多个盘碗类器物叠成一摞装烧时，在各个盘、碗之间放几颗扁圆形的泥珠作为垫隔。使用托珠作为垫隔，可增加装烧量，节约成本。

2　郭守龄：《中国青瓷与韩国高丽青瓷比较研究》，清华大学硕士学位论文，2004年。

踵武前贤　临流摹影
高丽青瓷纹饰整理与绘录研究

公裕（卒于 1159 年）的墓志一同出土的象嵌宝相花唐草纹碗以及明宗（卒于 1202 年）智陵中出土的象嵌折枝纹青瓷碗均以独特而精美的模样证实了高丽青瓷象嵌技艺在此时期达到鼎盛，高丽青瓷从此创立了高丽独特的风格。这时的象嵌纹种类层出不穷，釉料透明、翡色清澈、釉质硬度增大、表面开片，根据器型分别装饰主纹饰和辅助纹饰，两者布局合理，使器型和纹饰达到和谐统一。1231 年，蒙古入侵高丽，从此高丽政府进行了长达 40 年的抵抗。因此，12 世纪中叶至 1231 年被认定为象嵌青瓷的全盛时期。

柔绿如翡翠般的高丽青瓷经历过两个顶峰，第一个顶峰是在仁宗年间（1123—1146），这时的纯青瓷釉色清淡透明，给人以一种柔和的亲切感，在当时的宫廷极为流行，独占鳌头。从 18 代毅宗（1146—1170 年在位）到 1231 年止，高丽青瓷迎来了第二个顶峰。这时釉色更加透亮，釉面出现小开片，更多的哲学意蕴与匠意思想融入其中。以象嵌装饰技法为中心的高丽陶瓷业迅速发展起来，并进入大批量生产阶段。不仅象嵌技法日渐增多，象嵌纹饰也具备了特有的主题和内容，并由写实性趋向于艺术化表现形式，现实与绘画相结合的云鹤纹、牡丹折枝纹等也象嵌得更加精美巧妙。有些器型的正反、内外两面均有布局合理的纹饰，主纹饰、辅助纹饰同时登场，相辅相成，各司其职，繁而不乱。高丽青瓷纹饰的工艺匠意在此得到精彩呈现。

《高丽史·世家》卷 18《毅宗二》记载，毅宗十一年（1156）四月，拆除五十户民宅建殿阁，同时用青瓷瓦覆盖了观澜亭北的养怡亭屋顶。据开城满月台皇宫旧址中出土的青瓷瓦碎片推证，全罗南道康津郡大口面沙堂里正是当时烧制养怡亭所用青瓷瓦的窑址。[1] 此窑中不仅发现了青瓷瓦，而且在同一地层中还发现了少量的象嵌青瓷。

1231 年蒙古入侵之后，象嵌青瓷的器型和纹饰虽还继承了以前的样式，但施釉变厚、色泽稍浑、纹饰繁杂、风格自由散漫，高丽青瓷和象嵌技术开始走下坡路。

---

1 郭守龄：《中国青瓷与韩国高丽青瓷比较研究》，清华大学硕士学位论文，2004 年。

（四）高丽青瓷的衰落（13世纪中后期以后）

1. 高丽青瓷的衰落背景

蒙古入侵后，高丽陷入了长达数十年的社会动荡与经济混乱，这场浩劫对原本精湛绝伦的高丽青瓷造成了严重冲击，其影响一直延续至元宗时代（1260—1274）。青瓷的器型不再规整，胎土和釉质也失去了往日的纯净与光泽，烧制方法日渐粗糙，装饰匠意更是难觅其踪。青瓷的器型、胎土与釉质、烧制工艺以及装饰手法等都笼罩在衰退的阴影之下，昔日辉煌的荣光已难重现，高丽青瓷的辉煌历史也因此蒙上了一层厚重的阴霾。

至元宗时代，高丽最终屈服于蒙古的统治。高丽太子沦为人质，国王也时常被召至蒙古，国家的主权岌岌可危，社会动荡不安。

正是在这样的历史背景下，忠烈王作为元朝皇帝的驸马即位，自此高丽成为元朝的驸马国。然而，王权的稳固并未能立刻平息混乱的局面。幸运的是，在忠烈王掌权期间，高丽青瓷的质量出现了短暂的回升。更为重要的是，这一时期成为高丽青瓷在器型和纹饰上发生变化的转折点。这一变化不仅为高丽青瓷注入了新的活力，也为后世的陶瓷艺术发展奠定了重要基础。

到了忠烈王时代（1275—1308），元朝势力下的统治体制得到了暂时稳定，社会也逐渐恢复平静。这样的环境为高丽青瓷的恢复与发展提供了契机，高丽青瓷再次焕发活力。然而，这种繁荣的局面并未持续太久，高丽青瓷不久后又步入了下坡路。从忠烈王到忠宣王，再到忠肃王，尽管时间仅半个世纪，但高丽青瓷在釉质和胎土质量上相比元宗年代有了显著提升，装饰纹理也更为精致。其中，忠烈王时期是高丽青瓷发展的核心阶段，仅有王室和贵族能够享用品质上乘的高级青瓷。[1] 同时，这一时期的高丽青瓷在器型、纹饰的内容和结构上都

1　[韩]姜敬淑：《韩国陶瓷史》，一志社，1989年，第302—304页。

踵武前贤　临流摹影
高丽青瓷纹饰整理与绘录研究

发生了重大变革。有的青瓷象嵌工艺沿用传统样式，有的则呈现全新的匠意并在纹饰结构上有所创新。然而，也不乏粗糙的作品，部分象嵌工艺甚至开始用固定的印形进行简单替代，这种无节制的风气开始蔓延。

这段时期的高丽青瓷变革，无疑为朝鲜李朝时期的印花技法奠定了深厚基础。换言之，它预示并推动了朝鲜李朝前期印花粉青砂器（也作"沙器"）的萌芽与发展。这些变革与尝试，不仅在技术层面为后世提供了宝贵的经验，更在艺术层面开创了新的审美风尚。因此，可以说高丽青瓷在忠烈王至忠肃王时期的转变，是朝鲜李朝陶瓷艺术发展的重要前奏。

高丽青瓷所展现的曲线美，在历史的进程中逐渐变得紊乱，失去了原有的优雅与美丽。随着时间的推移，其质地逐渐低劣，形态变得笨重，装饰纹样也愈发简略而粗糙，最终走向衰退。这一变化无疑与高丽时期的政治、社会动荡紧密相连。在这一过程中，我们可以看到艺术与政治、社会之间的紧密联系，以及它们如何相互影响、相互塑造。

2. 高丽青瓷的衰退历程

高丽青瓷的衰退历程大致可以分为三个阶段。

第一阶段是 13 世纪 30 年代蒙古入侵至 70 年代中期。这一时期，高丽社会因蒙古的入侵而陷入动荡与不安。这种动荡的社会环境对高丽青瓷的生产与发展产生了直接影响。然而，正是在这样的背景下，高丽青瓷展现出了顽强的生命力，尽管遭受战乱的影响，但依然保持了一定的制作水准和艺术风格。此时的青瓷作品可能更多地反映战争与动荡的主题，釉色和装饰手法也因此变得更为深沉与复杂。

象嵌青瓷依然作为主流产品持续生产，这在一定程度上表明其在当时社会中仍具有广泛的需求和较高的认可度。象嵌青瓷以其独特的装饰工艺和精美的艺术效果，成为高丽陶瓷艺术的重要代表。从某种角度看，象嵌青瓷在这一时期呈现出大量生产的趋势，这可能与当时的社会需求、经济状况以及技术发展有关。尽管具体的原因需要进一步研究，但这一现象无疑为我们提供了了解当时社会背景和陶瓷产业发展状况的重要线索。此外，在这个阶段末期的编年作品中，出现了嵌入己巳、庚午、壬申、癸酉、甲戌、壬午等干支铭文的诸如碗、盘等青瓷作品。[1] 这些干支铭文不仅具有纪年的功能，还反映了当时的社会风俗、宗教信仰及文化特点。通过对这些铭文的解读和研究，可以更深入地了解高丽青瓷在这一时期的文化内涵和历史价值。

1987 年夏，韩国文化公报部派遣专业的调查团队前往大川近海的竹岛一带进行考察。在这次考察中，调查团队惊喜地发现了 40 多个刻有"己巳"铭文的碗和盘。经过细致的整理与缜密的分析，调查团队确认这些"己巳"铭文所代表的年代为元宗十年，即公元 1269 年。这些象嵌着"己巳"铭文的青瓷器皿，揭示了 13 世纪中期象嵌纹饰的发展状况。在这一时期，象嵌纹饰的原始意义似乎已被遗忘，其独特的技法和施纹也遭到忽视。曾经构图严谨的面象嵌或逆面象嵌施纹，如今已难觅踪影。尽管这些纹饰是从 12 世纪传承下来的，但它们的形态已经发生了显著变化。过去精细的线条逐渐被扁平化的线条取代，同时掺杂着粗糙、杂乱的印花施纹。[2] 这种变化似乎预示着一种新风格的兴起。随着元朝对西域文化的吸收，唐草纹系统有力而生动的纹饰逐渐崭露头角。同时，器物的形状也发生了变化。以碗为例，过去那种微妙的曲线变化已不复存在，口沿变得近乎笔直，圈足则变得更高更宽。此外，硅砂托珠过大，导致其痕迹显得不够干净。这些变化都反映了高丽青瓷在 13 世纪中期所经历的重大转变。

第二阶段是忠烈王、忠宣王、忠肃王时期。这一阶段，高丽社会在蒙古的统治下逐渐稳定下来，王权的确立也为青瓷的发展提供了相对稳定的环境。忠烈王、忠宣王、忠肃王时期的高丽青瓷，无论在质量上还是艺术风格上，都取得了显著的进步。此时的青瓷作品在器型、胎土、釉色及装饰匠意等方面都展

---

1 [韩]郑良谟等：《高丽陶瓷铭文》，韩国国立中央博物馆，1992年，第247页。

2 [韩]高裕燮：《高丽青瓷》，乙酉文化社，1954年，第306页。

踵武前贤　临流摹影
高丽青瓷纹饰整理与绘录研究

现出了新的特点。特别是忠烈王时期，青瓷的发展达到了一个高峰，王室和贵族对优质青瓷的需求也推动了其制作技艺的不断提升。

高丽文化受元文化的熏陶，进而通过元朝这一桥梁，间接汲取了西域文化和西方文化的精髓。在这一文化交流与融合的背景下，高丽陶瓷艺术也展现出了新的风貌。以碗为例，其口沿设计不再拘泥于传统的内敛风格，而是大胆地向外撇出，这种创新的设计不仅增添了器物的动感，也是当时审美观念转变的反映。同时，扁壶等新颖器型的出现，进一步丰富了高丽陶瓷的艺术形态。在装饰纹样方面，高丽陶瓷同样展现出了令人瞩目的创新。牡丹唐草纹、凤凰唐草纹、龙凤云纹及花卉唐草纹等崭新纹饰纷纷涌现，这些纹饰既融入了传统文化元素，又借鉴了西域文化和西方文化的艺术风格。高丽陶瓷的艺术内涵因此更加丰富多彩。这种变化确是在蒙古入侵后开始逐渐显现的，但在忠烈王之前，其影响并不显著。这一时期，通过刻有"己巳""庚午"等铭文的碗，能看出高丽青瓷的传统纹饰和造型仍占据主导地位。然而，一些细微的迹象已经开始显现，尽管尚不明显。一些新的牡丹唐草纹开始崭露头角，但它们还是罕见的。印花纹饰的数量也开始增多，为高丽青瓷增添了新的装饰风格。此外，六角形盘等新颖器型也开始亮相，为这一时期的高丽陶瓷艺术注入了新的活力。这些变化不仅反映了当时社会文化的变迁，也反映了高丽陶瓷工匠在面对外来文化冲击时所展现出的创新精神和艺术追求。

高丽人创制的画金青瓷和铜画青瓷，虽尚未得到充分利用，但由于与元朝的紧密联系，不得不投入生产。其中，青瓷象嵌金彩树下猿纹扁壶便是这一时期的典型代表。《高丽史·赵仁规传》记载了元世祖与赵仁规就高丽王所赠画金青瓷的对话，进一步证实了这一时期高丽陶瓷与元朝文化的紧密互动。同时，从《高丽史》忠烈王二十三年（1297）正月壬午条的记载中可知，画金瓷器等新器型已经出现。这些器型在有限的时间内被使用过，其特点在于施纹与器型相得益彰。虽然这一时期梅瓶的数量似乎有所减少，但新出现的扁壶等器型迎合了元朝的文化属性，成为一时流行的现象。这无疑是高丽陶瓷在元朝控制下，为迎合其文化需求而作出的调整和创新。[1]

第三阶段是1330年至高丽末期。进入这一阶段，高丽青瓷的衰落迹象愈发显著。暂且不论其与元朝之间的复杂关系，仅从当时的国内状况来看，政治局势动荡不安，社会混乱无序，宗教纷争频起，这一系列因素共同导致了高丽青瓷的急剧衰落。

这一时期的高丽青瓷造型愈发笨拙，线条杂乱无章，器皿变得厚重而沉冗。固有的自然纹饰以及具有现实意义的纹饰被刻意削弱，甚至出现令人费解的变形，印花纹饰的数量也不断增加。这种毫无意义的线条纹饰变形被不断沿袭，最终演变为几条互不连接的曲线，显得尤为突兀。

在烧制过程中，支垫的使用也发生了变化。从14世纪初开始，砂垫逐渐出现，到14世纪中叶已经得到广泛使用，同时还出现了泥垫。硅砂托珠逐渐消失，器皿底部因此变得笨拙而粗糙。这种衰退期的高丽青瓷，最终成为朝鲜李朝前期粉青砂器的源头，为后世的陶瓷艺术发展奠定了基础。

以下列示这一时期有关高丽青瓷的珍贵的编年资料：全罗南道康津郡大口面沙堂里窑址出土的印有"至正"及"丁亥"（1347）铭文的碎片；恭愍王妃鲁国大长公主陵墓中发掘的印有"正陵"铭文的碗与盘（各一件，推测年份为1365年）[2]；推测年份为1345年的印有"乙酉司酝署"铭文的青瓷象嵌柳纹梅瓶；14世纪后半叶的印有"良酝"铭文的青瓷象嵌柳莲纹扁壶；在江原道原州市令传寺旧址三层石塔中与印有"洪武二十一年戊辰（1388）四月"铭文的石板一同出土的1388年的青瓷象嵌重圈纹碗。[3] 由此，我们可以总结出这个时期的青瓷具有以下显著特征：首先，瓷器普遍显得厚重而笨拙，这与其制作工艺的特定阶段密不可分。其次，烧制过程中的还原反应不够充分，导致釉面呈褐色或

1　秦丽：《试论元朝与高丽的官方史学交流》，《古代文明（中英文）》2023年第4期。
2　[韩]高丽青瓷博物馆编：《康津沙堂里高丽青瓷》，高丽青瓷博物馆，2016年，第183页。
3　[韩]郑良谟等：《高丽陶瓷铭文》，韩国国立中央博物馆，1992年，第286页。

踵武前贤　临流摹影
高丽青瓷纹饰整理与绘录研究

黄色，且胎土质量较差，色泽中甚至夹杂着黑色，胎体中存在气泡，因此部分瓷器出现了胎体鼓胀的现象。再次，纹饰结构也发生了明显变化。以梅瓶为例，主纹饰减少，辅助纹饰增多；而在碗上，几乎没有主纹饰和辅助纹饰，仅见增多的印花纹，后来甚至连印花纹也变得稀少，仅剩下简略的线条。最后，在造型方面，以梅瓶为例，其口沿由过去有棱而犀利的形状变为喇叭状，瓶颈下端由急转缓，瓶身拉长后又突然内收，形成如水波般的曲线形态。

第二章

高丽青瓷的艺术品鉴

一、高丽青瓷的特征

高丽青瓷的胎土瓷化精良，质地坚固且光泽柔和；釉色清澈透明，呈现独特的翡色与朦胧之美；造型丰满生动，富有艺术表现力。其纹样与器型完美融合，精准捕捉并巧妙呈现自然界的生命力与特征，形成了如诗如画的艺术佳作。高丽青瓷忠实于实用性与功能性，强调单纯性但又很好地反映了时代氛围，整体造型流畅优美，且不放松每一个细部，将其整理得端雅而有趣，因而有诙谐之感。高丽青瓷渗透着人的温情，更具亲和力和魅力。

世界上最早记载高丽青瓷的文献是北宋文人徐兢所著的《宣和奉使高丽图经》。1123 年，徐兢作为中国使节团的一员被派遣到高丽的首都开京，并在当地停留长达一个月之久。他将在开京所见的高丽风物、风俗习惯、宫殿建筑、礼仪制度、陈设器皿等 28 门，共计 300 余条记录编写进了《宣和奉使高丽图经》。在书中，对于精美绝伦的高丽青瓷，徐兢不吝称赞之语。本节以高丽青瓷为对象，综合考察其造型特质。

（一）胎土

与中国各个时期各个窑口差异多变的胎土相反，高丽青瓷除 9 世纪产生时期有所变动外，10—12 世纪的胎土几乎没有变化。中国青瓷的胎土属长石质，硅含量较高，因此硬度和强度也更高，胎土颗粒小，瓷化程度也较好，但因含

踵武前贤　临流摹影
高丽青瓷纹饰整理与绘录研究

铁量过高，南宋官窑里的部分青瓷呈黑色。高丽青瓷同属长石质，但其硅含量较中国少，骨力和黏合力适中，同时因含铁量低，经还原烧造出的青瓷呈淡灰色，胎土颗粒虽没有中国青瓷细腻，但因其烧制得好，表面仍有光泽度。

（二）釉色

《宣和奉使高丽图经》有云："陶器色之青者，丽人谓之翡色。近年以来，制作工巧，色泽尤佳。"这一记载很好地证实了当时的青瓷被称为"翡色"的事实。当时的高丽人对中华思想及复古趣味心怀羡慕与崇拜[1]，且从韩语的发音来看，"翡"与"秘"同音，均为"비"（bì），由此可以看出"翡色"的称呼明显是受中国越窑"秘色"之称呼的影响，体现了当时人们的审美意趣。"秘"有抽象、深奥、神秘、朦胧、隐蔽的意思，有尊崇、思辨的意味。与之相比，"翡"字更加直接地点明了高丽青瓷是翡翠玉石或翠鸟羽毛的颜色，传递的是一种具体、温和、感性、艳丽、新鲜的感觉，伴随着澄明、开放及亲近的意味，符合高丽式美感的本质。[2]秘色青瓷施厚釉，不透明，通过光线的折射呈现出深邃隽永的釉色，意味深长，犹如一潭深深不见底的湖水，沉寂、深邃、秘不可测；而翡色青瓷为以铁粉为主结合微量二氧化钛和锰组成的复合釉，其透明度高，加之其只施一次釉，釉层薄，透过薄釉层几乎能看到胎土，在胎土的影映下呈现出灰青色或灰绿青色的优雅釉色，犹如山涧的溪水，纯净、清澈、不染尘滓。《宣和奉使高丽图经》中还有关于翡色较金银器皿更为尊贵的记述，说明了当时翡色青瓷的受重视程度。

11世纪末至12世纪前半叶，高丽青瓷极力追求釉色的美艳。"翡色"这一

1　[韩]姜敬仁：《高丽陶瓷新论》，学研文化社，2009年，第98页。

2　[日]伊藤郁太郎：《高丽青瓷的造形特质》，见余佩瑾、王明彦主编：《尚青：高丽青瓷特展》，台北故宫博物院，2015年，第342—351页。

名称，源于翠鸟羽毛的青蓝色调，其颜色层次丰富，难以用单一标准定义。它融合了绿色、蓝色与透明的光泽，形成了一种独特的光谱效果。高丽青瓷的釉色深浅不一，釉层厚薄不均，这也导致了部分区域呈现更加浓郁的色彩，其他区域则因釉层较薄而显露出青瓷的本质。[1] 北宋太平老人在《袖中锦》中列举了号称天下第一的商品："监书、内酒、端砚、洛阳花、建州茶、蜀锦、定磁、浙漆、吴纸、晋铜、西马、东绢、契丹鞍、夏国剑、高丽秘色、兴化军子鱼、福州荔眼……"由此可以看出，太平老人对高丽青瓷赞不绝口，将其与洛阳的牡丹花、建州的茶、蜀地的绸缎等相提并论，并誉其为天下第一的瑰宝。这一评价充分体现了高丽青瓷在当时所享有的极高声誉。

为了达到更好的观釉效果，高丽青瓷产品也出现过不施任何纹饰的素面器皿，即使带有纹饰，也是在不掩盖釉色的前提下，以极细的划花纹为主，或施以简约精致的刻花、镂雕、印花纹等。这与南宋时期的龙泉窑青瓷相类。如高丽第17代国王仁宗长陵（传1146年下葬）出土的四件高丽青瓷中，就有素面无纹的瓷器。

在制瓷过程中，釉料的质量和特性直接影响瓷器的美观度和耐用性。高丽时期，制瓷技术的确达到了相当高的水平，其中釉料的调配更是有其独特之处。首先，高丽人非常重视釉料的调配。高丽青瓷的釉料成分以氧化硅为主（含量为60%），并含有较高比例的氧化钙（15%）。这种高氧化钙的釉料配方对高丽青瓷的独特釉色起到了关键作用。与中国青瓷相比，高丽青瓷的釉料在氧化铁、氧化钛和氧化锰的含量上有所不同，这导致了两者在釉色上的差异。[2] 特别值得注意的是，高丽青瓷中使用的氧化锰是越窑、龙泉窑青瓷以及宋元代青瓷所未见的成分[3]，它为高丽青瓷带来了独特的釉色和质感。同时，高丽青瓷在制作过

1　[韩]姜敬仁：《高丽陶瓷新论》，学研文化社，2009年，第108页。

2　王龙阳：《中国寺龙口越窑青瓷与韩国镇西里和柳川里高丽青瓷的对比分析及研究》，景德镇陶瓷学院硕士学位论文，2016年。

3　徐建新：《浅议中国青瓷与高丽青瓷的釉料及造型》，《陶瓷科学与艺术》2009年第6期。

踵武前贤　临流摹影
高丽青瓷纹饰整理与绘录研究

程中特别注重釉的透明度。高丽人通过不断的尝试和实践，掌握了调配高质量透明釉的技术。这种透明釉不仅色泽纯净，而且能够均匀地覆盖在瓷器表面，形成一层光滑的釉。为达到这一效果，高丽陶工采用了封闭气泡的工艺技术。在烧成过程中，他们有意将釉不完全瓷化，以封闭釉内的小气泡。这种方法不仅使釉面更加细腻，还增强了釉色的翡翠色效果。其次，高丽青瓷在模仿越窑青瓷的基础上，创造了独特的象嵌技法。这种技法是在瓷器表面刻划出各种图案，然后在图案的沟槽和减地部分填入不同颜色的釉料，经过烧制后形成色彩斑斓、层次分明的装饰效果。这种技法的运用，需要精湛的技艺和严格的烧制控制，同时也对釉料的质量提出了更高的要求。因为不同颜色的釉料在烧制过程中会发生复杂的化学反应，釉料的质量不好或者调配不当，就会导致烧制失败或者装饰效果不佳。最后，虽然烧成气氛对瓷器的质量和装饰效果也有一定的影响，但相对于釉料来说，其作用较小。在高丽时期，制瓷工匠已经掌握了通过控制烧成气氛来调整瓷器色泽和质感的技术。然而，这种技术并不能完全替代釉料在制瓷过程中的作用。因为釉料的质量和特性直接决定了瓷器表面的光滑度、色泽和装饰效果，而这些因素都是无法通过调节烧成气氛来完全改变的。[1] 如果釉料不透明，那么胎质上精心雕刻的纹饰就会显得模糊不清，失去其应有的艺术效果。高丽青瓷在釉料使用和工艺技术上的演变过程大致可分为五个阶段。

第一阶段：初期模仿与探索。高丽青瓷的初期阶段主要是对中国青瓷釉料技术的模仿和探索。此时，工匠们试图复制中国青瓷的釉色和光泽，但受限于原料和技术，釉料往往不够透明，影响了纹饰的呈现。然而，这一阶段也为后续的技术创新积累了宝贵的经验。

第二阶段：釉料技术的初步发展。在模仿中国青瓷的基础上，高丽制瓷工匠开始探索自己的釉料配方和烧制技术。他们尝试使用不同的原材料和配方，

1　[韩]高裕燮：《高丽青瓷》，乙酉文化社，1954年，第112页。

以期找到更适合高丽本地原料和烧制条件的釉料。虽然这一阶段的釉料质量还不稳定，但它为后续的技术创新奠定了基础。

第三阶段：精炼釉料技术的成熟。在这一阶段，高丽工匠成功掌握了精炼釉料的技术，使得釉料更加纯净、透明。他们通过精细的筛选和研磨，排除了釉料中的杂质，并采用适当的烧制温度和气氛，使得釉层更加均匀、光滑。此时的高丽青瓷已经具备了较高的艺术价值，纹饰清晰可见，色彩鲜艳。

第四阶段：釉料与象嵌技法的完美结合。随着透明釉技术的成熟，高丽工匠开始将釉料与象嵌技法相结合，创造出独具特色的高丽青瓷。他们利用透明釉的特性，将不同颜色的釉料填入刻划出的纹饰中，经过高温烧制后形成色彩丰富、对比强烈的装饰效果。这一时期的高丽青瓷不仅技术精湛，而且艺术价值极高，成为世界陶瓷艺术的瑰宝。

第五阶段：釉料技术的传承与变革。随着时间的推移，高丽青瓷的釉料技术和象嵌技法得到了广泛的传承和发展。然而，由于原材料的变化、技术传承的断裂以及新的审美趋势的出现，高丽青瓷的釉料技术也面临着新的挑战和变革。尽管如此，高丽青瓷的独特魅力和艺术价值仍然得到了广泛的认可和赞誉。

（三）器型

中国的陶瓷工业发展得比较早，技术水平高超，加之为满足大批量生产需要而有了模子翻印、灌浆等工艺的运用，中国青瓷能制造出各种各样曲折及有棱角的器型。中国青瓷喜爱模仿早期的青铜器和玉器，因此各种威严、夸张而复杂的酒器、花瓶、香炉等形态的器型都能自如地制作出来，如瓶颈比瓶身长2—3倍、瓶口像喇叭状外延、口沿部分大幅度展开以及瓶肩部分急剧折成锐角的广口长口瓶等。中国胎土的骨力强于黏力，延展性并不强，但在极其发达的中国陶瓷工业中，一切皆有可能。耐心的陶工慢慢、薄薄地扩展泥坯，使得陶车的转力和胎土的特性结合适中，即使是很多看起来不可思议的造型也能成功完成。发达的中国陶瓷工业还将各部位十分精确地单独制作出来，再自下而上逐一进行组装成型。可以说，中国陶工对瓷器匠意的追求达到了极致。这完美、冷峻、威严的器型与古代中国的政治体制和自然环境息息相关。古代中国实行高度集中的君主统治制度，在皇帝之下有直属臣子、诸侯的臣子、郡县的臣子等十多个等级，皇帝统御诸侯，诸侯间则通过相互制衡以保持各自的地位。中国地域辽阔，皇帝需管理亿万民众、无垠平原、浩渺江河与巍峨高山，并且要应对洪水、地震等自然灾害。这种统治的广泛性与复杂性，为皇帝增添了神秘色彩，致使工艺美术的创作与发展皆深受皇帝意志的引导与影响。

除此以外，中国地大物博，人口数量多，对陶瓷的需求量也是庞大的。同时，中国的商贸业和运输业早已非常发达，而向海外运输大量的瓷器需要不断提高青瓷制作水平，以达到统一规格、大批量生产。同时期的韩国虽为中央集权的君主国家，但真正的势力掌握在由君主任命的官僚贵族手中，所以君主的威严并不突出。同时，韩国的产业市场狭窄，并没有输出的需求，没有进行大批量生产的必要。此外，高丽青瓷除最后削出圈足或单独制作圈足黏合以外几乎没有分工，仅靠匠人手工进行少量生产便能满足市场的需求。因此，高丽青瓷更多地渗透着陶工的主观意识和个人情感，器物看起来也更亲切可爱。甚至为了迎合当地消费者的需求，个别地方、山沟经营的小规模窑厂生产的高丽青瓷还具有地方个性。

高丽青瓷的造型相对比较传统，不像中国青瓷那样模仿古代青铜祭器等的造型，几乎没有夸张、棱角、威严的形态，它以曲线为主，线条优美流畅，少有棱角，整体形态自然、圆浑、流畅，没有生拉硬拽的痕迹。高丽青瓷的取材大部分来自大自然，老百姓耳熟能详、喜闻乐见的题材是当时高丽青瓷造型的主角。

高丽青瓷的器型与种类多样，涵盖盘、碗、瓶、执壶、香炉、文房用具、人物雕塑以及独特的瓷瓦等。其中，碗类器型尤为丰富，碗的样式有斗笠形、弧腹形、敛口形、撇口形、折腰形、花口形和卧足形等，展现出多样的美感。

瓶类造型同样繁多，如梅瓶、棒槌瓶、玉壶春瓶、净水瓶、长颈瓶和瓜棱瓶等，各具特色。此外，还有瓷枕、瓷板、花盆、盖罐、盏托等丰富的样式，共同构成了高丽青瓷多姿多彩的艺术世界。其中最具代表性的是梅瓶、水注以及一批以象形为主的器型。

高丽梅瓶肩部至底部的曲线呈"S"形，自高丽中期到后期，"S"形曲线的弯曲幅度逐渐增加，直至朝鲜时代的粉青砂器，其弯曲程度达到顶峰；而中国梅瓶的曲线则由外凸转为逐渐向下内缩，几乎没有在近底处向外回撇的例证。[1]高丽梅瓶的口缘形式大多为盘口式，虽自高丽后期开始，曾出现过口缘上部呈喇叭状的形式，但这也仅为个例，基本上还是以盘口为主。盘口形式见于中国汝窑与南宋官窑，因此在12世纪后期制作的高丽青瓷盘口做法被认为是从汝窑引进的。徐兢《宣和奉使高丽图经》中则有"酒尊之状如瓜，上有小盖，而为荷花、伏鸭之形，复能作碗、碟、杯、瓯、花瓶、汤盏，皆窃仿定器制度，故略而不图，以酒尊异于他器，特著之"的记载，所提到的酒尊形状是异其他器型的。[2]瓜形酒尊大概是指瓜形梅瓶，2010年在朝鲜半岛西南部海底发现的马岛第2号沉船，其出水的高丽青瓷划花刻花莲花纹梅瓶上所附的货签，即将梅瓶记为"盛尊"。马岛出水品的制作年代推定为13世纪初，由此可知，最迟在13世纪初的高丽，梅瓶已被称为"尊"。高丽青瓷瓜形梅瓶器身几乎布满划花、刻花的纹饰，其纹饰表现结构完整，做工精湛，并无单调、僵硬之感，富有柔软与流动的生命力，高丽式美感于斯可见。[3]

高丽葫芦形水注注重器身上下部分的连接，衔接处的线条自然流畅，上下

1　[日]伊藤郁太郎：《高丽青瓷的造形特质》，见余佩瑾、王明彦主编：《尚青：高丽青瓷特展》，台北故宫博物院，2015年，第347页。

2　[日]伊藤郁太郎：《高丽青瓷的造形特质》，见余佩瑾、王明彦主编：《尚青：高丽青瓷特展》，台北故宫博物院，2015年，第343页。

3　[日]伊藤郁太郎：《高丽青瓷的造形特质》，见余佩瑾、王明彦主编：《尚青：高丽青瓷特展》，台北故宫博物院，2015年，第343页。

踵武前贤　临流摹影
高丽青瓷纹饰整理与绘录研究

器身并未见对立，呈现出柔缓顺畅的感觉。与之不同的是，中国青瓷虽在器身上部与下部追求体态浑圆，但中腰紧束，强调了上下部分的大小差异，亦呈现出两个球体纵向连接的造型。[1]

高丽青瓷的象形青瓷是指造型模仿现实生活中的动物、植物、人物以及幻想出的其他形体的器型，大部分用于表现水注、香炉、砚滴等的造型及装饰。就种类而言，高丽青瓷有仙鹤、鸳鸯、水鸟、鸭子等禽类，有虎、猿、兔、牛等动物，有石榴、瓜、桃、笋等果类，有莲花、莲子、葫芦、竹子等植物花卉，还有寄寓人们美好愿望的想象出来的龙、麒麟、凤凰、仙人等造型。其中，文房用具需置于案头被近距离观赏，故以小巧玲珑为特征，有水盂、水滴、砚台、印盒、笔洗等多种形式。人物雕塑如孩童、道士、罗汉等，特别是童男童女的样式可爱至极。[2]

（四）纹饰

10世纪始，高丽青瓷出现阴纹，此后堆花纹、铁画纹、象嵌纹、阳纹、半阳纹、印花纹等层出不穷，并以颜料描绘纹饰使其更具有感染力。高丽青瓷因施釉薄，加之釉色如翡翠般神秘而美妙，透过釉层展现出的纹饰清晰可见，妙不可言。

在12世纪之前，高丽青瓷深受中国越窑、定窑、磁州窑、耀州窑等瓷器艺术的影响，特别是中国阴刻菊唐草纹影响了高丽青瓷的纹饰发展，且器物上的纹饰布局往往追求满饰效果，显得繁复而华丽。然而，到了12世纪，高丽青瓷的纹饰种类和风格发生了显著的变化，纹饰的题材、表现方式、工艺手法等逐渐形成了高丽特有的风貌。其中，菊唐草纹几乎销声匿迹，取而代之的是一系

---

1 [日]伊藤郁太郎：《高丽青瓷的造形特质》，见余佩瑾、王明彦主编：《尚青：高丽青瓷特展》，台北故宫博物院，2015年，第347页。
2 马争鸣：《高丽青瓷的器型特色》，《收藏家》2006年第6期。

列除龙和凤凰以外来源于本土的常见动植物纹饰，这是更具自然气息和生动感的新纹饰。风筝纹、牡丹唐草纹、宝相花唐草纹以及葡萄童子纹等纹饰以全新的面貌出现，它们在描绘方式上更加细腻和真实，展现了自然之美和生活情趣。早期高丽青瓷的碗、盘只有一面施纹，之后从过去仅限于器皿中央的单一纹饰，逐渐发展为主纹饰与辅助纹饰相结合的形式，使得整体设计更加和谐统一。施纹的范围也不再局限于器物外表，而是逐渐向内外两面扩散，展示了高丽青瓷工艺的全面进步。

除了常见的云纹、鹤纹、鹦鹉纹等单一纹饰，高丽青瓷还出现了更为复杂的绘画式构图，如采用绘画手法表现的云鹤、蒲柳水禽、莲花和鸭、莲花和鸳鸯、水波和鱼等纹饰，采用折枝纹表现的牡丹、宝相花、菊、莲等纹饰。其主要是以自然景物为主题进行写实性、绘画性的描绘，纹饰施作时的谨慎细心显著可见，自然界生命力得到直观展现。高丽青瓷通过将工艺技术与现实主义表现相结合，以及绘画形式的融合，形成主体纹饰，反复、连续运用且经过匠意化和程式化处理的纹饰则作为辅助纹饰，两者共同构成了完整的艺术表达。这些纹饰仿佛生动的画作，赋予瓷器更丰富的艺术内涵。其中需要特别说明的是，有些纹饰虽然乍看上去是自然主义的表现，但其也时常包含非现实的要素以及幻想类、牧歌式、叙事类要素。例如藏于韩国梨花女子大学美术馆的高丽青瓷象嵌莲花人物纹梅瓶，周围植物的表现与人物相较异常高大，牧歌式地描绘与蝶鸟嬉戏的童子，将鹤、水禽及各类景物以非现实的手法表现得如同彼岸的净土世界。在供应统治阶级的青瓷中，探取如此富有诗情的牧歌式表现，清楚地显示出高丽青瓷特有的造型特质。[1]

值得一提的是，通过对美国波士顿美术博物馆收藏的高丽银质镀金凤凰盖注子的考证，发现当时的青瓷瓶、注子、净瓶、香炉、油瓶等器物，其纹饰设

1　[日]伊藤郁太郎：《高丽青瓷的造形特质》，见余佩瑾、王明彦主编：《尚青：高丽青瓷特展》，台北故宫博物院，2015年，第348页。

计多仿自陶器、青铜器、银器中的同类物品。这种翻版制作的手法早在 11 世纪就已开始，至 12 世纪时，这些器物的形态已完全融入了高丽独特的审美风格。

进入后期，高丽青瓷的纹饰结构日渐繁复与样式化，纹饰本身也趋于粗略，抒情式的表现逐渐消失，不久即开始大量使用简便的印花技法处理纹饰，与此同时，高丽青瓷开始步入衰退期。

（五）雕工

关于雕工，《宣和奉使高丽图经》书中有"狻猊出香，亦翡色也。上有蹲兽，下有仰莲以承之。诸器惟此物最精绝"的记载，盛赞盖上有狮子形装饰的香炉为"最精绝"之雕工。这说明高丽青瓷的卓越雕工与优美釉色，堪与中国最高水准的青瓷相媲美。若见到韩国国立中央博物馆收藏的青瓷透雕七宝纹香炉或青瓷雕刻龙头饰笔架等精美例证，便能明白其所言不虚。[1] 此外，徐兢对于其他作品尚有如下描述："其余则越州古秘色、汝州新窑器，大概相类。"此处所述之"越州古秘色"为北宋晚期带有精致纤细的划花纹或透雕纹饰的越窑青瓷，然而"汝州新窑器"究竟是指御用汝瓷，还是汝州张公巷窑，现阶段仍难以判断。但可以知道的是，不论是越窑的秘色还是汝窑的窑器，均是两个窑口的巅峰之作，说明当时的高丽青瓷已然达到了我国制瓷业的同等水准。

（六）工艺技法

徐兢在《宣和奉使高丽图经》中盛赞："高丽工技至巧，其绝艺悉归于公。"高丽青瓷的生产流程严谨规范，由宫廷直接指派专门的官员即"窑直"进行精

---

1 [日]伊藤郁太郎：《高丽青瓷的造形特质》，见余佩瑾、王明彦主编：《尚青：高丽青瓷特展》，台北故宫博物院，2015年，第343—344页。

细化管理。高丽青瓷产品主要供应给当时的上流社会，几乎不用于出口贸易[1]，所以工匠们在工艺技法上不断追求卓越，每一件作品都力求华丽精巧，注重装饰效果的精细与独特。这种对工艺的极致追求，使得许多高丽青瓷器物都达到了精雕细琢的艺术高度。

高丽青瓷虽受到中国北宋各窑系的直接或间接影响，但其将所有的技术应用到青瓷的生产中，继而创造出崭新的高丽青瓷装饰技法体系，这在宋代东亚陶瓷史上是找不到其他例证的。高丽青瓷的装饰技法主要有以下 13 种（有时还会进一步加以细分）：素纹、划花、刻花、透雕、象形（雕刻）、印花、象嵌、铁绘、铁地（铁彩）、堆花、铜红釉、金彩、绞胎。其中，采用素纹、划花、刻花、透雕、象形（雕刻）、印花等 6 种技法制作的青瓷，可总称为纯青瓷。[2]

二、高丽青瓷的种类

（一）素面青瓷

素面青瓷，是指那些未加装饰纹样的青瓷，它以简约纯粹的美感，成为青瓷中产量最多、最具代表性的品类。高丽青瓷中，翡色纯青瓷堪称其美的巅峰，它以独特的色泽和造型，展现了高丽陶瓷的精湛技艺和深厚底蕴。

然而，若将高丽青瓷与中国的青瓷相比，其在造型和釉色上并没有中国青

---

1 李琪：《9—13世纪中国耀州青瓷与韩国高丽青瓷比较研究》，景德镇陶瓷学院硕士学位论文，2014年。

2 [日]伊藤郁太郎：《高丽青瓷的造形特质》，见余佩瑾、王明彦主编：《尚青：高丽青瓷特展》，台北故宫博物院，2015年，第348页。

踵武前贤　临流摹影
高丽青瓷纹饰整理与绘录研究

瓷所特有的冷静、威严与夸张。这正反映了两者在审美取向和文化内涵上的差异。仁宗长陵出土的瓜形花瓶，便是这种文化交融的生动例证，它巧妙地将宋与高丽的风格融为一体，展现了跨文化的艺术魅力。[1]

值得一提的是，当北宋的汝官窑青瓷正处于鼎盛时期，备受赞誉之时，北宋的文人却对高丽的翡色青瓷给予了极高的评价。这并非偶然，而是高丽青瓷以其独特的翡色之美以及自然、柔和的造型美，深深打动了那些追求艺术真谛的知识分子。这种评价不仅是对高丽青瓷艺术价值的认可，也是对其在跨文化交流中独特地位的肯定。

（二）象形青瓷

仿动植物形态精心制作的象形青瓷为高丽青瓷史翻开了崭新的一章。自11世纪后半叶起，这类青瓷逐渐崭露头角，至12世纪正式登上艺术殿堂。其风格独树一帜，既典雅大方，又犀利生动，线条流畅自然。其造型之丰富多样，囊括了葫芦、莲花、竹笋、狮子、麒麟、鸭子、黄瓜、香瓜等诸多形态，宛如自然界本身的写照，无一丝一毫的夸张或修饰。这些创新之作，为日后高丽青瓷风格的塑造奠定了坚实的基础。

高丽象形青瓷的主题主要分为两大类：自然素材和宗教素材。自然素材取材于生活中常见的动植物，如鸳鸯、鸭子、香瓜、竹笋、瓢等，这些元素反映了高丽时代人们对生活的热爱。宗教素材则聚焦于高丽时代的国教佛教。虽然佛教并未形成教坛，但在高丽王室中仍具有极大的影响力。青瓷中常出现佛像、菩萨像、罗汉像等佛教形象，以及以荷叶形态呈现的莲花，它们装饰在碗的内外部或碗底，展现出一种宁静而庄严的美感。荷叶不仅出现在香炉和香碗中，

1　台湾历史博物馆编辑委员会编辑：《天青·秘色：高丽青瓷展》，台湾历史博物馆，2009年，第233页。

还常见于碗碟等日常容器中，宛如荷叶盛开的景象。道教题材也在高丽青瓷中有所体现，如以托盘托着桃子的人物、猴子、长颈鹿、凤凰等，这些元素富有道家文化的韵味。此外，龙、鱼龙、龟龙等超自然形象的存在，象征着王室的权威和尊严。

（三）阴刻青瓷

阴刻纹饰及装饰手法丰富多样，有阳刻、半阳刻与周缘阴刻相结合以及印花与周缘阴刻结合等多种方式。这些纹饰不仅精细刻画了对象形态，连细微花脉和叶脉都栩栩如生，人们仿佛能嗅到自然的芬芳。有时，这些纹饰还与初期的象嵌技术巧妙结合，使装饰效果更加独特。纹饰的种类也极为丰富，有牡丹纹、云鹤纹、唐草纹、葡萄童子纹、莲枝纹、蒲柳水禽纹等多种图案，每一款都充满了生机与活力。与此同时，阴刻的线条也展现出多样的变化。最初的阴刻线条细而犀利，给人一种明快之感；随后逐渐变得柔和，粗线也开始出现，并发展为半阳刻形式。因此，阴刻既有犀利流畅的线条，也有略显粗犷的笔触，有时还与半阳刻手法并用，使整个装饰效果既和谐又富有层次感。阴刻的高丽青瓷，无疑在装饰艺术上达到了一个新高度。

（四）透雕、露胎青瓷

"透雕"以其精细复杂的工艺和立体生动的造型著称，但高丽时期的透雕青瓷比较罕见，这与韩国文化中崇尚简约、避免过度夸饰的审美观念有关。韩国传统艺术更偏好内敛、含蓄的表达方式，因此，透雕作品数量较少，可能是受到了这种文化倾向的影响。这也是韩国艺术在追求形式美的同时，更注重内在的精神内涵和意境表达的反映。

露胎纹瓷器诞生于 12 世纪，堪称瓷器中的珍品，它巧妙地根据纹饰施加青瓷釉，使得纹饰在胎土中自然流露出铁的褐色，独具一格。这种青瓷竟比中国元代的露胎纹瓷器还早 200 多年，其历史价值与文化意义不言而喻。

（五）象嵌青瓷

最能表现高丽特色的高丽青瓷装饰技法，应属高丽中期时取得发展的象嵌青瓷。这是高丽青瓷纹饰装饰史上的一次创举。以象嵌技术装饰的高丽青瓷称为"象嵌青瓷"，韩文**상감**的汉字译法除"象嵌"外，亦有"镶嵌""相嵌"两种译法。另外，韩文对"象嵌"也有**상안**（象眼）、**전감**（填嵌）的称呼。[1] 据笔者在韩国留学及学习韩语的经验分析，不同于中国的主谓宾语法，韩语语法是主宾谓结构，因此"象嵌"一词的中文理解为"嵌象"更符合语法结构转化，即镶嵌物象于瓷器之上。象嵌技法就是先用刻刀在青瓷的素胎上刻划纹饰，经一次素烧后，再将含有石英粒子的白土或赭土（含铁量多的土）填入刻划的凹槽部分，再施青釉还原烧制而成，赭土于高温环境中发色为黑色，而白土保持其原有的白色，于是在灰色胎土上留下了白色或黑色纹饰的痕迹。在青釉的衬托下，黑白瓷土的对比变化与线条流利的刻功相得益彰，使青瓷釉下的纹饰线条表现更加完整流畅，色彩层次清晰分明，整体节奏富有节奏感，极具装饰效果，可谓是一种划时代的装饰技法。虽然从技术的角度看，象嵌法并不算特别复杂，但由于其涉及多个手工环节，既费时又费力。更重要的是，象嵌法对火候的控制要求极高，一旦火候掌握不当，就可能导致纹饰熔化、变形，或者在釉面上产生过多的开片甚至开裂。

具体来分，象嵌技法又可以分为线象嵌、面象嵌与逆象嵌。

线象嵌主要是用白色或赭色的瓷土来勾勒纹饰的轮廓线。这种技法强调纹饰的线条美和形态美，通过精细的勾勒，使得整个图案更加清晰、鲜明。在线

---

1 [韩]海刚陶瓷美术馆：《海刚陶瓷美术馆图录》第1册，1990年，第27—32页。

象嵌制作过程中，首先需要根据设计好的图案，使用刻刀或其他工具在陶瓷坯体上刻画出纹饰的轮廓。再选择适当的白色或赭色瓷土，精细地填充到这些轮廓线中。填充的过程需要极高的技巧和耐心，以确保线条的流畅和均匀。线象嵌技法的运用，使陶瓷作品上的纹饰更加突出、醒目，不仅能够展现纹饰的精细和复杂，还能够通过线条的变化和组合，创造出丰富多样的视觉效果。这种技法在陶瓷艺术中广泛应用，尤其是在一些追求线条美和形态美的作品中，更是发挥了其独特的优势。

面象嵌是象嵌技法中的另一种重要分类，与线象嵌不同，它主要关注将白色或赭色的瓷土填入纹饰的轮廓线内，注重纹饰的色彩和质感表现。在面象嵌的制作过程中，首先刻划出纹饰的轮廓，然后选用与底色形成对比的白色或赭色瓷土，将这些瓷土细致地填入轮廓内部。这一步骤需要匠人对色彩和质感的精准把握，以确保填入的瓷土与底色和谐相融，同时又能凸显出纹饰的立体感和层次感。面象嵌技法的运用使得陶瓷作品上的纹饰更加饱满和立体，色彩更加丰富多变。它不仅能够展现纹饰的细节和层次，还能够通过色彩和质感的对比，创造出独特的视觉效果。这种技法在陶瓷艺术中得到了广泛的应用，尤其是在追求色彩丰富和质感细腻的作品中，更具其独特的表现力。

逆象嵌是一种独特的陶瓷装饰技法，也被称为"白地象嵌"或"黑地象嵌"，它属于象嵌技法中的一种变体，以其别致的视觉效果和艺术表现力在陶瓷艺术中独树一帜。在逆象嵌的制作过程中，首先剔除纹饰背景部分的胎土，留下纹饰的轮廓。然后选择白色或赭色的瓷土，填入这些被剔除背景的区域。如此，当瓷器施以青釉并经过烧制后，纹饰就会以素青釉色在白色或赭色的背景中浮现出来，形成强烈的色彩对比。逆象嵌技法最显著的特点在于其色彩的反差效果。通过巧妙运用白色或赭色瓷土与青釉的对比，逆象嵌使得纹饰在视觉上更加突出，仿佛是从背景中跃然而出。这种对比不仅增强了纹饰的立体感，还使陶瓷作品更加生动、有趣。此外，逆象嵌技法在表现纹饰细节和形态上也独具优势。由于是通过填入瓷土来形成纹饰的背景，工匠可以更加精细地控制纹饰的形状和线条，使纹饰更加清晰、准确。同时，逆象嵌还可以与其他象嵌技法相结合，创造出更加丰富多样的装饰效果。

追溯起源，我国在战国时期就已有了金银错青铜器技艺，但关于象嵌瓷器的记载是一片空白，象嵌技法在陶瓷上大放光辉是在高丽青瓷上。世界上最早发明的瓷器象嵌法，很可能与同时期的错银青铜器及螺钿漆器的施纹技术有着直接的联系。韩国自古以来便与中国等相邻国家保持着密切的文化交流，不断引进并融合先进的文化元素。在韩国，人们也早已采用错银、错金法在漆器或青铜器上制作纹饰。当我们将现藏于韩国国立中央博物馆的青瓷象嵌蒲柳水禽纹净瓶与错银青铜净瓶进行对比时，不难发现，错银青铜净瓶的器型和纹饰，为青瓷象嵌净瓶的制作提供了直接样本和灵感来源。

早在 10 世纪后期，高丽早期青瓷虽然产量有限，但已出现了象嵌青瓷。这一时期的象嵌青瓷纹饰相对单调，风格朴素，并无过多的装饰与繁复的图案。进入 11 世纪后，青瓷工艺有所发展，出现了象嵌铭文的技法。然而，当时的象嵌技术尚显粗糙，导致纹饰的效果并不显著，未能充分展现出象嵌青瓷的独特魅力。尽管如此，这些早期的尝试与探索，为后来高丽青瓷象嵌技法的成熟与发展奠定了基础。

到了 12 世纪，象嵌技术得到了显著的发展，与阴刻、阳刻等技法并驾齐驱，成为瓷器装饰的重要手法。此时的象嵌纹饰常常以折枝纹的形式单独出现，或者作为辅助纹饰与其他装饰元素相结合，工艺之精湛、效果之显著，令人赞叹不已。1963—1970 年，韩国国立中央博物馆在康津郡大口面沙堂里 7 号窑址的发掘中，发现了大量青瓷碎片，据推测这些碎片的烧制时间可追溯到 12 世纪初期至中叶。在这些碎片中，不仅有《高丽史·世家》卷 18 所记载的毅宗十一年（1156）的青瓷瓦，还有与 12 世纪前期汝窑青瓷相似的花形托盏，偶尔还能见到象嵌青瓷的碎片。这些器皿采用了耐火泥点烧制工艺，与仁宗长陵出土的遗物在外形上有着惊人的相似之处。更值得注意的是，它们与青瓷瓦碎片的堆积层紧密相连，为我们提供了关于高丽青瓷制作技艺和风格演变的宝贵线索。

再者，韩国国立中央博物馆馆藏的文公裕墓出土的高丽青瓷象嵌宝相花唐草纹碗，还有一件出土自高丽第 19 代国王明宗智陵的青瓷象嵌荔枝纹碗，可推测象嵌青瓷在 12 世纪中叶时期已然高度发展，之后至 13 世纪前半叶为止，再取得更大的发展。

最初象嵌纹是从替代阴纹、阳纹开始的，后来象嵌纹也被运用在辅助纹饰中，再后来盘、碟及瓶、壶上的主纹饰也被象嵌纹替代了。这样，象嵌纹替代了阴纹和阳纹而逐渐发展成为高丽青瓷所特有的纹饰。其实，象嵌纹与阴纹、阳纹、铁画纹、堆花纹都有相类似之处。其独特之处在于，象嵌法是用刻刀把需要表现的线条部分挖出再进行填充，因受刀力不同，其线条表现出的效果也不一样，会让所需表现的动植物显得更加鲜明、实在、粗壮、有力。仔细观察以象嵌技法表现的动植物，会发现花、叶脉，鸟禽的羽翼及鱼龙的鳞片等均以阴刻的方式表现，植物鲜翠欲滴和动物轻盈展翅的形象被刻画得栩栩如生。象嵌青瓷纹饰不仅是工艺造诣的极大追求，更是一首歌颂自然的诗、一幅描绘诗语的画，是自然形态的生命力与工艺美术的和谐统一。这种单纯简洁的美是器物造型和阴阳刻法所附着的装饰物以及所选择的颜料效果之间相辅相成、完美融合的结果。

（六）铜红釉青瓷

高丽青瓷所发展的装饰技法中另一备受瞩目的技法是"铜红釉"，该技法甚至早于中国景德镇窑的"釉裹红"技法。铜红釉以氧化铜彩料调配红色，以高温还原烧制，在瓷器上表现出红色作为装饰。与其他呈色方式相比，铜画呈色更为鲜艳、明亮，且具有较高的光泽度。这使得瓷器在视觉上更加引人注目，充满了奢华与高贵的气息。同时，铜画呈色还具有较好的耐久性和稳定性，能够经受住时间的考验，保持长久的美丽。此后高丽工匠又发明了青瓷铜画纹技法，细腻的线条勾勒、大胆的色块铺陈无不展现着铜画呈色独有的艺术风格。此技法一直延续到 14 世纪，其间一次也没有滥用。高丽人对于使用红色非常谨慎，并非广泛应用于整个器皿，而是仅点缀于象嵌部位的极小局部，如同画龙点睛，以凸显作品的尊贵与耀眼。如仅在鹤类等鸟禽的头顶点上一点或在花卉的中心或顶部点上数点而已，也有在酒杯或化妆盒等精致器皿的表面使用该技法使器物通体呈红色的例子，但仅为个例。

（七）辰砂彩青瓷

　　辰砂彩这一独特的陶瓷装饰手法，以其鲜明的色彩和独特的艺术效果，赋予瓷器无尽的魅力。辰砂彩青瓷最早可能出现于 12 世纪，并盛行于 13 世纪。这一时期的瓷器工艺已经达到了相当高的水平，而辰砂彩青瓷更是其中的佼佼者，它不仅代表了当时瓷器工艺的最高水平，也反映了当时人们对美的追求和审美观念。其色彩鲜艳而持久，即使历经千年，依然能够保持其原有的光彩。从制作工艺来看，辰砂彩青瓷的制作过程十分复杂，每一个细节都需要匠人精心打磨，才能确保成品的质量和艺术价值，且需要经过多次烧制和彩绘，才能最终呈现完美的效果。辰砂彩的运用不局限于简单的色彩点缀，它可以通过匠人的巧手，以不同的图案和纹理形式出现在瓷器上。这些图案和纹理既可以是抽象的线条和形状，也可以是具象的花鸟鱼虫，甚至是人物故事。无论是哪一种形式，辰砂彩都能以其独特的红色，为瓷器增添一份别样的韵味和情趣。此外，辰砂彩的运用还需要考虑到与瓷器整体设计的协调性。它需要与瓷器的形状、大小、风格等因素相配合，才能达到最佳的装饰效果。因此，辰砂彩的运用不仅考验匠人的技艺水平，也体现了他们的审美眼光和艺术创造力。虽然辰砂彩和铜红釉都涉及使用铜的氧化物作为着色剂来装饰瓷器，但它们的装饰手法和效果并不完全相同。辰砂彩更注重在瓷器表面点缀鲜艳的色彩，而铜红釉更注重通过釉层的色彩变化来装饰瓷器。两者各有特色，都是陶瓷艺术中重要的装饰手法。辰砂彩的主要成分是氧化铜，这种颜料在烧制过程中会呈现出独特的红色，犹如在瓷器青翠的底色上点缀着朵朵红花，宛如一幅幅精美的画卷。这种装饰手法能够创造出色彩对比鲜明、视觉效果强烈的作品。铜红釉则是一种利用铜的氧化物作为着色剂，在瓷器表面形成红色釉层的装饰技法，铜红釉的装饰效果丰富多样，可以呈现出红色、紫色、青色等多种色彩变化，使得瓷器表面更加绚丽多彩。

（八）铁画纹青瓷

铁画纹青瓷艺术在 10 世纪初露锋芒，到了 11 世纪，随着技艺的日益精进与市场需求的旺盛，铁画纹青瓷的生产迎来了空前的繁荣。其纹样种类繁多，形态各异，既有取自自然界的灵动之美，如山川草木、花鸟鱼虫，亦有蕴含深厚底蕴的抽象图案。一部分纹饰设计，显然受中国磁州窑系白地黑花瓷装饰法的深远影响，磁州窑黑白分明、对比强烈的装饰手法，为铁画纹青瓷的纹样创作注入了新的灵感与活力，使高丽青瓷在保持自身青釉温润如玉特质的同时，又增添了几分粗犷豪放、质朴自然的气息。但二者在色彩对比、线条勾勒等方面展现出异曲同工之妙。另有一种观点认为，它们与广东省广州西村窑也存在着某种联系。

最初，这些青瓷主要在釜山市德浦里地区生产。然而，随着时间的推移，到了 11 世纪末至 12 世纪初，其产地逐渐转移至海南郡山二面。值得注意的是，尽管大部分铁画纹青瓷以氧化焰 [1] 烧制，表面呈现出褐色，但其中仍有一小部分铁画纹青瓷的胎土和釉色经过精心烧制，达到了上品的水准。

到了 12 世纪，铁画纹青瓷艺术达到了巅峰，康津、扶安等地的窑场也有少

---

1 氧化焰是指燃料中的全部可燃成分在氧气充足的情况下达到完全燃烧。含铜釉药在良好的还原焰中烧成为红色，但在氧化焰中烧成时则为绿色。当使用含铁分较高的颜料时，其色泽会转变为褐色，同时釉面也会相应变得更为轻薄。

量的铁画纹青瓷生产。其中，有些铁画纹青瓷采用还原法烧制，釉色优美动人。在纹饰设计上，这些青瓷更是展现了丰富的多样性，既有像磁州窑系那样主纹饰与辅助纹饰混合使用的公式化设计，也有独具高丽特色的纹饰，它们以主纹饰为重点，突出绘画技巧，并重新安排了结构，展现出独特的艺术魅力。

（九）褐彩青瓷

褐彩青瓷，也称"铁彩青瓷"，韩国研究者亦称之为"青磁铁画"。褐彩青瓷是通过在瓷胎上运用含有氧化铁的颜料进行绘画，随后覆盖青釉或青黄釉，并经过高温烧制而成。这一技法主要盛行于11—12世纪。中国唐宋时期的长沙窑和越窑、温州窑等窑场亦有褐彩青瓷这一类别，但从图案风格来看，高丽褐彩青瓷与它们显然并不是一个传统，高丽褐彩青瓷的彩绘图案内容主要是花卉，其图样特征受磁州窑等中国北方综合性民窑的影响比较大。[1]

（十）金彩描画青瓷

通过在成品的釉面上涂抹一层专门的附着剂，并精心撒入金粉，高丽工匠在12世纪前半叶便已尝试制作画金青瓷。韩国研究者亦称之为"青瓷象嵌金彩"。据《高丽史·列传》卷18《赵仁规传》记载，高丽忠烈王时，赵仁规朝见元世祖（1260—1294年在位），"尝献画金磁器，世祖问曰：'画金欲其固耶？'对曰：'但施彩耳。'曰：'其金可复用耶？'对曰：'磁器易破，金亦随毁，宁可复用。'世祖善其对，命自后金磁器毋画金、勿进献"。按，赵仁规官至将军，大德（1297—1307）初年曾加司徒、司空、侍中之职，受"赦九死奖谕文书"[2]，是忠烈王的重臣，

1　刘毅：《高丽青瓷的几项突出成就》，《中原文物》2004年第3期。
2　（明）宋濂等：《元史》卷208《高丽传》，中华书局，1976年，第4622页。

以 72 岁的享年卒于元武宗至大元年（高丽忠烈王三十四年，1308），他向元世祖进献画金瓷器时正当壮年。《元典章》卷 58《工部一》中也收录了一条元世祖禁止瓷器描金的诏令："至元八年（1271）四月二十日，御史台承奉尚书省札付，钦奉圣旨：节该今后诸人，但系磁器上并不得用描金生活，教省里遍行榜文禁断者。钦此。"[1] 结合元世祖"自今磁器毋画金"的诏令分析，高丽画金瓷器在 13 世纪后期可能已经不再大量生产，甚至不再生产。因此，高丽金彩描画青瓷遗物实属罕见，目前仅见日本私人收藏的一件画金青瓷梅花折枝纹盘，其器型典雅、釉色温润、纹饰细腻，是画金青瓷中的珍品。12 世纪前半期的画金青瓷多以素面作为背景，施以金粉。到了 13 世纪，则是在象嵌的纹饰部位撒入金粉，使得整个作品更加华丽夺目。13 世纪后半叶，画金青瓷曾作为进献给元朝皇帝的贡品得以生产，但除此之外没有其他例子，保留下来的不过一两件。

（十一）堆花纹青瓷

堆花纹青瓷作为铁画纹青瓷的一种衍生形式，是高丽人民的独特创新。在纹饰的结构上，有的设计强调主纹饰，凸显其主体地位；有的虽然略显稚嫩，但已经尝试融入辅助纹饰，形成了更加丰富的层次。在这些设计中，高丽匠人巧妙地运用绘画的结构原则来安排主纹饰，从而创造出了具有鲜明高丽特色的纹饰结构。至于纹饰的种类，更是复杂多样。有的瓷器整个表面都涂抹了白色的化妆土，然后再用赤土精心绘制出各种纹饰；有的则只在部分表面施以白色化妆土，并在其上阴刻出细腻的花卉纹；还有的则是在堆花纹的周围涂上一圈白色的化妆土，并在其上阴刻出优雅的唐草纹。这些精心设计的纹饰不仅展示了高丽瓷器工艺的精湛，也体现了高丽人民对美的独特追求和卓越创造力。

---

1 （元）不著撰人：《元典章》，中国书店，1990年，第831页。

踵武前贤 临流摹影
高丽青瓷纹饰整理与绘录研究

（十二）练理纹青瓷

　　将含铁量丰富的瓷土与白土精心混合搅拌，形成独特的胎土，随后以此捏塑出各种器物，经过细致的削薄处理，施上釉料，再采用还原烧制法进行烧制。这样制作出来的瓷器，表面呈现出黑、白、灰三色交融的奇妙景象，其纹饰酷似天然大理石，被称为练理纹。其实，早在中国的唐朝时期，人们就已经掌握了这种制作技艺。然而，在胎土的混合搅拌过程中，高丽匠人巧妙地通过人为的手法，使得特定的纹饰效果得以显现，这些纹饰呈现出重叠、反复的曲线，与自然形成的纹理相比，有着明显的差异和独特的艺术魅力。

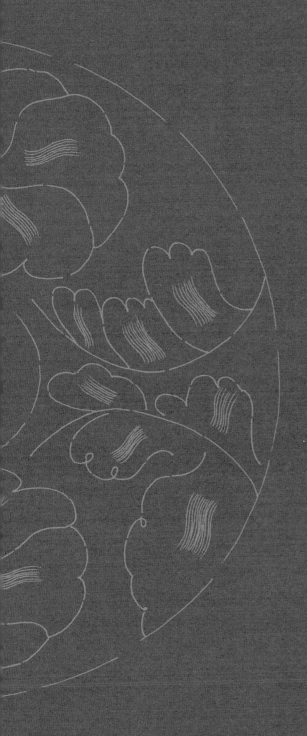

第三章

高丽青瓷的美学意蕴

一、高丽青瓷的艺术特色

（一）色彩淡雅质朴

高丽青瓷的色彩，无疑是其艺术魅力的核心所在。其色彩淡雅鲜明，优美柔和，给人以宁静、清新的视觉感受。特别是标志性的翡翠色青瓷，更是展现了高丽青瓷在色彩运用上的独特造诣。翡翠色青瓷的色彩并非单纯的青色或绿色，而是在这两者之间，属于青绿色系统，釉层轻薄且色泽鲜亮，呈现出迷人的半透明质感。这种颜色既不显得过于浓烈，也不过于寡淡，而是恰到好处地融合了青与绿的特质，形成了一种既有光泽又显得素雅、玲珑、美妙的独特美感。

翡色青瓷釉的特质，与中国道家崇尚的"自然含蓄"和"崇尚质朴"的审美文化有着深刻的契合。道家思想以"静"为核心，追求内心的宁静与和谐，而翡色青瓷的青色展现出的幽玄与静谧，恰好符合这种审美情趣。这种独特的釉色，是材料本身精髓的体现，更是中韩两国文化深层内涵的生动显现。

高丽青瓷的色彩美学不仅体现在其釉色的独特性上，也体现在其色彩搭配的巧妙性上。工匠们通过精心挑选原料、控制烧制温度和时间等工艺手段，使得高丽青瓷的色彩呈现出一种自然、和谐的美感，既符合人们的审美需求，又展现了高丽青瓷独特的艺术风格和文化内涵。色彩的艺术特色，使高丽青瓷成为陶瓷艺术中的一朵奇葩。

（二）纹饰自然生动

高丽青瓷的装饰花纹不仅素雅而且情趣浓郁，其种类之丰富、构思之巧妙，在陶瓷艺术领域堪称一绝。高丽青瓷上的花纹图案往往融合了多种文化元素，如中国传统的绘画、雕刻技艺，以及高丽本土的文化特色等。其花纹图案多样，涉及主题广泛，有栩栩如生的人物、活泼灵动的动物、细腻逼真的植物、引人入胜的自然景色，以及充满象征意义的图案和文字等。这些花纹的构图往往致密而纤细，线条流畅而富有变化，展现出高丽工匠高超的雕刻技艺和深厚的艺术修养。在色调和配色上，高丽青瓷也独具匠心，采用多种色彩进行搭配，使得花纹图案更加生动、立体，增强了作品的艺术感染力和视觉冲击力。这些花纹图案展现出了高丽人民对于美的独特追求和理解，我们从中可以感受到高丽人民对自然界的敬畏之情，以及他们对生活的热爱与珍惜之情。[1]

高丽青瓷在纹饰创作中采用现实主义的表现方式，注重写生，将自然物象与绘画艺术语言有机结合，再进行符号化的综合处理，将大自然的神韵与细腻的情感融入每一道纹饰之中。这种处理方式在深层次上体现了道家所崇尚的"无为"哲学的艺术性，即在顺应自然、尊重自然的基础上，追求内心的宁静与和谐，将艺术的创作与自然的韵律相结合，达到一种无为而治、天人合一的哲学境界。

（三）工艺独树一帜

高丽青瓷在制作工艺上独树一帜，彰显出极高的艺术造诣和技术水平。其中，自成一体的象嵌青瓷的制作尤为独特，它巧妙地运用色彩对比和层次感，营造出一种与底色相互映衬的柔和之美。具体而言，工匠们会先在瓷器底面精心刻划图案，这些图案设计精巧，线条流畅，构图严谨。随后，他们会用与底色截

---

1 陈墨缘：《高丽青瓷技艺及其艺术价值探析》，《美术观察》2022年第7期。

然不同的土料仔细填补这些图案，使得图案与底色在色彩和质地上形成鲜明的对比。象嵌技法的精髓在于精确地将不同性质的黏土填涂成图案，并保证在干燥与烧制过程中与本体胎壁完美贴合，使之在青釉的覆盖下呈现出似画非画的妙境，其中对材料间收缩率的把控、釉料的配制及烧制方式的调整都需要技艺的攻破。这种装饰手法最大的特点在于突破了青瓷单色釉下无彩的表现形式，嵌入有色瓷土的纹饰在层次上更清晰，黑白反差亦更显著，整体结构富含节奏感，与翡色青釉之间的交融、叠压、调和，彰显其诗语般简洁曼妙的美感特质。[1]

除象嵌外，高丽青瓷还广泛采用了堆花（化妆土堆花）、透雕（镂空雕）等多种高难度的精工技巧。堆花是指在瓷器表面运用不同颜色的化妆土进行堆塑，形成各种花卉、动物等纹饰。这种技法要求工匠们深入了解、熟练掌握材料的性质、色彩搭配以及堆塑技巧，保证堆塑出的纹饰既生动又自然。透雕（镂空雕）则是将瓷器表面的图案进行镂空处理，形成立体的空间感。这种技法要求工匠们对瓷器结构有深入的理解，能够在保证瓷器整体结构稳固的前提下，进行精细的镂空处理。透雕作品往往线条流畅、结构复杂，给人以精巧绝伦之感。

（四）形状多样独特

高丽青瓷作为东亚陶瓷艺术的重要分支，其形状设计独具匠心，尤其在象物形青瓷的创作上，更是体现了高丽工匠的卓越才华与深厚艺术修养。象物形青瓷不仅形状独特，而且创作构想新颖，将自然界的生物、器物等元素巧妙地融入瓷器设计之中，使其形象灵动。

在象物形青瓷的制作过程中，高丽工匠注重细节与整体的比例关系，每一个细节都经过精心雕琢，与实用性构造完美融合。这种对细节的精益求精，不仅增强了器物的美观性，也提升了其实用价值。例如，一些象物形青瓷在模仿

1　陈墨缘：《高丽青瓷技艺及其艺术价值探析》，《美术观察》2022年第7期。

自然生物形态的同时，还巧妙地考虑了器物的容量、重量等因素，使其既美观又实用。

高丽青瓷的象物形设计，不仅体现了高丽工匠的艺术才华，也深刻反映了高丽民族的审美情感和生活风俗。这些瓷器所展现的是高丽人民对自然界的敬畏与热爱以及对美好生活的追求与向往。

（五）文化交融创新

高丽青瓷，作为朝鲜民族陶瓷艺术的瑰宝，其形成与发展是一个文化交融与创新的过程。朝鲜民族在继承与消化中国制瓷技术与装饰手法的基础上，不仅吸收了其中的精髓，更在此基础上融入了本民族的文化内涵与艺术特色，从而形成了独立的高丽青瓷体系。

在制瓷技术上，高丽青瓷承袭了中国青瓷的传统技艺，如胎土的选择、釉料的配制、烧制的温度与时间控制等。然而，高丽青瓷并未止步于简单的技术模仿，而是在此基础上进行了创新与发展。它融入了朝鲜民族的文化元素与艺术特色，形成了独特的装饰风格与造型特点。例如，在装饰手法上，高丽青瓷运用了刻花、画花、印花等多种技法，结合朝鲜民族的图案与纹饰，创造出了丰富多彩、独具特色的装饰效果。在造型上，高丽青瓷注重实用与美观的结合，既有传统的器型，也有富有创意的新颖器型，如象物形青瓷等，展现了朝鲜民族的审美观念与生活情趣。

这种文化融合使得高丽青瓷在艺术上更加丰富多彩，不仅具有中国青瓷的细腻与精致，还融入了朝鲜民族的豪放与粗犷，形成既有传统韵味又有独特个性的艺术风格。因此高丽青瓷既体现了朝鲜民族对传统文化的尊重与传承，也反映了高丽人民积极探索新事物的创新精神。

二、高丽青瓷刻划之美

高丽青瓷刻划技艺精湛，其刀法犹如国画笔触，线条自由流畅，不受形象结构束缚。刻划时，刀法既显力度又显轻盈，简约而典雅，看似光滑却内含苍劲，展现出独特的秀润气质，仿佛被甘露滋润，渊泉洗礼。刻划的自然美，在高级刻工的实践中不断被发掘和提升。在特定的文化背景下，山川美景融入人的心灵，情感与景致交融，意境与神韵共鸣，从而创造出一个充满生命力的意象世界。

（一）蕴藉隽永

以馆藏于韩国康津高丽青瓷博物馆的青瓷阳刻牡丹纹碗为例，此碗清雅隽永，其透明丰润的粉青釉色之上，细腻地呈现牡丹的纹饰，与高丽其他繁密刻划风格迥然不同。在划痕刀法上，它以侧刀圆弧线条为主导，运刀侧锋圆转，宛如中国写意绘画中的"屋漏痕"般自如，刀具在半干不湿的泥坯上提按自如，随行随止。又似"锥划沙"，圆浑拙厚，运转自如，勾勒出的造型流畅而灵动，毫无滞碍。青釉的厚薄在深浅不一的泥坯上施展，宛如水墨画的浓淡相宜，随机而生。特别是侧刀划痕处积聚的釉色，浓淡相宜，若隐若现地与泥坯背景融为一体，仿佛乡间溪流、山泉碧水深潭之美，令人陶醉。整只碗以牡丹花为中心，青釉如墨色般赋予色彩，泥坯作为骨架支撑，层次分明又浑然天成。这种高丽青瓷的刻划纹饰技艺形式感强烈，风格清新自然。从丰富的遗物标本中，我们可以清晰看到高丽陶瓷艺人对"造化自然"的推崇，他们取生活所见所闻所感为表现对象与审美追求，于平凡中见情趣，于熟练中见率真，于简洁中见意气，釉色含蓄不露，令人回味无穷。

（二）灵变果决

通过丰富的高丽青瓷遗物可知其釉下刻划纹饰一般采用圆刀中锋轻线划成，泥坯上的刻痕铁划竹钩，充满灵气，风格清新脱俗，显然受到了中国绘画白描手法的深刻启发与影响。

中国写意绘画的线条审美追求"重、厚、力、变、润"等特质，其中"变"难能可贵。其难在笔法灵活多变，线条自然灵动。在工艺美术装饰中，线条往往趋于雷同，缺少变化，容易使人产生审美疲劳。然而，从高丽青瓷的刻划纹饰中，我们看到了截然不同的景象。釉下划痕下刀果断，速度迅捷，轻重转停充满弹性，一气呵成，展现了刻划技艺的老练与成熟。

纹饰技艺的高明之处在于，划痕产生的线条既简练又充满变化。特别是刀具的多样性在刻划纹饰内容时得到了充分体现，满含工匠的智慧与匠心。青青釉色作为完美的衬托，使运刀轻重缓急所产生的深浅变化能够更加清晰地展现刻划纹饰物象的虚实体积和阴阳向背，让人在把玩中感受到一股浓郁的灵气。这样具有独特感染力的青瓷刻划纹饰，既耐看又经得起琢磨赏鉴，是高丽青瓷技师千锤百炼后深厚功力的展现。

（三）简练利落

综观高丽青瓷器皿中的刻划线条，既简练又爽利，运刀时沉着有力且富有速度感，线条多为圆弧造型，转折处圆润流畅，赋予了作品一种优美、肥圆的独特韵味。刻刀在泥坯上舞动，仿佛弹指一挥间便勾勒出率真清新的韵律。施以成熟的青釉，将纹饰表现得淋漓尽致，其精妙绝伦程度令人叹为观止，每一处细节都凝聚着刻划技师的精湛技艺与深厚情感。

（四）柔中带刚

高丽青瓷的纹饰，深深烙印着江南的灵秀之气，这与其鼻祖越窑青瓷有着不可分割的内在关联。在极简的纹饰造型中，高丽青瓷的刻划技艺柔中带刚，表达了对无尽变化的追求，这种追求与中国绘画的写意艺术所追求的完美境界相得益彰。对此，我们唯有由衷地佩服。

刻划技艺若不够熟练，便难以在泥坯上勾勒出完美的圆弧线。而高丽青瓷刻划技艺正是以弧线为造型的基调，在自由流畅的弧线中巧妙地运用侧刀的锐利性，为线条增添了力量感。纹饰的形状各异，圆转弧度自然多变，加之刀具行走时富有弹性的节奏，使作品散发出骨力遒劲的美感。

在莹润的青釉之下，这种轻松自在的节奏感得以完美呈现。青釉的雅致中透露出柔和，而在这柔和之中又可见刀法的刚毅与力量。这种刚柔并济、浑然一体的艺术效果，正是高丽青瓷刻划技艺的精髓所在。

三、中国白描绘画技法对高丽青瓷的影响

白描，是古时被称为白画的传统绘画技法。它摒弃了色彩的渲染，仅凭细致入微的线条，精准勾勒出自然之物的神韵。这种技法也被称为"单线平涂"法，其纯粹与精妙令人叹为观止。白描，最初作为绘画技法出现，后逐渐发展为以点、线、面为核心的中国绘画一科。它强调运用高质量、有审美价值的线条来塑造物象，是中国传统绘画刻划造型的基石。白描凸显了中国画以形写神、以线传神的写意表现力，展现了富有灵气的抽象艺术与黑白交融的节奏美感。白描不仅是中国画艺术的重要组成部分，更是中国为世界美术发展史贡献的独特艺术。[1]

1　潘天寿：《中国绘画史》，中国文史出版社，2015年，156—158页。

在人物、山水、花鸟等绘画题材中，白描技法得到了广泛应用，尤其在人物与纹饰的绘制中，它以精细的点线描绘，生动勾勒出自然物象的轮廓，传神达意，体现了其艺术的最高追求。[1] 随着时间的推移，白描逐渐演变成一种独立的绘画艺术门类，其影响深远，在陶瓷工艺，尤其在高丽青瓷的纹饰刻划中得到充分体现。高丽青瓷的纹饰与白描的线条造型之间，形成了紧密的艺术联结，共同展现了中国传统绘画的非凡魅力。

白描不仅是一种艺术理念，也是一种追求简洁、明快、有力的文学表现手法，在文学与绘画领域均有着广泛的应用与深远的影响。在中国传统文化中，白描作为诗歌文学的一种表现手法，强调以淳朴简洁的文字精准捕捉自然物象的鲜明特征，着重表现其最本真的精神风貌。此手法避免繁复的辞藻修饰，力求以最精练的语言刻画出对象的生动性与独特性。成功的白描能够清晰揭示形象的个性特征，传达出自然景物内在的神韵与气质。[2] 这一文学手法对于绘画中的白描表现亦具有深刻的启发意义。在描绘人物时，白描侧重于突出人物主体的代表性特征，以简洁的笔触勾勒出人物生动的外貌与神态，如唐代白居易在《卖炭翁》中所写："卖炭翁，伐薪烧炭南山中。满面尘灰烟火色，两鬓苍苍十指黑。"仅用数语便生动地勾勒出卖炭老人的形象。而在描绘自然景物时，白描强调朴实无华的笔触，追求简明而有力的表达，以捕捉景物的核心美感和情感氛围，如元曲作家马致远在《天净沙·秋思》中通过一系列意象的巧妙组合，以简洁的线条勾勒出萧瑟苍凉的秋日景象，实现了文学与绘画在表现手法上的高度契合。

白描，根植于中华民族文化，深受中国绘画写意精神之影响，以其用意精深的刻划线条为造型手段，以自然写生为实践路径，追求"气韵生动"的艺术

1　刘波：《历代中国画技法解析》，中央编译出版社，2020年，第12—13页。

2　[英]赫尔伯特·翟里斯：《中国绘画史导论》，赵成清译，上海社会科学院出版社，2020年，第27页。

境界，展现自然万物的蓬勃生命力。白描这一绘画方法通过纯粹的线条刻画，表现自然事物的生动形象，蕴含了传统中国画的审美原理、造型技巧与传神写意的表现力。它是中国美术史上独具特色、绚烂多彩的艺术之花。白描技法在塑造景物造型时，不依赖色彩，而是凭借对线条的深刻理解和巧妙运用，塑造万物形象，传达世间万物的生机与神韵。作为中国传统绘画的重要门类，白描的审美原则和评价标准紧密关联于传统绘画的体系。白描纹饰技法的核心在于线条在造型中的巧妙运用，主要分为单勾与复勾两种。单勾即运用精细的单笔线条勾勒纹饰，通过笔法、墨法的多样变化，在纹饰的各部分结构中凸显其独特形象特征，追求线条的写意性和独特的技法形态。复勾则是对需要强调的纹饰部分进行再次勾画，以适应墨色浓淡、线条粗细、虚实变化和质地表现等需求。在高丽陶瓷纹饰装饰实践中，白描技法的运用紧密围绕写生感受，旨在捕捉现场美感带来的体验，并展现技法之美。这些技法既源于对中国古代绘画的传承，也包含艺术家独特的灵感与创新。只要技法能够灵活生动地表达写生所感的意境，即为上乘的白描装饰技法。

在技法表现上，白描同样以"气韵生动"为最高追求。最早由南齐谢赫在《画品》中提出的"六法论"，对白描技法具有深刻的指导意义，历来为中国画家在白描写生与创作中所重视。"六法精论，万古不移。"宋代美术史家郭若虚在《图画见闻志》中的这一见解，深刻体现了"六法论"的深远影响。自南朝以来，历经千年，"六法论"在绘画实践中被不断运用、丰富和发展，成为中国美术理论中最具稳定性、最具涵括力的原理之一，同时也是中国美术品评、创作之标准和美学思想的核心原则。唐代张彦远在《历代名画记》中详细记述了"六法"："一曰气韵生动，二曰骨法用笔，三曰应物象形，四曰随类赋彩，五曰经营位置，六曰传移模写。""六法论"构建了一个全面而深刻的绘画理论框架，高度概括了绘画艺术的精髓，涵盖了对事物对象内在精神的表达、绘画者对客观物象的感知与理解、美学表达手法，以及精细的刻划技巧、色彩运用、构图布局、写生实践与临摹学习等多个方面。自"六法论"提出后，中国古代绘画进入了一

踵武前贤　临流摹影
高丽青瓷纹饰整理与绘录研究

个理论自觉与繁荣的时期，后世书画家普遍将"六法"原则作为评价绘画作品艺术价值的重要标准。[1]

纵观12—13世纪的高丽青瓷，此六法在其艺术装饰中有极其重要的理论和实践价值。欲深入探究此问题，我们需先明晰"六法"在白描纹饰写生与创作中的具体内涵。

一是"气韵生动"。它指的是在将自然物象写生到陶瓷装饰的过程中，自然纹饰所展现的灵动姿态与丰富造型，折射出各类纹饰的独特气质、韵致以及所营造的情境之美。这种气韵源于对自然纹饰的直接感受，从纹饰的自然生长中汲取生动的气息与韵味，使之呈现出意态灵活、积极有活力的特质，从而赋予青瓷上的装饰纹样以强大的生命力，令人内心深受触动。这种生动性是现代技术如摄影后画照片、人工造花写生等所难以企及的。[2]

二是"骨法用笔"。它指的是通过富含深意的线条来展现艺术魅力。"骨法用笔"强调的是以线条造型的骨力，即力量在运笔中的体现。这里的"骨法"为比喻性词语，如"风骨""骨力"，用以描述自然物象内在品质的刚直、果断及其外在的刚健之美。结合"书画同源"的观点，白描技法中的"骨法"与书法运笔密切相关。书法通过提、按、转、折、撇、捺、点等技法展现汉字的点线之美，白描纹饰在青瓷上的体现则是，运用这些技法绘制出生动有力的造型线条。如卫夫人《笔阵图》所述，"善笔力者多骨，不善笔力者多肉"，意指在线条表现中需如书法般展现力量、笔力和功力。将白描技法运用到陶瓷艺术创作中时，无论使用哪种工具，都应自如地控制线条，使线条在生动的姿态结构中自然呈现，而非被工具控制。全以勾勒线条造型为技法的白描纹饰，其生动的结构、姿态、韵致均依赖于点线的精确性、力量感和自由变化来绘制。因此，"骨法"不仅是对线条艺术性的认知，也涵盖了笔力、墨感、结构姿态等纹饰艺

---

1 蔡英余：《南宋工笔花鸟画研究》，中国美术学院出版社，2014年，第86页。
2 王菡薇、刘品：《历代名画记注译与评介》，中华书局，2021年，第95页。

术再现的基础要素。

三是"应物象形"。在白描纹饰中体现的是画者对纹饰写生所采取的适应性审美态度，强调写生时所见纹饰形象与白描手法所绘艺术形象之间的相似性。宗炳在《画山水序》中提出的"以形写形"强调了形象真实性的重要性，这在南北朝时期的绘画评鉴中尤为显著。在陶瓷纹饰装饰中，首要任务是精确描绘结构姿态，进而追求纹饰的神采意韵，以形写神是其核心法则。研究自然植物的形体结构与姿态，旨在于共性中探寻个性，这种个性基于真实纹饰形态，旨在表现中国画的写意精神，抒发对自然纹饰美的热爱。这一过程实现了中国绘画艺术意象观念中现实纹饰外在表现与内在表现的和谐统一。

四是"随类赋彩"。在白描写生中，赋彩看似非核心，实则蕴含深刻道理。赋彩即在绘画过程中为艺术形象赋予色彩。唐代张彦远在《历代名画记》中提出："运墨而五色具，谓之得意。"这里说的是在水墨绘画中，画家通过调节水墨的浓淡干湿，表现层次丰富的色彩关系，达到以墨代色的高超水准。"墨分五色"与"随类赋彩"在白描纹饰中的内涵相通，均旨在通过技法展现画面色彩的丰富变化，以最完美的形式表现物象。这里的"五色"与"随类"并非刻板遵循，而是应根据自然纹饰的千变万化加以灵活运用。墨色的干湿浓淡变化，源自对自然的深刻观察与感受。[1]在陶瓷艺术装饰中，这些色彩变化通过虚与实、前与后、白与黑等技法展现，依然体现了中国绘画的写意精神与妙境。

五是"经营位置"。这一点在白描纹饰写生中至关重要，但理解其理易，实践其法难。"经营"意指筹划、布置，谢赫以此描述画家在创作前对内容题材的精心安排。"位置"则指事物在画面中的布局，需结合自然与主观创意，既保留天然之美，又经人为营造，达到超越自然的艺术构图。唐代张彦远强调"经营位置"为绘画之核心，其对于白描纹饰的"以小观大"手法尤为关键。而在陶

1　王鹏：《中国式表达：中国画图像系统建构研究》，中国轻工业出版社，2019年，第103页。

踵武前贤　临流摹影
高丽青瓷纹饰整理与绘录研究

瓷上进行位置的经营更为复杂，因器体非纸张，不是平面，存在多种形式，因此，艺术家需用心经营花叶枝干等自然元素，将立意、造型、位置、构思、器型融为一体，形成和谐统一的画面，此乃"经营位置"之精髓。

六是"传移模写"。它指的是对历代经典画作进行刻苦、反复的共性学习，从中获得绘画综合素养。传，移也，或解为传授之意，而当今应该理解为传承，传承与发展中华绘画优秀传统。模，法也，与摹仿、模仿相通，意指这种传承需要在临摹历代经典作品的基础上进行有效的学习。把"传移模写"作为历代经典的美学画论流传至今，并作为"六法"之一，表明历代绘画美学评论对形而下的技巧颇为重视，同时也十分清晰地告诉后人，中华民族绘画是一脉相承的，由继承传统走向创新发展才是民族艺术的独特性光环。对于白描纹饰写生的陶瓷艺术创作，宋代经典的纹饰小品就是学习临摹与赏鉴的典范，在宋代，这种健康的绘画体魄正是进行"传移模写"的极佳实践路径。此法的绘画功能，不仅是从事陶瓷艺术装饰绘画实践者学习基本功的路径，更是中华绘画艺术作为经典作品流传的有效手段。

"六法论"在白描纹饰写生实践中，作为历久弥新的美学法则，具有不可替代的现实指导价值。历代中国经典画作中，线条的刻画展现了惊人的表现力和形式美感，多样变化（如曲折、刚柔、浓淡等）的线条，与自然纹饰的结构姿态相融合，赋予白描技法以独特的气韵。这些技法源于历代绘画者对自然的深刻观察，彰显了中国绘画用线的卓越艺术成就。元代书画家赵孟頫强调以"写"代"描"，实际上揭示了"描"在中国绘画中作为用线方法的本质，进而凸显了书法与白描技法的紧密联系。通过书法笔法的运用，白描纹饰的线条造型得以展现独特魅力。在陶瓷纹饰装饰中，其应用价值尤为显著，所有技法均致力于表达人类对自然的深情厚爱，追求自然之美，并反映主观艺术意境。线条作为白描技法的核心语言，以"气韵生动"为极致追求，展现出丰富而精妙的艺术表现力，历来为中国画家所珍视。在将白描技法运用到陶瓷纹饰装饰实践中时，深入理解线条的特性，对于掌握其内在规律、增强审美理解以及创新艺术语言都至关重要。

中国绘画以线条为核心造型手段，鲜明体现了"书画同源"的写意精髓。在高丽青瓷纹饰装饰实践中，灵活运用我国历代经典白描技法至关重要。聪明的高丽人从"十八描"等技法中提炼了两个要点并运用于实践：一是要准确捕捉自然物象的神态特征；二是线条技法源于对自然的深刻观察，应结合结构姿态进行艺术再现。白描技法的运用要求深入理解自然形体姿态中的点线面造型处理，传统刻划线条则是日常训练的基础。在青瓷纹饰装饰过程中，笔法控制为前提，墨色（体现为线条的深浅、积釉的厚薄）运用为基础，线条的自由流畅是关键，结构准确是基本要求，最终追求的是姿态的生动与自然技法的发现。

白描手法转化到泥坯上的勾勒，是运用硬物模仿毛笔笔触刻划线条，以展现造型艺术之美。鼎盛时期的高丽青瓷广泛采用此技法，其中，韩国康津高丽青瓷博物馆收藏的青瓷阳刻莲瓣纹盘和青瓷阴刻莲花纹钵堪称杰作。在此两作中，传统白描手法运用得稳健流畅，线条追求韵味，造型神趣，结构精准，形神圆真，尽显宫廷绘画之精髓。高丽青瓷的团花阴刻纹饰，犹如浓丽春光中的淡雅闲花，游鱼、睡鹅、飞鸟等图案在釉色中风韵天成。在诸多繁复纹饰的对比中，它们更显出色，令人陶醉。

高丽青瓷中童子纹的刻划也是白描技法的精彩体现。高丽青瓷中的童子形象没有刻意将其刻画得肥胖丰盈，而是根据纹饰整体风格决定，有时甚至只是刻画出人物轮廓，不去过多地雕刻细节。俯视高丽青瓷童子葡萄纹钵，阳刻出的四个童子在葡萄藤下嬉笑玩耍，人物线条刻画精湛，他们的动作各不相同，但整体呈现出活泼灵动的气息，既生动又富有美感，说明高丽匠人在临摹唐宋花卉绘画的基础上已积累了深厚的运笔功底和文化底蕴。

高丽青瓷纹饰技艺的共同特征在于追求线条的极致表现力。12世纪处于巅峰的象嵌青瓷便是线条表现力极佳的佼佼者，其装饰手法在很长时间内占据主导地位。这种刻、划、印、剔类综合装饰的技法与白描绘画有着密切的联系，高丽青瓷的象嵌纹饰亦追求线性表现对象的高水准。象嵌工艺的第一步是在泥坏上流畅用刀，刻划留出的凹槽边缘线造型，其技艺同样呈现了白描绘画的审美韵味，展现出装饰艺术的高层次魅力，体现了高丽人精致的审美观念。

四、高丽青瓷的艺术价值

自人类首次发现陶瓷材料的实用价值以来，陶瓷器皿便逐渐融入并深刻影响人类生活各个方面。经过数千年的演变，传统陶瓷造型在满足人们日益增长的功能性需求中，持续创新变化，形成了各具特色的器皿形态。这不仅彰显了陶瓷材料和工艺技术的卓越进步，更反映了各个时代人们的精神追求与心理期待。高丽传统青瓷文化，作为特定历史时期和社会阶层的文化象征，其形态既注重实用性又追求审美性，与当时人们的日常生活紧密相连。在高丽青瓷的演进过程中，功能性的考量始终占据核心地位。制瓷匠人在创作时始终将器皿的实用性置于首位，同时追求形式美的表达。这种创作理念深深植根于传统陶瓷器的文化基因中，与同时代的哲学思想和美学观念高度融合。高丽青瓷的物质特性不仅是对时代氛围的精准捕捉，更通过其优雅而富有情趣的造型，传递了人们的情感与思想。它既是人们日常生活中的一部分，又是人们精神世界的投射。高丽青瓷所展现的实用与审美并重的特质，不仅体现了器物与人之间的深厚联系，更是人类对美好生活无限追求与向往的体现。

陶瓷器皿不仅是人类生活方式和内容的直观载体，更是时代更迭下人民精神追求的具体体现。当东亚各国的民族文化在共同的文化区域内交融时，相似性与差异性并行不悖地展现。青瓷文化中这种异同性的根源，深植于不同制作时代的背景之中，尤其体现在传统高丽青瓷的审美情趣与艺术表现上。相较于中国青瓷技艺的精湛与高超，高丽青瓷技艺追求一种温馨而柔和的情趣。这种独特性体现在其充分地物化了民族文化精神和时代审美，将物质化的形态与意识形态完美融合。在高丽青瓷的制作过程中，工艺匠意与自然情趣相互渗透，逐渐形成其独特的美学范式：天然意趣、含蓄典雅、心物化一。这种美学范式不仅是对高丽文化的深刻诠释，更是对人与自然和谐共生理念的完美体现。

　　高丽青瓷工艺强调材料的本质属性，利用地区泥矿的烧制特征，充分表现材料特质，凸显卓越匠意，使高丽制瓷工艺的天然气质得到挖掘。无论是翡色釉下的刻纹雅饰，还是象嵌技艺下的纵情笔意，都是高丽匠人因材施艺的效果。高丽青瓷装饰技艺在表现材料特质的基础上不断挖掘手工的灵性，以雕刻、象嵌、铁画、辰砂彩、绞胎等为代表的技法，创造出崭新的青瓷装饰体系。在人工与自然的配合下，合理经营布局平面与立体的装饰面，自然主义风格基础上多见采取富有诗情的牧歌式表现，体现出对未来的无限憧憬和高丽贵族深层的文化底蕴，即形式与内容的完美结合形成高丽之美。[1] 这一过程，即从材料选择到生活应用，再到艺术创作的表达，充分展现了高丽青瓷特有的造型语言与艺术境界。高丽青瓷不仅是高丽文化的重要组成部分，更是形式与内容完美融合的艺术典范。

1　陈墨缘：《高丽青瓷技艺及其艺术价值探析》，《美术观察》2022年第7期。

第四章

浙江青瓷与高丽青瓷

一、高丽青瓷与越窑青瓷

（一）越窑制瓷技术传入朝鲜半岛的方式与路径

　　高丽青瓷的起源及其与越窑的关系是一个复杂的研究课题，涉及政治、经济、文化等多个方面。越窑是中国著名的青瓷窑场，"越窑"之名最早见于唐代，其窑址众多，主要分布在上虞、慈溪、宁波一带，且烧造时间较长，东汉时上虞小仙坛窑就已经烧造出了成熟瓷器。越窑的烧造年代从东汉一直持续到南宋，其中唐代及五代十国时期是越窑最兴盛的时期。所以，推测高丽青瓷起源时间为吴越国时期（907—978），考察中国越窑当时的烧造情况，特别是其制造技艺，对于探讨高丽青瓷的技术来源具有重要意义。[1]

　　一般来说，一个窑系的制瓷技术，特别是胎釉配方等核心机密，通常不会轻易外泄，越窑亦是如此。然而，高丽人为什么能迅速掌握这些技术？越窑工匠在朝鲜半岛烧造瓷器与高丽政府有密切关系。文献记载，高丽太祖王建与吴越国友好，视其为"上国"，这为越窑制瓷技术传入朝鲜半岛创造了条件。早期高丽青瓷窑场由官府管理，服务于上层社会，具有官窑性质。这些窑场多集中在高丽首都开城及其附近的黄海南道。因此，越窑工匠的引入很可能是在王建建立高丽国后，由高丽政府促成的。马争鸣在《高丽青瓷与浙江青瓷比较研究》

1　任芳琴：《高丽青瓷的起源与中国越窑的关系研究》，浙江大学硕士学位论文，2014年。

踵武前贤　临流摹影
高丽青瓷纹饰整理与绘录研究

中推测，越窑的制瓷技术可能是通过越窑工匠传播到朝鲜半岛，且政府制定的高额奖励政策在制瓷技术传播中起到了关键作用。[1] 这可能与整体移民、陶瓷工匠及其家属的优厚待遇，以及双方官府的利益交流有关。韩国学者金允贞也支持这一观点，认为高丽人聘用大量越窑工匠的可能性较大。[2] 高丽初期的一些青瓷上留有工匠的姓名，它表明当时制作瓷器的陶工可能来自中国。一些学者还认为越窑制瓷技术的传播与张保皋有关。[3] 张保皋驻地出土唐执壶、罐、玉璧底碗等一批越窑青瓷，这是张保皋直接使用的器物。输入朝鲜半岛最迟的一批玉璧底碗，是雁鸭池宫殿出土的玉璧底碗等器，伴随出土的还有唐邢窑白瓷、定窑白瓷等器，其年代据考证在唐末天祐四年（907）以前。这些玉璧底碗等的出土，无疑与张保皋贸易团有关。朝鲜半岛制瓷技术的提升与当时两国的关系密切相连。张保皋等人在海上丝绸之路的开辟中起到了关键作用。张保皋不但从事瓷器贸易，还带领越窑陶工去朝鲜半岛。他动员一批越州陶工漂洋过海来到新罗，将明州（今浙江宁波）越窑的制瓷技术直接传入朝鲜半岛。[4] 朝鲜半岛利用越窑的先进技艺，建窑烧瓷，从而在较短的时间内完成了陶器向瓷器的转换，生产出与越窑青瓷风格相近的"新罗青瓷"，这就是高丽青瓷的萌芽。[5]

佛教文化在中韩陶瓷交流中也扮演了重要角色。唐末五代时期是中国与朝鲜半岛佛教交流最频繁的时期。浙闽地区佛教昌盛，寺院林立，而且浙闽地区通过海路可直达朝鲜半岛，交通十分便利。因此，浙闽地区就成为中国与朝鲜半岛佛教交流的重要阵地。很多来华求法者并不只是学习佛法，还学习与之相关的建筑、茗术甚至经营方式等，其间不排除学习制瓷技术的可能。此外，很

1　马争鸣：《高丽青瓷与浙江青瓷比较研究》，《东方博物》2006年第2期。
2　[韩]金允贞：《高丽青瓷的制作背景和造型特征》，《当代韩国》2009年第2期。
3　林士民：《东亚商团中杰出人物——新罗张保皋》，《浙东文化》2000年第2期。
4　林士民：《青瓷与越窑》，上海古籍出版社，1999年，第12页。
5　任芳琴：《高丽青瓷的起源与中国越窑的关系研究》，浙江大学硕士学位论文，2014年。

多窑场附近建有寺院[1]，如越窑附近建有保安寺（广教寺），韩国康津郡龙云里窑建在净水寺旁。据韩国学者介绍，早期高丽青瓷的部分窑场甚至由地位崇高的佛教僧人控制管理。因此，佛教文化的传播和饮茶文化的流行不仅扩大了高丽对瓷器的需求，还可能带动了制瓷技术的外传，高丽政府可能正是通过佛教途径将越窑工匠带到朝鲜半岛。

中国晚唐五代的青瓷技术主要通过以下路径影响朝鲜半岛：其一，10世纪初，中国黄河流域的北方青瓷技术传至朝鲜半岛黄海道中部地带；其二，10世纪前半期，越窑青瓷的还原焰技术传播至黄海道南部的全罗南道康津、全罗北道扶安等地。[2]

唐宋时期，明州成为宋丽民间贸易往来的主要港口。[3]北宋时因北方有辽金阻碍，陆路不通，只能走海道。宋与高丽的海上交通有南北两线。北线就是由山东半岛的登州（今蓬莱）东航至朝鲜半岛西岸的瓮津；南线由明州出发向北沿海岸线航行至淮河入海口附近，向东进入黑水洋，先到朝鲜半岛西南的黑山岛（今大黑山岛），然后沿半岛西海岸北上，至开城。[4]北宋初期，主要是北线。北宋中期起，为了远避辽朝，1077年高丽要求改途由明州诣阙，北宋政府于1080年下令：非明州市舶司而发往日本、高丽者，以违制论。12世纪，南宋与金对峙，山东半岛为金所有，南宋与高丽的通商贸易只能由南线进行，北线衰落。但北线并没有完全废弃，1295年，高丽忠烈王遣中郎将宋瑛等航海往益

1　任芳琴：《高丽青瓷的起源与中国越窑的关系研究》，浙江大学硕士学位论文，2014年。

2　[韩]崔淳雨：《韩国青瓷陶窑址》，韩国精神文化研究院，1982年，第79页。

3　张伟：《略论明州在宋丽民间贸易中的地位》，见宁波"海上丝绸之路"申报世界文化遗产办公室等：《宁波与海上丝绸之路》，科学出版社，2006年。

4　王文楚：《两宋和高丽海上航路初探》，见中华书局编辑部编：《文史》第12辑，中华书局，1981年，第97—106页。

都府，用麻布换取元朝纸钞，供高丽世子婚礼之用。[1]

（二）高丽青瓷与越窑的窑业制度

窑业是组织化的生产经营活动，遵循包括生产关系和组织方式在内的生产模式，即窑业制度。高丽青瓷是越窑工匠在朝鲜半岛直接传授技术而创造的，在此过程中，其生产经营制度也必然受到越窑的深刻影响。

全罗南道、京畿道等窑场，亦多由官府直接监督。与宋廷"置官监审"一样，高丽王朝对窑业也设置了相关部门和人员进行监督，如管理瓷业的生产机构为司瓷院，下设窑直正副使。在早期，高丽瓷业制度与上虞越窑相似，具有官窑性质。[2] 这些官窑生产的瓷器不仅品质优良，而且数量有限，主要满足宫廷和宗教需求。之后随着制瓷规模的不断扩大和技术水平的持续提高，早期高丽青瓷窑址的产品数量激增、质量提高。为满足供求关系，也为了控制国家"商品陶瓷"生产的权力和销售市场，这些官窑也开始生产商品瓷。为了与民用瓷相区别，越窑工匠往往会在瓷器底部或表面刻"官"或"官样"字样，以示其官方出品性质和优良品质。这种做法不仅保证了官窑瓷器的独特性和尊贵性，也增强了其在市场上的竞争力和影响力。

（三）高丽青瓷与越窑制瓷技术的比较

熊海堂先生将地区瓷业视为一个系统，运用"文化交流层次论"框架，对

1　陈杰：《从高丽青瓷在中国的发现看宋元时期中韩航线的变迁》，见山东大学东方考古研究中心编：《东方考古》第9集（下册），科学出版社，第541—546页。

2　黄松松：《越窑制瓷技术传播与高丽青瓷起源之关系研究》，浙江大学硕士学位论文，2013年。

制瓷技术进行了深层次（如窑炉技术、装烧技术、配方技术）与浅层次（如装饰技术、成型技术）的对比研究。[1] 装饰、成型等浅层次技术易于模仿，有经验的工匠可通过商业流通等途径接触瓷器后进行仿制。然而，窑炉、装烧、配方等深层次技术难以被一般工匠理解与模仿。因此，在文化对比时，应在文化系统和文化交流层次论的基础上，注重类型学的应用，首先对比深层次技术，再研究浅层次技术，以避免在文化交流中仅关注表面现象而忽视本质问题。本节主要从窑炉技术、装烧技术、配方技术、器型与装饰等方面对高丽青瓷起源时期的技术转变进行研究。

1. 窑炉技术

高丽早期的地下或半地下式窑穴窑，是利用丘陵的自然斜面挖掘而成的，坡度为15°至40°。其结构与中国南方早期的平焰龙窑相似，但也存在显著区别。中国的平焰龙窑建于地面，而地下式龙窑尚未发现。窑穴窑属于不同的窑炉技术系统，相对龙窑而言，窑穴窑是一种较为落后的原始窑炉，其窑身短小，装烧容量有限；又因挖于地下，窑壁厚而阴冷，能大量吸收窑内热量，使窑内温度上升缓慢。更为不利的是，窑身处于地下湿土之中，经常受到地下水的侵扰，烧窑时窑壁可能产生大量水蒸气，使陶器在烧成中或釉色还原时，难以得到所需的烧成气氛。[2] 因此，高丽青瓷的产生必须以窑炉的改进为前提条件。

在高丽早期的窑炉结构中，窑身上窑口的开设是学习越窑龙窑的结果。此前，朝鲜半岛的鲁义窑因处于地下，无窑口，工匠只能从窑顶开口进出窑室，且窑室低矮、空间小，装烧和取件极其不便。唐宋时期，越窑普遍在窑炉一侧开设窑口，如荷花芯窑址中唐代 Y37 窑炉北壁残存 7 个窑口，结构简单，外侧为八

1　熊海堂：《东亚窑业技术发展与交流史研究》，南京大学出版社，1995年，第213—215页。
2　黄松松：《越窑制瓷技术传播与高丽青瓷起源之关系研究》，浙江大学硕士学位论文，2013年。

字形口道，略向内倾斜。[1] 北宋初年的石马弄窑址，窑炉南侧尚存5个窑口，呈梯形，大小不一。早期高丽窑中，也有窑口结构。如始兴市芳山洞窑有7个窑口，位置多变；峰泉郡圆山里窑2号窑第1期窑炉左侧留有6个窑口，第2、3、4期则留有3个窑口。

在黄海道白川郡圆山里2号窑址出土的青瓷豆上，刻有"淳化三年壬辰（992）太庙第四室享器匠王公托造"的铭文；梨花女子大学博物馆收藏的青瓷壶上则刻有"淳化四年癸巳（993）太庙第一室享器匠崔吉会造"的铭文。两者均详细记录了制作时期、使用场所及制作匠人的名字。还有具有宽底座接地面的"日晕底碗"，亦是五代十国时期越州窑青瓷制作技术传入高丽的确凿证据。可以说，早期高丽的烧窑技术、窑具设计以及产品特点，包括砖筑窑、窑具中的匣钵或垫圈，均直接源自中国越窑。

2. 装烧技术

技术进步通常始于工具的改革。装窑技术涉及利用辅助工具将瓷件有序装入窑室，以优化烧造环境和空间利用率。这一环节对提升成品率和提升窑室空间利用率至关重要。装窑技术的水平主要通过各种窑具及其使用情况来体现，窑具的种类、组合和配套先进性是评估烧成技术水平的标志。窑具是陶瓷制作所使用工具的总称，但在当前语境下，主要指陶瓷烧造过程中在窑内使用的辅助工具，如间隔具、支烧具等。在3—9世纪的朝鲜半岛，流行的传统窑穴的窑装烧技术相对落后，窑具种类和水平远不及同时期的中国越窑。当时，朝鲜半岛主要烧制无釉陶器和无釉硬陶，由此无须使用防止釉液粘连的间隔具。到了10世纪，随着浙江越窑制瓷技术的传入，朝鲜半岛的装烧技术才有了显著进步。[2] 在装烧方法上，早期大多叠烧，在器物底部和足部都有耐火黏土残留痕迹，后

1　林士民：《青瓷与越窑》，上海古籍出版社，1999年，第288—295页。
2　任芳琴：《高丽青瓷的起源与中国越窑的关系研究》，浙江大学硕士学位论文，2014年。

期也出现"一匣钵一件精烧"的装烧方法。

3. 配方技术

陶瓷艺术的核心在于火与原料的巧妙结合,原料的选择决定了瓷器的质感和光泽。中国古代陶瓷生产多就地取材,不同的窑场和窑系因此形成独特的配方技术。尽管原料配方受限于当地矿产资源分布情况,导致南方瓷器高硅高铅,北方瓷器则低硅低铅,但即便是同一窑场,不同时期的配方技术也会有所变化,进而影响胎釉成分,展现出不同的风格。例如,越窑的低岭头类型、南宋老虎洞窑和龙泉窑等,尽管原料都是就地取材,但其选择和处理方式的不同使得烧制的瓷器与前代大相径庭。

越窑青瓷,特别是唐五代时期的秘色瓷,凭借其独特的"类冰似玉"釉色享誉世界,深受中国上层社会与文人雅士的青睐,被誉为"千峰翠色""古镜破苔""嫩荷涵露""明月染春水""薄冰盛绿云"等。秘色瓷以素面设计为主,旨在彰显其卓越的造型与釉色的艺术魅力。[1] 在胎土配比上,早期高丽青瓷显然受到了中国越窑瓷胎制作方法的启发,采用单一的瓷土配方来制胎。制作者有意识地筛选瓷土原料,以确保烧制出优质的青瓷。在釉色调配上,早期高丽青瓷也采用与越窑相似的单一瓷土作为胎土,结合草木灰配制釉料,追求与越窑相同的清澈润泽的釉色,因此能够发展出精美的"翡色青瓷"。翡色青瓷,其色泽犹如翡翠般翠绿,釉层轻薄且色泽鲜亮,呈现出迷人的半透明质感。这种独特的釉色,往往通过素面、刻花、划花等精细的技法得以完美展现。与中国当时代表性的秘色瓷相比,高丽翡色青瓷清新润泽,如同山涧中的溪水,流淌着一种润透而清新的气息。

1　林士民:《谈越窑青瓷中的秘色瓷》,见汪庆正主编:《越窑、秘色瓷》,上海古籍出版社,1996年,第7—9页。

踵武前贤　临流摹影
高丽青瓷纹饰整理与绘录研究

4. 器型与装饰

12 世纪是高丽青瓷的巅峰时期，此时期的陶工模仿了从 10 世纪末至 12 世纪不同时期的中国陶瓷，特别是新旧混杂的样式。除了印划花纹装饰，造型上也可见类似现象。如 12 世纪的高丽青瓷碗，既有五花式，也有六花式。这种造型特点反映了高丽陶工以不同时段的中国陶瓷为原型进行仿制。五花式碗、盘在中国流行于晚唐至北宋初，即 10 世纪，随后逐渐被六花式取代。有趣的是，直至 13 世纪的高丽青瓷盘，仍可见五花式装饰，且口沿涂有模拟金属边扣的铁料褐彩，这种风格在中国主要出现在南宋时期（1127—1279）。因此，这些高丽青瓷作品不仅体现了古典的盘式，也融入了南宋流行的彩绘装饰，将不同时代的元素融为一体。

早期高丽青瓷的器型以碗、瓶、盘、盏托、执壶等最为常见。在出土的早期高丽青瓷中，青瓷盘多为圈足盘，但圈足的大小和足墙的高低各异，底部也存在有无圆刻之分，大致可分为大圈足盘和小圈足盘两类。前期的盘，圈足底径较大，器壁倾斜度较小，主要出土于龙仁市西里窑。而后期的盘，圈足逐渐变小，甚至出现圈足外撇的现象，器壁变直，倾斜度增大，这种变化在西里窑、芳山洞窑、龙溪里窑等地均有体现。这些器物的造型多与中国五代时期越窑的器物相同或相似。

高丽青瓷的传统器皿造型深受中国陶瓷文化的影响，同时也融入了自身的民族文化和审美诉求。高丽青瓷的器型整体呈现出一种自然、圆浑且流畅的线条美。它以优雅的曲线为主轴，线条婉转柔美。这种风格与中国同时期青瓷所追求的威严形态截然不同，高丽青瓷更倾向于模仿自然之美，如玉器与青铜器般的棱角分明被其柔和的曲线替代。[1] 其中，以雕塑性手法制作的象形青瓷更是高丽青瓷的一大亮点。这些作品以动物和植物为灵感，种类繁多，设计精巧，

---

1 郭守龄：《中国青瓷与韩国高丽青瓷比较研究》，清华大学硕士学位论文，2004年。

形式美观。这种具有高丽特色的审美风格并非刻意为之，而是在历史的沉淀与文化的交融中自然形成的。

在吴越国时期，越窑瓷器除了保持素面之美，还创新运用了划花、刻花、印花、镂孔等多种装饰技艺，形成了丰富多样的纹饰风格，如莲瓣纹、云鹤纹、云纹、波浪纹和蝶纹等。随着北宋及其后时代的变迁，越窑青瓷的装饰风格逐渐多样化。

传入高丽的中国烧窑使用的主流的瓷器纹饰方法，是用雕刻刀进行阴刻、阳刻、透刻的技法和利用陶范的挤压技法。[1] 尤其是被韩国学者称作"阴刻"的细划花，在高丽青瓷中被频繁运用，这种方法使纹饰含蓄地融入釉色之中，不显得突兀，且能附着较厚的釉层。[2] 因此，即便有雕刻纹饰，在视觉效果上釉色依然更为显著。高丽象嵌青瓷则在此基础上大胆创新，融入白土和赭土的象嵌技艺。这种在蓝色釉面上添加黑白分明纹饰的做法，在视觉上与中国青瓷或白瓷形成鲜明对比。尽管中国瓷器中亦有象嵌技法，但越窑中并未采用此法。可能是因为象嵌青瓷制作耗时费力，工艺复杂烦琐，或又因胎土、白土、赭土性质存在差异，烧制失败率较高。但高丽人在传统瓷器纹饰的基础上，实现了显著突破。高丽人大胆地从当时上流社会钟爱的金银器、螺钿漆器以及壁画、绘画等多元艺术中汲取灵感，发掘出新的纹饰素材，并将纹饰、装饰原理等移植到青瓷创作中，运用象嵌技法进行装饰，从而展现出与中国瓷器截然不同的艺术风貌。这堪称高丽文化的独特"跨界融合"。象嵌青瓷的纹饰虽源于雕刻刀的运用，但在视觉上如毛笔画作般细腻生动，同时融入了抒情画的元素与规律性重复的图案。这种将不同题材的纹饰融合为一幅幅独特画面的手法，极大地提升了高丽象嵌青瓷的艺术价值和造型水平。

1　[韩]金允贞：《高丽青瓷的制作背景和造型特征》，《当代韩国》2009年第2期。
2　郭守龄：《中国青瓷与韩国高丽青瓷比较研究》，清华大学硕士学位论文，2004年。

踵武前贤　临流摹影
高丽青瓷纹饰整理与绘录研究

二、高丽青瓷与宋代龙泉窑青瓷刻划纹饰对比流变

韩国高丽青瓷源于唐代越窑青瓷，它们有着共同的文化艺术血脉，在发展过程中有着传承和相互影响的文化关系。高丽青瓷在发展初期，受到了中国越窑的影响，随着历史的发展，由于地域和民族文化的差异，二者在器型构造、纹饰图案、刻划工艺、胎料釉料等方面均进行了创新和变革，各自升华出独具时代典型特征的高品质青瓷艺术文化而享誉世界，在世界陶瓷文化历史中均占有重要地位。

起源于晋代的龙泉窑青瓷刻划纹饰技艺，是中国古人将自然与文化物象转变为瓷面的艺术视觉形象符号，以青瓷工艺为载体，呈现自然之道、文化之意和生活之用的艺术样式。尤其是到了宋代，其器面的刻划装饰表现达到顶峰，并替代越窑，成为中国青瓷的奇葩。高丽青瓷是在学习与借鉴中国越窑青瓷烧制技艺的基础上发展起来的，在发展的后期，高丽青瓷也逐渐形成了极具自身民族特色的纹饰风格。宋代徐兢在《宣和奉使高丽图经》中对高丽青瓷不乏溢美之词，后者亦成为我国宋代唯一输入的外国青瓷，20世纪80年代一度成为国际艺术市场的宠儿，之后又因中国古典青瓷的复苏而被代替。人类文化总是在兼容并蓄和不断交替中向前发展的，对韩国高丽青瓷与宋代龙泉窑青瓷的刻划纹饰进行对比分析研究，旨在正本清源，重新认识世界陶瓷技艺的渊源与发展脉络。

（一）高丽青瓷与宋代龙泉窑青瓷装饰的发展背景

1.高丽青瓷装饰的发展演变

高丽青瓷是高丽王朝（918—1392）的工艺美术代表，9世纪初从中国招聘瓷器工匠在新罗开始生产青瓷。初期，受逐渐兴盛的佛教文化影响，主要生产装饰有佛教动物和植物图案纹样的青瓷器型。青瓷装饰纹样虽粗略简单，却也

不失可爱与淳朴。此时的高丽青瓷在模仿的基础上开始探索器型和装饰的个性面貌。之后,高丽青瓷的装饰艺术更是注入了高丽民族文化特色和其他综合元素。11世纪后,高丽开始生产类似晚唐越窑器型的"玉璧底青瓷",瓷化程度较好。除纯青瓷外,高丽青瓷开始出现釉下装饰以及金属象嵌、阴刻、阳刻、印花等装饰技艺,逐渐走向成熟。

12世纪到13世纪前半叶是高丽青瓷的鼎盛时期。这一时期,高丽匠人调制出了与越窑"秘色瓷"相媲美的"翡色青瓷",特别是优美釉色下的象嵌技艺,成为高丽青瓷最显著的时代特征。这些刻划纹饰在整体布局上追求器型与纹饰的和谐均衡之美,通过流畅的刻划线条表现,将优雅而端庄的式样、柔和而清新的色彩巧妙地结合起来,形成了其独特的绘画造型美。这些纹饰明显受宋代绘画的影响,注重写实,展现生活艺术情趣,意境优美。随着元朝入侵,唐草纹、牡丹纹、莲瓣纹、缠枝宝相纹等定型化纹饰也一并传入高丽。直至13世纪后期,高丽青瓷中的主纹饰逐渐减少,被简单格式化的圆圈纹、如意头纹、回纹等取代。14世纪,由于政治动乱,高丽青瓷走向衰落,其胎体粗陋、釉色浑浊,装饰工艺也由昔日精细优美的刻划象嵌变为印花工艺。

2. 宋代龙泉窑青瓷的装饰与技法特征

宋代是中国历史上鼎盛的尚文时代,庞大的文人艺术队伍展现的开拓意识与创新精神,渐渐凝聚成了宋人的艺术审美观。宋人喜好的是自然形貌之上的意态美,追求思想上的精微幽隽与心神上的含蓄婉约,宋代陶瓷装饰因之形成了以刻划纹饰为主的特有工艺形态。造型纹饰追求自然的真实,刻划技法崇尚写意的精神,这是宋代陶瓷装饰技艺的总体面貌。从龙泉窑青瓷刻划装饰技艺来看,五代到北宋早期,其模仿越窑、瓯窑、婺州窑的烧制技艺,流行纤细圆画的中锋用刀,线条均匀流畅,多使用圆锥尖形的刻划工具;北宋中后期到南宋早期,刻划刀法突变,完全不见早期纤细划花纹饰,一改半刀(侧锋用刀)刻划工艺,一气呵成,一边深一边浅的线条沉着流畅且浑厚有力,同时多见繁密篦纹填充结合运用；南宋时期，半刀技法风格成熟，用刀如写意用笔，线条在泥坯上提按转折极富弹性，釉下深浅变化因提按转笔而极为自然。

最精彩的宋代龙泉窑青瓷刻划纹饰，应是 1989 年至 2004 年南海Ⅰ号沉船考古报告中出水的宋代陶瓷遗物，包括龙泉窑青瓷、景德镇青白瓷、德化窑青白瓷等，共有 3042 件（组）。其中，龙泉窑青瓷 410 件（组），多为日常生活器皿，器型以碗为主，还有少量的盘、碟、盏、钵等。从纹饰内容可以明显感受到宋代陶瓷艺术表达已经立足于在幸福生活中求富贵、求吉祥、求如意等美好愿望，并由此去选择相应的、有代表意义的自然形象作为纹饰，如象征富贵的牡丹纹、象征高洁的莲荷纹与象征万事如意的卷云纹等。

（二）高丽青瓷与宋代龙泉窑青瓷的刻划纹饰比较

高丽青瓷与龙泉窑青瓷虽同源于越窑的工艺技法，但历经演变，两者开始展现出与越窑青瓷迥然不同的风貌。在技艺手法上，高丽青瓷与龙泉窑青瓷都取得了显著的创新成果，特别是在刻划纹饰的技法上，两者更是形成了各自独特的艺术风格，展现了不同的艺术魅力。

1. 刻划纹饰与器型选择

刻划纹饰与器型之美的融合程度，是判断一件青瓷器是否达到审美标准的重要条件。较之宋代龙泉窑青瓷，高丽青瓷更加注重刻划纹饰的审美特征，在器型与纹饰设计上凸显和谐均衡。就实用功能来看，如插花的花器，一般会设计弧度优美、曲线柔和的器型，使之与鲜花天然曼妙的姿态形成呼应，同时还注意避免华丽繁复的装饰，以免喧宾夺主。而盛食物的器皿，为了不影响美食摆盘，简化装饰也就成了最佳选择，以鱼纹、水纹、云纹装饰为多；至于盛水的小碗，一般会采用波涛纹、水草纹与鱼纹搭配，刻划纹饰体现出重趣味性的特点。从使用人群考虑，如果是上层阶级女性用的粉盒，为了迎合女性的审美需求，粉盒上以先刻后象嵌装饰的方式为主，色彩更加鲜艳亮丽，盒身盒盖的装饰选材以牡丹花、缠绕花和婴戏纹为主。图4-2-1中的青瓷象嵌菊花纹盒便是象嵌亮白的菊花配上墨绿色的枝叶，不仅显得雍容高贵，也增加了艺术韵味。

宋代龙泉窑瓷器造型甚是讲究，北宋与南宋时期亦呈现完全不同的追求。北宋注重刻划纹饰，而南宋完全进入对釉色与高级器型的巅峰追求阶段。这里主要关注北宋时期的龙泉窑青瓷。在刻划纹饰与器型设计中，比例、尺度、均衡和韵律等是龙泉窑青瓷的设计重点。遗留的标本中，刻划纹饰与器型的结合堪称完美，让人感觉到一种由内而外的含蓄之静态美、典雅之理性美。如孔明碗底朵花纹饰、双支莲花乳凸斗笠碗、双鱼对舞铜罗底小碟等，都是经典纹饰与器型完美融合的日用青瓷器物。如图4-2-2，孔明碗碗口装饰保存较为完整，釉层较厚而发色均匀。碗内双线分割成三圈，内圈装饰单朵仰势半盛开莲花，中心为未展花苞，左右展开的花瓣取侧面造型，侧刀划痕流畅有拙意，圆转弧度柔和，两刀化成一花瓣归于莲心，犹如佛像手指般丰润优美。花杆左右用侧刀划成半圆形的生长趋势，再加三片卷叶构成装饰画面。中间一圈装饰水浪波纹，三刀一组，长短交错划来，犹如微风袭来，立意清新。在器物圆转弧度表现中，莲花纹饰透过浑厚碧色的釉层映衬呈现出独特的颗粒质感。

名称	图4-2-1　韩国高丽青瓷象嵌菊花纹盒（12—13世纪）	图4-2-2　中国龙泉窑青瓷刻划莲纹孔明碗上层盘口（11—12世纪）
实物图片		

2. 刻划纹饰与工艺技法

比较中韩青瓷的刻划纹饰与工艺技法，最大的共性特征是以泥坯刻划纹饰进行以器构图造型安排，通过青翠釉色的深浅堆积展示刻划纹饰的审美追求。而两者在刻划技艺上的最大区别在于，高丽青瓷纹饰注重细致的刻划，追求工整绘制的绘画气息。如象嵌纹饰就是通过先刻后填充，展示高丽青瓷以巧饰繁的装饰工艺技法。高丽象嵌青瓷好通体施纹，花纹图案丰富多样，刻划纹饰写实优美，象嵌技艺精湛秀雅。象嵌工艺不同于金属器物上的象嵌和掐丝工艺，其首先根据图案的线条走向用刻划或者剔的方式在胎体上留出2毫米左右的凹槽，然后将白色化妆土或者含铁量高的赭土填入极为复杂奇特的纹饰中，经过后续清理，使线条纹理清晰可见、层次分明、错落有致。待装饰土与坯体融为一体后，施以透明度高的釉料，进行高温烧制。有时还会同时运用堆花（化妆土堆花）、透雕（镂空雕）、象嵌、辰砂（高温铜红釉）、象嵌描金、铁绘（褐彩）等高难度精工技巧，烧成后的青瓷真可谓巧夺天工。

与高丽青瓷注重刻相比，龙泉窑青瓷更加注重画的写意性表现，有潇洒飘逸的书法气息。龙泉窑青瓷刻划纹饰的工艺技法主要分为三个发展阶段。

第一阶段是五代末期到北宋早期，以针状工具划圆细纹装饰。纹饰划痕中锋圆转灵活，线条纤细均匀而流畅，胎体白净细密，釉色薄透泛淡青。纹饰技艺等几乎与越窑相仿。第二阶段是北宋中晚期，以侧刀畅快划泥留痕，纹饰造型灵巧精练，线条洒脱自然，俗称"半刀泥"刻划技法，同时填充篦纹、篦点托衬的繁密刻划纹饰。此类装饰极盛行双面刻划，纹饰题材甚是丰富，式样各异。这一阶段呈现的刻划工艺与第一阶段似无明显的承接关系，已完全不见纤细圆转划痕这类纹饰特征。第三阶段是南宋时期，以"半刀泥"直接划花造型为主体装饰，盛行单面刻花纹饰，舍弃篦纹、篦点稠密填充，追求简洁明快的灵动效果。隐于青青釉色之下的纹饰用刀飘逸潇洒，造型简洁概括，线条极具江南秀气的写意气质，将宋代龙泉窑青瓷"半刀泥"技艺的艺术表现力推向极致。

3. 刻划纹饰与构图设计

在青瓷的刻划纹饰与构图设计上，中韩两国都注重运用各种方式和手段进行艺术加工，形成既符合人们的审美心理又适用于工艺装饰的艺术形象或装饰图案。与其他造型艺术相比，高丽青瓷更加注重形式美，强调形式的表现，追求一定的美学法则与构图规律。同时，高丽青瓷借鉴中国宋代绘画小品样式的构图观，并将之运用于优美的瓷器上。观下图（图4-2-3至图4-2-10）便可一目了然，结论自然清晰。

名称	图4-2-3 《秋浦双鸳图》 惠崇	图4-2-4 《荷塘双鸭图》 佚名
宋代绘画作品		
名称	图4-2-5 《秋塘凫雁图》 佚名	图4-2-6 《寒塘聚禽图》 佚名
宋代绘画作品		

踵武前贤　临流摹影
高丽青瓷纹饰整理与绘录研究

名称	图4-2-7 青瓷阴刻芦苇鸳鸯纹净瓶	图4-2-8 青瓷阴刻蒲柳水禽纹净瓶
高丽青瓷作品		
名称	图4-2-9 青瓷阳刻芦苇水禽纹净瓶	图4-2-10 青瓷象嵌蒲柳水禽纹净瓶
高丽青瓷作品	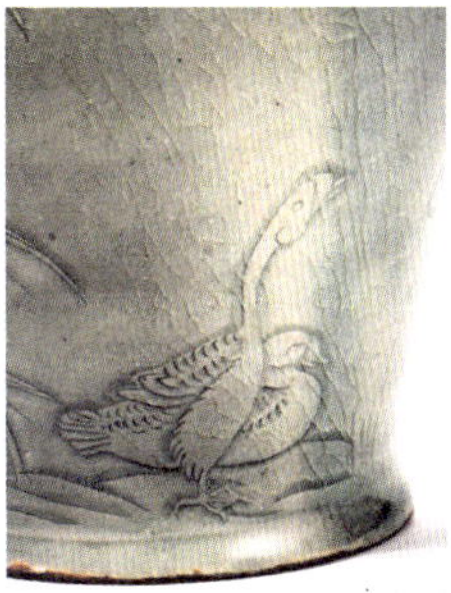	

　　从上图比较来看，高丽青瓷的纹饰与构图设计表现更加倾向于写实，是对自然物象的仔细观察，并根据真实结构与刻划工艺表现的特点，进行主观意象的概括提炼，从而做到真与美的统一，是对结构处理的写意把握。从很多纹饰上可以很直观地感受到宋代绘画作品的直接影响；将主体绘画性纹饰与图案纹饰相结合，彰显了自然之美和装饰之美。

　　在传统器型的构图上，高丽青瓷更倾向于用横向分割式的构图方法对器物进行装饰。横向分割式构图法，首先对器型的主体部分如口、颈、肚、足等进行横向的分割，然后通过各种形式和手法在不同的横向区域内进行灵活而又自由的穿插装饰，看起来互不相连但又自然统一。此构图法以梅瓶见多，瓶口稍外翻，瓶颈内凹，肩部圆润突出，往足下逐渐变窄，足部或直或凹。一般将整个瓶横向分割分为三到五个区域进行装饰，颈部无装饰或以回纹、雷纹等简单重复的纹样进行装饰，在肩部常用佛教流行的莲瓣纹、云纹、水波纹等通过黑白泥交错象嵌的方式进行装饰，瓶身部分为主要装饰区域，通常将斜刀刻划与线划手法相结合，斜刀描绘主纹饰，线划勾勒花卉经络，或同样以最擅长的象嵌形式在瓶身最明显部位表现出主纹饰。采取的纹饰以动物为主或以搭配植物的主题类画面为主，动静结合，接近底足部一般平均分配以仰莲叶装饰，让整个器型更加敦实稳重，也使得造型与装饰呈现均衡之美。

相比于高丽青瓷，宋代龙泉窑青瓷不仅以丰富多变的划痕技法与简练抽象的线条表现纹饰结构姿态，更为重要的是，青瓷匠人在工艺制作过程中体悟人与自然、与瓷艺的内在联系，力求在精湛技艺上表现万千世界之中国画写意精神，透露出隽秀、奔放的视觉冲击力。宋代龙泉窑青瓷在泥坯上以绘画笔意划出兼工带写的纹饰，充分反映绘画与图案结合的意境；采用统一与矛盾相结合的创作方法，在彰显精神品质及文化内涵的基础上，使静态的龙泉窑青瓷造型技艺与动态的釉下绘画纹饰艺术达到近乎完美的协调、融合与提升，呈现出"以意呈象，以象造型"的独特艺术品格。

折枝式构图是宋代龙泉窑青瓷比较有代表性的构图和布局方式，在一些口部呈敞开状的瓷盘或瓷碗上尤为常见。其主要是选取自然界植物中的某一枝，甚至是某一小点进行构图装饰。折枝式构图可以是单独的形式，与周围的其他对象可以不具有任何直接的联系。宋代刻划技师随意划分构图，自由组合安排，随意应物象形，刀法随意见笔。这种随意，表现的是植根于中国文化的工艺创作方法，它打破现实的约束、时空的限制，生于心、得于手，气之所达，意象所至。这种方法深为宋代龙泉窑青瓷技师赞同，他们在纹饰的刻划中体悟躬耕，所呈现出来的浓厚生活气息，是富有灵动节奏韵律的艺术生命气象。宋代工艺师取造型善于感悟生活、感受自然，技法又归于心府灵性，而于泥坯上青釉下进行各类划花装饰，其形至真，划法尚意，其技艺之高令后来者望尘莫及。

4.刻划纹饰与胎釉色

浙江越窑是青瓷的发源地，对比高丽青瓷和龙泉窑青瓷的特征，二者与其具有明显的传承关系。这种关系甚是紧密，可以说二者是越窑青瓷异地化烧制的出色成果。就两者以胎釉质感来表现精彩的刻划纹饰看，都足以代表不同历史阶段世界青瓷史上的巅峰水平（见图4-2-11、图4-2-12）。

名　称	图4-2-11　高丽青瓷阴刻菊唐草纹盘（11—12世纪）	图4-2-12　龙泉窑青瓷刻划团花碗（11世纪）
实物图片		
胎釉色	较厚翡色	较厚粉青色

在高丽青瓷形成自我独特技艺的过程中，学习借鉴中国各窑口优秀技艺是其发展的重要途径。高丽青瓷精美的品质被中国知识阶层极力认同的最重要特点是宋人所称的"高丽秘色"，也就是高丽人追求的如翡翠般的"翡色"青瓷。宋代龙泉窑是中国青瓷烧制的巅峰代表，将之与高丽青瓷进行比较研究，需要关注的重要内容是刻划纹饰在优美釉色技术的发挥。高丽青瓷的原料主要取自当地的高岭土和石英等矿物，经过精细地筛选和加工，形成了独特的胎质。在

烧制过程中，高丽青瓷采用了独特的窑炉结构和温度控制方法，使得瓷器呈现出青翠的绿青色调，宛如翡翠般美丽。从一般釉料成分分析结果看，高丽青瓷含氧化硅约60%，尤其是氧化钙成分达到15%。由于氧化钛和氧化锰的含量不同导致烧制时发色不同，高丽青瓷与龙泉窑青瓷所呈现的胎釉色有所区别，如高丽青瓷中使用的氧化锰，在越窑、龙泉窑青瓷的釉色成分中没有被加入。为了使釉更加透明翠亮，高丽匠人用的天然材料，也就是"灰"，其中都有氧化铁、氧化钛和氧化锰成分，完全封闭釉内的小气泡。施了厚釉的青瓷表面将不完全瓷化，以封闭气泡，呈现青瓷如翡色的效果。[1] 明代曹昭《格古要论》对高丽青瓷与龙泉窑青瓷有"古高丽器皿，色粉青，与龙泉窑相类"的描述，可见高丽青瓷与龙泉窑青瓷在胎釉方面有共同的追求，虽然各自表现出不同的青瓷特征，翡色青瓷为灰胎，龙泉窑青瓷有灰白胎和黑胎，但就胎釉而言没有本质上的区别，各有丰富特征。[2]

　　龙泉窑青瓷以其独特的釉色和胎质著称，在胎釉上呈现出"雨过天青"的温润雅致之色。龙泉地区的瓷土资源丰富，釉料配方独特，使得龙泉窑青瓷在烧制过程中能够呈现出青翠欲滴的釉色。同时，龙泉窑青瓷在制作工艺上注重精细和规整，无论是器型还是纹饰，都展现出极高的工艺水平。龙泉窑青瓷引领宋代青瓷呈现雅俗共赏的特征。就龙泉窑青瓷的刻划纹饰而言，釉色发展过程大致可以分为三个阶段。第一阶段，初创时期，淡白青釉。这个时期胎质细密坚硬，大多呈现偏白泥胎，青釉料偏向淡色，很是透明，刻划纹饰釉色堆积处方可明显感觉青色调。这个时期的釉色称为"缥瓷"，象征享受大自然赋予的养人釉色，抒发感官心意的审美追求。第二阶段，龙泉窑青瓷在刻划装饰技艺大发展的基础上，在胎釉研究实践上投入大量的人力物力，集中解决龙泉窑青瓷釉料的发色问题，突出龙泉窑独特的青色，以"青碧之玉，水之色"为感悟

1　郭守龄：《中国青瓷与韩国高丽青瓷比较研究》，清华大学硕士学位论文，2004年。
2　马争鸣：《高丽青瓷与浙江青瓷比较研究》，《东方博物》2006年第2期。

踵武前贤　临流摹影
高丽青瓷纹饰整理与绘录研究

追求纹饰的工艺效果。在精美胎釉中，繁密的图案装饰与流畅的刀法刻划是装饰主体，反映宋代绘画盛行对龙泉窑青瓷刻划装饰的极大影响，呈现出极具民间工艺的艺术特色。第三阶段，创造性地烧成粉青厚釉，刻划纹饰因为有了釉色的高品质审美而变得更加简洁概括，真正走向写意性。同时，革新的最大特征是从厚胎透明薄釉中展现繁密刻花走向厚釉薄胎简洁刻花的艺术风貌，这将龙泉窑青瓷推向历史巅峰。

三、高丽青瓷得以传播和发展的原因

中国青瓷在五代时期已然达到了相当成熟与繁荣的阶段。随着海上丝绸之路的开辟，中国青瓷凭借其卓越的实用性与艺术性，远销至世界各地。值得一提的是，与中国仅一水之隔的朝鲜半岛，在青瓷贸易中不仅获得了商品流通的实惠，双方还进行了深入的技术交流。这使得高丽人成功掌握了烧制青瓷的技艺，使得中国青瓷在朝鲜半岛这片土地上得以生根发芽。更为独特的是，朝鲜半岛是唯一一个真正继承并发展了中国青瓷烧制工艺的地方。[1] 究其原因，大致可以归结为以下几点。

第一，朝鲜半岛地理位置优越，与中国隔海相望，使得两国间的政治、经济和贸易交流十分频繁，交通运输也极为便利。其中，"张保皋集团"构建了一条海上贸易线路，该线路以赤山、登州、莱州、泗州、楚州、扬州、明州、泉州、九州为基点，极大地促进了中国青瓷在朝鲜半岛的流通。[2] 这一线路不仅为中国青瓷的大量出口提供了便利，也为中国和朝鲜半岛的窑工之间创造了良好的交通条件，使得双方在青瓷制作技艺方面能够开展深入交流与合作。

1　王力军：《宋代明州与高丽》，科学出版社，2011年，第357页。
2　谢捷：《浅析高丽青瓷从模仿到创新的原因》，《陶瓷科学与艺术》2016年第6期。

第二，自古以来，朝鲜半岛在政治、思想、经济和文化上深受中国的影响。在政治上，朝鲜半岛采纳并实施了中国的政治制度，深受中国制度框架和治理理念的启迪。在思想领域，儒学思想在朝鲜半岛得到了广泛传播和教化，使得朝鲜半岛的文化底蕴与中国有着深厚的渊源。此外，朝鲜半岛也与中国一样，尊崇佛教和儒教，这使得两国在宗教信仰和文化传统上有着共同的根基。朝鲜半岛在服饰、礼仪等诸多制度方面，均深受同时期中国制度的影响。作为当时中国具有代表性的日用品和艺术品的青瓷，其独特的工艺和审美价值，自然引起了朝鲜半岛的关注和模仿。因此，在风土人情、审美思想等方面，朝鲜半岛与中国展现出了高度的相似性和亲近感。

第三，朝鲜半岛具备生产青瓷所需的丰富资源。朝鲜半岛蕴藏着优质的瓷土，这是制作青瓷的关键原料；同时，朝鲜半岛水资源丰富，为瓷器的制作提供了充足的水源；密集的森林为烧制青瓷提供了必要的燃料。这些优越的自然条件为高丽青瓷的产生奠定了坚实的物质基础，使得朝鲜半岛在青瓷制作方面具备了得天独厚的优势。

四、同时期两国青瓷的对比分析

12 世纪的高丽对应的中国朝代是北宋和南宋时期。因此，下文将对 12 世纪的高丽青瓷与中国宋代青瓷，特别是宋代南方窑系青瓷（以龙泉窑为例）做对比分析。12 世纪，青瓷迎来了一个璀璨夺目的时代。在这一光辉时期，高丽青瓷与宋代龙泉窑青瓷均展现出令人瞩目的辉煌成就。高丽青瓷在制釉工艺上取得了突破性的进展，攻克了长久以来困扰其的"釉色不正"难题。随着釉层变薄，釉下装饰得以广泛发展，各种装饰技法如雨后春笋般涌现，使得 12 世纪成为高丽青瓷装饰技法蓬勃发展的黄金时期。同时，龙泉窑青瓷也在这一时代达到了其艺术的巅峰，与高丽青瓷共同书写了青瓷艺术的辉煌篇章。

在 12 世纪的朝鲜半岛，一种独具匠心的青瓷艺术形式——象嵌青瓷应运而生。它以独树一帜的装饰技法和精湛的艺术效果，成为高丽青瓷史上的一颗璀璨明珠，象征着高丽青瓷发展的巅峰。如今，提及高丽青瓷，人们首先想到的便是那别具一格的象嵌青瓷。象嵌青瓷巧妙地融合了黑白线条，展现出浓烈的高丽民族风格，使其与同时期的中国青瓷在面貌与风格上呈现出鲜明的差异。其装饰图案多取材于充满高丽民族特色的"朝鲜绘"，展现了高丽文化的独特魅力。端详 12 世纪的高丽青瓷，可以明显感受到其"去除中国化"的倾向，展现出更加独立的高丽化艺术风格。在这一时期，高丽青瓷在釉色上也取得了显著的进步，呈现出"厚胎薄釉"的特色，进一步提升了其艺术价值。总的来说，12 世纪的高丽青瓷以其独特的艺术风格和卓越的技术成就，为青瓷艺术史增添了浓墨重彩的一笔。

尽管两国青瓷同源，但在这一时期呈现出截然不同的风貌。高丽青瓷已不再是初期对中国青瓷的简单模仿，而是展现出独特的艺术风格。形成这种差异的原因主要有两点。首先，最直接的原因在于两国青瓷的釉层厚度不同，从而影响了装饰技法的选择。高丽青瓷采用"厚胎薄釉"的制作工艺，使得釉下装饰得以开展，呈现出丰富多彩的装饰效果；而宋代龙泉窑青瓷追求"薄胎厚釉"的特点，使得釉下装饰难以实施，转而追求素面无纹的简约之美。其次，高丽青瓷根植于本土，深受白衣民族"尚白"风气的影响，因此出现了以"白象嵌"技法为主导的象嵌青瓷。这种技法既展现了高丽民族的审美倾向，也使得其青瓷作品更具特色。而南宋时期，人们更加执着地追求青瓷的"类玉"效果，为了营造如玉般不透明、乳浊的"朦胧美"，南宋青瓷的釉层只能越来越厚，从少纹逐渐发展到无纹，形成了独特的艺术风格。由此可见，两国青瓷在这一时期的差异反映了民族文化和审美观念的不同。这种差异使得两国青瓷各具特色，成为各自文化艺术中的瑰宝。

南宋末期的龙泉窑青瓷，深受统治者审美意志的影响，以追求玉的质感为核心，展现出神秘而淡雅的风貌。相较之下，同一时期的高丽王朝的政治结构有所不同，国王的权力受到贵族统治集团的制约，这使得高丽青瓷的制作工艺和装饰技法不必严格遵循最高统治者的审美标准。因此，高丽青瓷的窑工在烧制过程中能够发挥更多的主观能动性，受到的制约相对较小[1]，进而推动了高丽青瓷装饰技法的多样化发展。在这一时期，高丽青瓷不断吸收中国瓷器制造的丰富技术，并在此基础上进行创新，逐渐转化为具有高丽民族特色的陶瓷技术和文化。与初期相比，中期的高丽青瓷器物呈现出较大的反差，这充分展示了高丽青瓷的迅猛发展势头。

至此，我们可以清晰地看到，同一时期的两国青瓷在装饰手法和审美倾向上已经呈现出截然不同的风貌。原本同源的两国青瓷，在历史的长河中逐渐形成了各自独特的艺术风格。综合分析其原因，主要有以下四点。

第一，两国政治制度不同。古代中国一直是高度中央集权的国家，国家权力集中于皇帝一人之手，为了迎合统治者对釉色的喜爱，官府督造的窑场不惜工本。而高丽王朝的统治者并不像中国古代封建君主一样拥有如此之大的权力，因此高丽青瓷并不像中国青瓷一样体现最高统治者的审美，高丽青瓷的窑工能够更多地发挥主观能动性。[2]

第二，两国青瓷的起源不一。宋代龙泉窑青瓷，作为中国青瓷体系中的一支，其发展历程与中国其他窑系的青瓷有着共通之处。它在初创阶段以模仿青铜器为主，这使得龙泉窑青瓷与青铜器一样，承载了"协上下，承天休"的时代精神与文化内涵。工艺美术作为古代中国社会文化的重要组成部分，其发展与变迁深受社会、政治、经济、宗教、文化等方面因素的影响。与龙泉窑青瓷不同，高丽青瓷初始便作为贸易商品出现，其产生与发展的初衷并非作为祭祀礼器。这一点从高丽青瓷的设计理念、制作工艺以及市场定位等方面均可窥见端倪。

第三，两国青瓷消费市场各异。高丽青瓷的消费市场相对局限，因此，高

---

1 谢捷：《浅析高丽青瓷从模仿到创新的原因》，《陶瓷科学与艺术》2016年第6期。

2 谢捷：《浅析高丽青瓷从模仿到创新的原因》，《陶瓷科学与艺术》2016年第6期。

踵武前贤　临流摹影
高丽青瓷纹饰整理与绘录研究

丽青瓷的生产规模相对较小，紧密贴合当地消费者的审美趣味，充满了浓郁的生活气息。[1] 其设计主题多取自自然界中常见的元素，如花鸟、植物、瓜果等，展现了与自然的和谐共生。同时，部分高丽青瓷亦融入神话传说中的瑞兽元素，如龙、凤、麒麟等，尽管涉及神话幻想动物题材，但与龙泉窑青瓷那种稳重敦厚、肃穆深远的风格相比，高丽青瓷更多地展现了一种亲切感，更易为大众接受和喜爱。

第四，两国青瓷在工艺条件上有差异。不同的工艺条件造就不一样的装饰技法。具体来说，两国青瓷在原料选择上存在明显区别，且烧成制度也存在差异，这些差异直接影响了青瓷的装饰效果。技术层面的不同导致同一时期两国青瓷各自朝着不同的方向发展，从而形成了各自独特的艺术风格和技艺特色。

青瓷作为人类智慧的结晶，其发展历程反映了中韩两国在经济、文化、政治和民族特征等方面的变迁，是两国历史发展的见证。中韩两国青瓷在纹饰上既有相似之处，又各有特点，这些纹饰特征直接映射了特定时期的文化审美情趣。研究两国青瓷的渊源关系，比较其装饰工艺及地域文化上的差异，有助于深入探索青瓷的起源，了解青瓷的历史和文化内涵。现代青瓷艺术研究应更加注重两国之间的文化艺术交流，促进互鉴与共同发展，在延续辉煌传统的基础上携手共创青瓷世界的无限风光。

---

1 谢捷：《浅析高丽青瓷从模仿到创新的原因》，《陶瓷科学与艺术》2016年第6期。

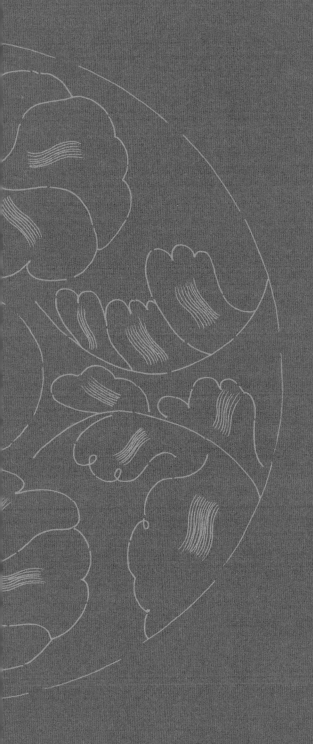

第五章

高丽青瓷遗韵

一、隐光幽晖

　　高丽青瓷的产生深受中国越窑的影响，自 11 世纪后半叶起，亦逐步受到北宋时期众多瓷窑的影响，其中以越窑、汝窑的影响最为显著。高丽青瓷在创作过程中，致力于追求汝窑瓷器造型的端庄与越窑釉色的优美，不仅在器底施釉的技术上仿效汝窑，更在支烧方法上汲取了越窑的精髓。高丽青瓷中，除却造型端庄的瓷器以釉色取胜外，更在翡色青釉的基础上，创新性地采用雕刻或透雕等工艺手法来展现作品的艺术魅力。这些作品中，常见的有以动植物、人物或神话幻想动物为形态的象形青瓷，如花形、笋形、瓜形、瓢形等自然元素，以及鸳鸯、童子、麒麟、神龟等富有神话色彩的形象。这些作品的制作工艺烦琐且耗时，存世品稀少,因此显得尤为珍贵。(图 5-1-1 至图 5-1-23)

高丽青瓷瓜形瓶 （图5-1-1）

12 世纪前半叶

高 22.6 cm、径 9.6 cm

韩国国立中央博物馆藏

　　此瓶釉光为淡绿色，其色泽纯净，宛如清晨的露水，清澈透亮，毫无冰裂之痕。釉面与底土之间和谐相融，紧密贴合，展现出无与伦比的工艺水准。在细腻的釉面之下，细微的气泡如同繁星点点，充满了生命力，展现灵动之气。观赏此瓜形瓶艺术品，不禁让人联想起香瓜花的美丽姿态。那薄而锋利的瓶嘴，如同香瓜花瓣的锐利边缘，韵味别样。而那流利的颈线，则如同香瓜花的优雅身姿，流畅而又不失力量感。再看那量感十足的香瓜形状的瓶身，圆润而饱满，充满生命活力。底部的设计更是别出心裁，高高的圈底如同褶皱裙摆一般，整体比例感协调。从线条到张力，此瓜形瓶都具有极高的协调性和精湛的工艺水平，让人不禁赞叹不已。

高丽青瓷盏托 （图 5-1-2）

12 世纪

总高 9.2 cm

盏：高 4.8 cm、径 8.3 cm

托：高 5.0 cm、径 15.1 cm

日本大阪市立东洋陶瓷美术馆藏

该器通体满釉，灰青色泽，发色良好，积釉处润泽澄透，谓之翡色。托较盏体大，护手托缘宽阔，中央为覆碗状托台。高丽时代因仰慕北宋品茶与饮酒风尚，盏与托制作量颇大，除青瓷、白瓷外，亦有金属器存世。韩国全罗南道康津郡龙云里九号窑址曾出土相似作品，表明自 11 世纪起即有青瓷托器生产。无论是全罗南道长兴郡新月里的高丽古墓葬品，还是中国辽代张文藻墓壁画，均可见此类成套器作。盏底有硅石支烧痕三处，托底则有五处。

高丽青瓷花形托 （图 5-1-3）

12 世纪前半叶
高 6.7 cm、口径 17.5 cm、底径 7.6 cm
韩国国立光州博物馆藏

　　高丽社会运作以贵族为中心，宋代文物备受推崇，中国元素亦深深融入
其生活。在开城，高丽王宫所在地，曾发掘出中国风格的水注、盏、碗、托
等文物。此器为可承接盏或小碗的器皿，圈足部分形似碗，托的毫座则呈捻
花状，显示出与中国汝窑等作品的密切联系。此器釉色灰青，明澈透亮，满
釉之上留有四处支烧痕迹，工艺精湛，堪称佳品。

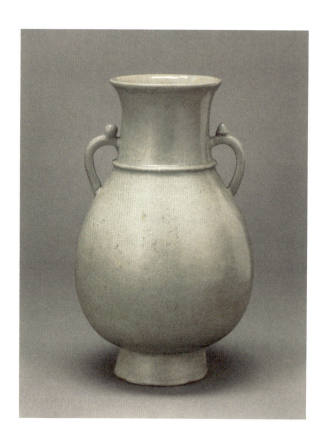

高丽青瓷双耳瓶 （图 5-1-4）

12 世纪
高 21.9 cm、径 13.2 cm
日本大阪市立东洋陶瓷美术馆藏

　　此器长首两侧附有一对耳，耳部装饰各异，显示出独特的美感。无论是瓶颈与瓶身的清晰分界线，还是高挑的圈足，均透露出受中国古代金属器影响的痕迹。釉色呈灰青色调，釉面带有自然的开片纹理，足端经过刮釉处理，露胎，更显古朴。在足端还可见数处耐火土支烧的痕迹，这是古代瓷器烧制工艺的见证。目前，世间尚存有一些类似器型的作品，它们的造型都承袭了古朴风格，是中国金属器影响高丽青瓷的见证。

踵武前贤　临流摹影
高丽青瓷纹饰整理与绘录研究

高丽青瓷斗笠碗 （图5-1-5）

12 世纪前半叶
高 4.7 cm、径 15.4 cm
韩国国立中央博物馆藏

　　此碗形如倒置的斗笠，故得名斗笠碗。撇口设计，斜直腹线条流畅，碗心为一圆形平坦镜面，这些特征均与中国 10—11 世纪前半叶越窑青瓷碗的作品有显著区别。11 世纪后，随着工艺技术的成熟，高丽青瓷逐渐发展出独特的灰青色釉，色泽澄透优美，展现了高丽青瓷的独特美感。此碗胎体轻薄，制作工艺精细，未施加任何纹饰，完全凸显了釉色的自然之美。满釉覆盖，底部与足端刮去部分釉料，留下四处清晰的耐火土支烧痕。

高丽青瓷玉壶春瓶 （图5-1-6）

12 世纪前半叶
高 20.2 cm、径 11.0 cm
日本大阪市立东洋陶瓷美术馆藏

　　此作为不施加任何装饰的素纹青瓷。素纹乃高丽青瓷基本装饰技法。诸如此类釉色优美、造型完成度极高的青瓷，多集中于 11 世纪后半叶至 12 世纪前半叶生产。在器型上，它属于玉壶春瓶，其原型虽源自北宋后期的青瓷，但仍展现出独特的高丽特色。其腹部丰盈，带有厚重质感，釉色深沉，整体形象稳重典雅。无论是器底带有的支钉痕特征，还是器型本身，确实都与汝窑青瓷有着相似之处。在韩国全罗南道康津郡沙堂里的窑址中，也有与这件作品相同的残片出土。

踵武前贤　临流摹影
高丽青瓷纹饰整理与绘录研究

高丽青瓷钵 （图 5-1-7）

12 世纪
高 5.5 cm、径 15.7 cm
韩国国立中央博物馆藏

此平底钵工艺精湛，底径与口径相近，灰青色泽彰显其高雅品质，堪称翡色青瓷全盛期的典范之作。全器施釉，钵底留有六处硅石支钉痕及两道指痕，细节之处尽显匠心。虽与北京故宫所藏汝窑青瓷有相似之处，可窥见两者间的联系，但此高丽青瓷釉质清澈透明，独具美感，与汝窑青瓷迥异。

踵武前贤　临流摹影
高丽青瓷纹饰整理与绘录研究

高丽青瓷花形钵（大、小） （图5-1-8）

12世纪前半叶

大：高3.2 cm、径16.9 cm

小：高3.2 cm、径8.8 cm

中国台北故宫博物院藏

　　此器为浅碟平底，满施青釉，釉色温润无冰裂纹，分别分为十二瓣和十五瓣，瓣形较大，线条平缓，搭配淡绿色调的灰青釉色，典雅沉静。口沿与腹壁分瓣处因釉层较薄，胎色显露，外壁分瓣处与器底交接处因积釉而颜色深邃。底部有四个支钉痕。韩国全罗南道康津郡窑址出土了众多与这两件花形钵造型、品质相似的碎片。

高丽青瓷水注（图5-1-9）

11 世纪
高 12.6 cm、长 18.3 cm、宽 16.5 cm
日本大阪市立东洋陶瓷美术馆藏

　　此器型为高丽较罕见器型，器身低矮，肩部宽阔，为 10 世纪中
国白瓷或青白瓷的临摹品。注口前端呈短筒状，位于肩部，后注口逐
渐向下位移，器身线条也渐趋流畅并向上延伸。足内施有釉料，足端
可见耐火土支烧的痕迹。

踵武前贤　临流摹影
高丽青瓷纹饰整理与绘录研究

高丽青瓷瓜形执壶 （图 5-1-10）

12 世纪
高 16.0 cm、径 19.7 cm
中国台北故宫博物院藏

　　北宋宣和年间，使臣徐兢所著《宣和奉使高丽图经》记载："酒尊之状如瓜，上有小盖……以酒尊异于他器，特著之。"瓜形乃高丽青瓷常见之造型，取瓜瓞绵延、多子多福之寓意。此瓜形水注带盖，器身瓜棱十二瓣，器盖八瓣，棱间因积釉而釉色深邃，器底亦施釉。器身满覆青釉，展现高透明度之灰青绿色，高丽人称之为"翡色"。整休造型略显歪斜，别有趣味。

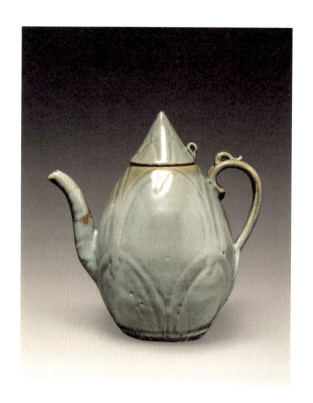

高丽青瓷竹笋形注子 （图5-1-11）

12 世纪
高 24.5 cm、口径 4.1 cm、底径 9.0 cm
韩国国立中央博物馆藏

　　在传世高丽青瓷中，不乏造型模拟动植物的水注。宋代中国水注多以金属器为范本，而高丽水注与其相比，气质独特，造型惹人喜爱，乃高丽青瓷魅力之所在。如笋形水注，圆唇口设计，长腹平底，凹足稳重。本作外形仿竹笋，竹因生长迅速，象征多子多孙。整体装饰仿照竹笋，采用阳刻手法刻画竹箨，再以划花技巧展现笋壳的细腻纹理。值得一提的是，竹箨竟有四层，此例罕见。其笋尖盖附带一小系，方便携带。把手弯曲自然，略高于口部，柄的前后两端巧妙地连接于肩、腹之间，中央部分经过精心压印处理。湾流与把手部分则塑造为青竹形态，阴刻竹节，形象逼真，既富有艺术感又充满高丽特色，为同期中国所罕见。釉料施于器身，呈现出灰青色的美丽光泽，质地厚实而不透明，更显古朴典雅。器身与器盖交接处有釉色窑变状况，器身下三分之一处亦有跳釉情况，这应与当时窑内烧制温度有关。圈足内亦施釉，底部可见三处硅石支钉痕。

高丽青瓷瓢形水注 （图5-1-12）

12世纪
高 27.1 cm、长 15.8 cm、宽 18.5 cm
日本大阪市立东洋陶瓷美术馆藏

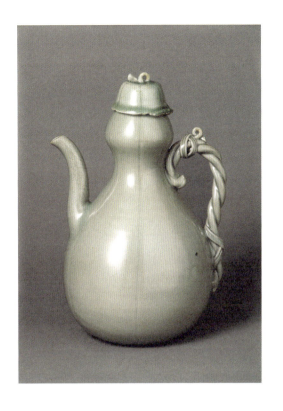

古代中国曾有风雅之习，将酒注入荷叶，借莲茎畅饮，并以"荷杯""荷盏""象鼻杯"等称谓，隐喻荷叶与酒杯间的紧密联系。此件高丽时期的瓢形水注应视为酒器，其独特造型深受欢迎，因此此类作品颇为常见。尽管中国在唐宋时期生产了大量葫芦形水注或瓶，但相较之下，本作曲线优雅，凸显高丽特有的洗练造型之美。此瓢形水注设计巧妙，器盖为荷叶造型，荷叶包覆注口，通过精细的线刻手法，展现其立体质感。瓢（瓠，葫芦）种子繁多，荷花则花开即有果且多子，两者均寓意子孙繁茂。此外，把手部分以三股藤蔓交织的麻花形造型点缀，增强了整体的装饰效果。器底为平底刮釉，可见耐火土支烧的痕迹。

高丽青瓷莲花形香炉 （图5-1-13）

12 世纪
高 15.2 cm、底径 14 cm
韩国国立中央博物馆藏

在徐兢的《宣和奉使高丽图经》中有这样一段描述："狻猊出香,亦翡色也。上有蹲兽,下有仰莲以承之。诸器惟此物最精绝。"这里记载香炉上雕刻有狻猊的形象,下方有仰莲(盛开的莲花)形状的装饰,香炉的整体形态仿佛一个亭亭玉立的盖子,承载着上方的神兽和下方的仰莲装饰。此款香炉的结构独特,装香的部分与腿部巧妙地分开设计,虽然香炉的盖子未见,但可以想象其上必然会有狮子等象征吉祥的动物图案,如此既保证了香炉的实用性,又具有艺术美感。

踵武前贤　临流摹影
高丽青瓷纹饰整理与绘录研究

高丽青瓷鸳鸯形香炉盖（图5-1-14）

12世纪

高 10.9 cm、长 11.3 cm、宽 8.2 cm

韩国国立中央博物馆藏

鸳鸯是香炉盖装饰中常见的动物形象，"鸳鸯形香炉"之名正源于盖上所见的鸳鸯形象。以动物形象作为盖饰的香炉，尚有数件留存。此器只剩盖子，底座遗失。在香炉盖的装饰中，最引人注目的莫过于对鸳鸯的描绘。鸳鸯各部位细节通过宽刀斜刀与线刻工艺精心雕琢，刻工深浅不一，刀法刚柔并济，展现了当时雕塑技术的高超水平。运用锐利的阴刻和半阳刻手法，刻画了鸳鸯的羽毛细节，随着鸳鸯的摆动，羽毛似乎也跟着轻轻摇曳。而鸳鸯的眼睛，更是用氧化铁颜料涂黑，喙部以描金法装饰。香炉盖的蓝色光泽在光线的照射下熠熠生辉，带着一股神秘力量。其内心为空心设计，香炉中燃烧的香料经由鸳鸯的身体，自其喙部缓缓升腾，香气袅袅，造型与釉色均堪称佳品，可视为高丽青瓷全盛时期的杰作。在韩国全罗南道康津郡沙堂里窑址中，发现了与鸳鸯形香炉相同的碎片。此外，韩国忠清南道保宁市元山岛以及日本福冈市箱崎的青瓷消费地遗址，也出土了鸳鸯形香炉盖的碎片。

高丽青瓷雕刻麒麟盖香炉
（图 5-1-15）

12 世纪
高 19.3 cm、宽 18.5 cm
日本大阪市立东洋陶瓷美术馆藏

　　麒麟，因其具有道教的象征意义，被广泛运用于香炉盖的装饰，一同受到青睐的形象还有龙、狮子等。《宣和奉使高丽图经》中记载的"狻猊出香"（即带有狮子装饰的香炉）之内容，彰显了此类香炉工艺之精湛。此炉以麒麟为炉盖装饰，虽釉色不甚透明，但整体结构稳重敦实，麒麟造型工整端正，焚香由炉身自麒麟口部而出。盖内有支钉烧制痕迹。近年来，在韩国海底出水遗物中，亦有类似器型出现。

踵武前贤　临流摹影
高丽青瓷纹饰整理与绘录研究

高丽青瓷雕刻童女形砚滴 （图 5-1-16）

12 世纪
高 11.2 cm、宽 6.0 cm
日本大阪市立东洋陶瓷美术馆藏

　　本作为文房工具中的砚滴，被巧妙地塑造成童女形象。童女的发髻呈莲苞形状，可取下注水；她双手捧着的水瓶前端则作为倒水口。瞳孔点缀着铁彩，而衣服与水瓶上的细腻花纹则通过线刻工艺精心描绘。在全盛期的高丽青瓷中，常见以人物、动物、果实等形象为灵感创作的精美小品，它们多被用作文房工具或化妆用具。本作品的底部同样施有釉层，并留有四处硅石支钉痕。

　　青瓷砚滴深受当时文人的喜爱。高丽时代的文人李奎报（1168—1241）曾赞美此类砚滴："么么一青童，致玉作肌理。曲膝貌甚恭，分明眉目鼻。竟日无倦容，提瓶供滴水"（《东国李相国全集》卷 13《案中三咏·绿瓷砚滴子》）。在韩国忠清南道保宁市元山岛，也出土了与本器相同的碎片。

高丽青瓷鸭形砚滴（图 5-1-17）

12 世纪
高 8.5 cm、长 13 cm、宽 9.3 cm
韩国国立中央博物馆藏

　　砚滴是文人墨客不可或缺的案头雅物，此器以鸭为设计灵感，造型上的精妙之处更在于对细节的极致追求。作为出水口，鸭嘴微微张开，憨态可掬；眼睛以赭土嵌之，形态逼真；气孔则巧妙地隐藏于鸭身；羽毛以阴刻划出，层次分明，连羽毛上的纹理也被细腻地刻划出来；鸭脖上缠绕藤蔓，飘逸流动。整体既美观又实用。鸭作为水禽，常被视为吉祥与纯洁的象征，其形态在砚滴上的呈现，不仅增添了文房用品的趣味性，也寄托了人们对美好生活的向往与追求。

踵武前贤　临流摹影
高丽青瓷纹饰整理与绘录研究

高丽青瓷雕刻神龟形砚滴 （图5-1-18）

12 世纪
高 8.9 cm、长 12.1 cm、宽 9.4 cm
日本大阪市立东洋陶瓷美术馆藏

　　本作造型来源于想象中的神兽，为龙头和龟身的结合体，背部龟甲纹采用精细的阴刻手法，纹饰隐约看出似"王"字。神龟口衔缠绕的折枝花卉藤蔓，自然垂落于背部的藤蔓以出筋技法表现，因部分藤蔓缺损，难以确切辨认其种类。神龟眼珠用铁彩点缀，更添一抹神秘色彩。器底部分经过刮釉处理，留有支烧痕迹，见证了其制作工艺的精细。

踵武前贤　临流摹影
高丽青瓷纹饰整理与绘录研究

高丽青瓷罗汉像 （图5-1-19、图5-1-20）

12 世纪
高 14.2 cm、长 10.0 cm、宽 8.7 cm
高 13.1 cm、长 10.6 cm、宽 9.8 cm
日本大阪市立东洋陶瓷美术馆藏

　　佛教为高丽王朝的国教，因此在高丽青瓷中，我们可以看到大量像这样的罗汉像或佛像、菩萨像，以及佛教寺院中使用的器物。以上两尊罗汉像略有不同，第一尊面部略显窄细，口部紧闭，耳朵以黏土贴附，耳穴留空，其贴附位置高于眼部，给人留下奇特的印象。另一尊面部偏扁平，眼大且下垂，嘴角微微上扬，隐约可见其笑意。两尊罗汉像的眼部均采用黑白象嵌技法展现其丰富表情。韩国全罗南道咸平郡龙泉寺遗址和康津郡龙穴寺遗址等地，也有罗汉像与佛像出土，青瓷与佛教之间的密切关系显而易见。

高丽青瓷套盒残片（图 5-1-21）

12 世纪
高 5.0—7.3 cm
韩国康津高丽青瓷博物馆藏

　　花朵形状的精美组合构成了这套艺术品，其内部设计有轻微的凹陷，而边缘的独特造型暗示着它是为了盛放某种特定物品而精心制作的。这种设计既美观又实用，可能还考虑了堆叠使用的便捷性。在我国，这样的艺术品有着悠久的使用历史。它们不仅在日常生活中有所应用，且在王陵或祭祀场所等庄重场合也极为常见，作为仪礼中的重要陈设用具，承载着深厚的文化内涵和象征意义。这些容器在仪礼中被用作珍贵陈设，其高贵典雅的特质也体现了对祖先和神灵的尊崇与敬意。

踵武前贤　临流摹影
高丽青瓷纹饰整理与绘录研究

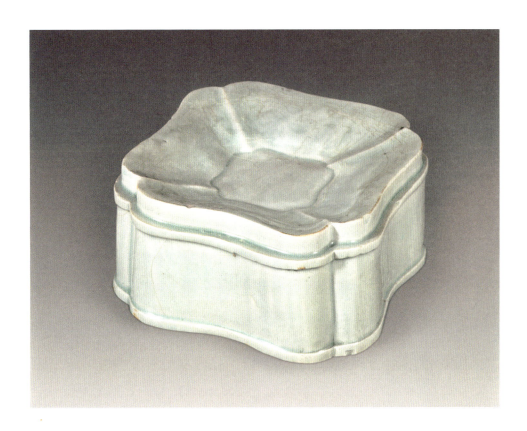

高丽青瓷花形套盒 （图 5-1-22）

12 世纪前半叶
高 8.6 cm、宽 17.5 cm
韩国国立中央博物馆藏

　　此类花形器有圆形亦有方形，具体用途学术界尚无统一说法。器型来源可追溯至中国晚唐的金属器，汝窑是花形设计的直接源头，方形设计则源于五代越窑。此器分为四瓣，可堆叠，釉色为灰青色，透明清丽，覆盖整个器身，足端则刮去釉层。在韩国全罗南道康津郡沙堂里窑址，曾发现过同类型的器物。

高丽青瓷"王"字铭盒 （图 5-1-23）

12 世纪
高 15.0 cm、径 12.1 cm
日本大阪市立东洋陶瓷美术馆藏

　　此器体形硕大，整体具厚重感，口径与底径几乎一致，釉色呈灰青色调，发色略显暗淡。无论是器盖还是盒身，均可见白色耐火土支烧痕，这是古代瓷器烧制工艺中留下的独特痕迹。器盖中央阴刻"王"字。由于高丽时代佛教与道教皆盛，铭文往往包含梵字、符号、干支、人名等元素，且这些铭文可能也用于宗教仪式之中。特别是本器上的"王"字铭文，它通常代表着道教的神明，因此这件作品很可能是一件用于祭拜神明的仪式用器。其他带有"王"字铭文的器物，如钵、盏、托等，也常见以黑象嵌施纹装饰，并且这种风格的制作一直持续到 13 世纪。

二、雕翠琢翡

自 11 世纪后半叶起，高丽陶工开始深入学习并借鉴北宋青瓷的刻划技法。他们运用尖锐的利器以及成排如梳箆的多岔工具，采用刻划花的技法来装饰瓷器表面。陶工们能利用流畅优美的线条和熟练精巧的技法，迅速在瓷胎上勾描出所要表现的具体对象。此外，他们还使用宽刃雕刀，使轮廓线纹饰呈现出浅浮雕般的立体感，进一步丰富了瓷器的艺术表现力。

为了满足广泛的市场需求，高丽陶工还利用陶范精修瓷器造型，并制作成模具。通过这些模具，他们可以大批量制作器型、纹饰相同的产品，既提高了生产效率，又保证了产品的统一性和标准化。这种生产方式的运用，不仅体现了高丽陶工的智慧和创新精神，也推动了高丽青瓷产业的繁荣发展。（图 5-2-1 至图 5-2-40）

高丽青瓷瓦当 （图 5-2-1）

12 世纪
长 40.8 cm
韩国康津高丽青瓷博物馆藏

　　这是将一字形的圆瓦当和长方形的圆瓦当相结合的式样，是高丽青瓷瓦当的典型代表。圆瓦当部分为圆形，雕刻牡丹花纹并在边缘作连珠转动，展现出细腻且富有韵律感的装饰风格。滴水瓦（檐口瓦）的瓦片部分形态自然，呈平缓弯曲状的柔和曲线，便于覆盖于建筑椽头，起到保护木构的作用，其上阳刻装饰藤蔓花纹。康津沙堂里窑址出土了大量的岩瓦、圆瓦、滴水瓦等，阴刻文字的例子也相当多。

踵武前贤　临流摹影
高丽青瓷纹饰整理与绘录研究

高丽青瓷阴刻牡丹唐草纹一寸五分铭瓦 （图5-2-2）

12 世纪
长 22.4 cm
韩国康津高丽青瓷博物馆藏

　　此瓦当的设计不仅独特而且富有艺术感，下端被巧妙地剪成花朵的形状，使其仿似一枚精致的钉子，钉子上巧妙地留有孔眼，为固定和安装提供了便利。瓦片的外观更是精美绝伦，上面印有宽大的牡丹藤花纹。而在瓦当下端，除花朵的装饰外，还布置了闪电图案，这一设计元素为整件作品增添了动感和活力，仿佛赋予了瓦当以生命。令人称奇的是瓦当的内心还阴刻着"一寸五分"的字样，这是关于瓦片尺寸的重要信息。一寸五分，约合现代的5厘米，这样的尺寸信息对于建筑和装饰来说至关重要，它确保了瓦片在铺设时能够紧密衔接，达到完美的视觉效果。同时，这一细节也展示了工匠的严谨和细致。

13 世纪
高 30.5 cm、径 17.1 cm
日本大阪市立东洋陶瓷美术馆藏

梅瓶为高丽时期瓷器的代表作，属于宫廷和贵族用瓷，虽深受中国唐宋青瓷的影响，但在演化过程中亦发展出自己的特色。据出水木简记载，时人称此器型为"樽"。此器肩部外张浑圆，自上而下弧线更为明显，犹如一位亭亭玉立的女子。釉色净透优美，气质沉静，开片。瓶身满构图，器型的圆润与荷花的挺拔形成鲜明对比，自胫部至肩部以极其简洁舒畅的线条刻划出随风摇曳的荷花优美姿态，荷杆"S"形的优雅曲线更是增添了流动感。花瓣及荷叶间还用了篦纹做细节处理，此种技法在北宋刻划装饰纹样中多有运用。整体纹饰构图新奇大方，布局错落有致，刀法轻松写意，松弛的刻划中尽显匠人深厚的技艺功底。

高丽青瓷阳刻莲花纹梅瓶
（图 5-2-4）

12 世纪
高 32.1 cm、径 21.8 cm
日本大阪市立东洋陶瓷美术馆藏

　　此梅瓶造型雍容厚实，撇口、短颈，丰肩，肩以下渐收，胫部外撇，矮宽圈足。釉色偏黄，瓶身有明显的跳釉现象。瓶肩以四团云纹两两相对排列装饰，云纹看似整齐，实则各不相同，线条深入浅出，意味隽永。腹部分别以莲花纹和蜀葵纹作施，边缘以侧刀剔出，突出整体花卉，再以阴刻技法勾勒叶脉和花瓣。两种花卉的表现均比较写实，力求呈现花卉的真实面貌，但在线条处理上注重流畅感和韵律感，通过简练的笔触表现出花卉的神韵和气质。胫部施规则莲瓣图案，工整精细，与肩部云纹形成呼应，装饰效果强。韩国全罗南道康津郡沙堂里窑址发现有同类碎瓷片。

高丽青瓷阴刻莲花唐草纹梅瓶

（图 5-2-5）

12—13 世纪

高 34.5 cm、口径 5.8 cm、底径 12.5 cm

韩国国立中央博物馆藏

　　此器体形较大，盘口，口沿直立微外撇，肩部平缓外延呈弧形逐渐向下内缩，较前图梅瓶，"S"形曲线更为明显，器型也更纤细高挑，气质优雅。灰青色釉泽端雅，美中不足的是在瓶肩部处有一片釉色的窑变。瓶肩平缓处以三团云纹平均分布装饰，紧接着在瓶腹最圆鼓处饰以三处荷花，荷花占据面积大，气场强大。瓶腰部有裂纹，胫部釉色偏弱，并伴有跳釉，足端刮釉，有三处耐火土支烧痕迹。根据韩国水下考古调查，有尺寸与装饰都相似的梅瓶出水。

踵武前贤　临流摹影
高丽青瓷纹饰整理与绘录研究

高丽青瓷阳刻牡丹莲花纹
八棱瓶（图5-2-6）

12 世纪
高 36.8 cm，径 15.0 cm
日本大阪市立东洋陶瓷美术馆藏

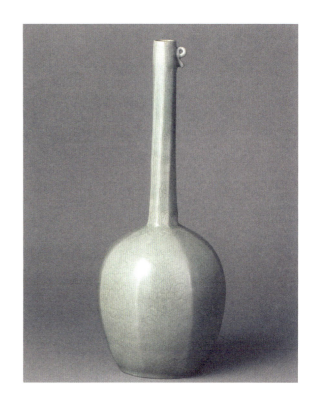

本器作为高丽翡色青瓷全盛时期的代表佳作，釉色温润如玉，光泽柔和，犹如晨曦初露时的柔光，散发着淡雅而深邃的魅力。该器型可追溯至我国唐代越窑青瓷，高丽窑工在其基础上进行改良和提升，创造出此类颈部细长的瓷瓶。因其颈部上端有系带，腹部圆弧，形似鹤，日本学者也称此类器型为"鹤首瓶"。本器瓶身分八面，运用正、侧刀法交替的技法，分别以牡丹纹和莲唐草纹作施。牡丹纹形态饱满，层次繁复，较宋代写意洒脱的牡丹纹，更具写实意味；莲唐草纹则以波浪线为构成骨架，在波峰与波谷间适形填充莲花纹饰，形成了富丽饱满的造型和奔放流畅的旋律，莲花元素象征着纯净与高雅，草纹则赋予了其生动与流畅的特质。圈足内部有五处硅石支钉痕。在韩国全罗北道扶安郡柳川里窑址有相同碎瓷片出土。

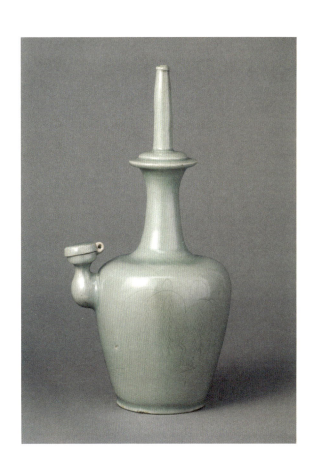

高丽青瓷阴刻蒲柳水禽纹净瓶

（图 5-2-7）

12 世纪
高 33.1 cm、长 16.6 cm、宽 15.8 cm
日本大阪市立东洋陶瓷美术馆藏

　　此款净瓶设计独特，设有长管状的注水口，方便水流注入。简洁而富有生机的造型，进一步凸显了釉色的美丽与光彩。瓶身两侧精心刻绘了以垂柳和芦苇为主要元素的蒲柳水禽纹，细腻的线条勾勒出枝叶的摇曳与生长。瓶嘴下方，一只水禽昂首拍翅，悠闲地游弋其中，仿佛正在享受这片宁静的水域。整个纹饰构图巧妙，充满生机与活力，每一处细节都流露出自然的气息，让人仿佛置身于一片生机盎然的水域之中。此外，足端还留有六处黄色耐火土支烧痕。净瓶原是佛前专用的盛水器具，用以供奉清水。然而，根据《宣和奉使高丽图经》记载，在高丽，净瓶的使用并不受阶级的限制，普遍被用作贮水器。在同时期的高丽青铜净瓶以及我国宋代的定窑瓷器中都可以见到与这款净瓶相似的造型和纹饰，这体现了当时艺术的交流与融合。

踵武前贤　临流摹影
高丽青瓷纹饰整理与绘录研究

高丽青瓷阴刻牡丹莲花瓜形瓶 （图5-2-8）

12—13 世纪
高 23.3 cm、径 10.9 cm
日本大阪市立东洋陶瓷美术馆藏

　　此器体形大，造型端正，撇口，口沿呈花瓣状外翻，长颈，圆肩，长敛腹，高圈足，足外撇。瓶身呈瓜棱状，分八瓣，故称瓜形瓶。此器自上而下无论是釉色还是装饰，似乎都有一个逐渐粗糙的过程。瓶颈与瓶肩衔接处以如意头纹与莲瓣纹重叠纹饰之，线条明朗清晰，釉色也清亮透明。到了瓶身，分别以阴刻技法饰以重瓣莲花纹与折枝牡丹纹，但线条略显死板和生硬，缺少灵动性。特别是到了圈足，胫圈上部以相当拙劣的刀法刻以莲纹，甚至还没来得及清理好泥坯上的积土就匆匆装窑烧制了。高足圈以裙褶为饰，虽还算规整，但釉色较上半部分已变浑浊而偏黄，且出现多处跳釉。推测此作非高丽青瓷全盛时期作品，应为 12 世纪末至 13 世纪初制作。

高丽青瓷阴刻蜀葵纹四耳壶
（图 5-2-9）

12 世纪
高 25.0 cm、径 16.8 cm
日本大阪市立东洋陶瓷美术馆藏

　　该器作为对金属器装饰风格的忠实模仿，属于四耳壶。同类器型大小各异，有多种不同的尺寸。壶肩圆润饱满，从肩部到底部呈弧形慢慢收窄。壶肩附有四个耳系，而壶盖上亦饰有交叉钮。用绳子穿过壶盖钮和壶耳，壶盖与壶身就能紧密地固定在一起，设计巧妙而实用。

　　此作壶身上，共有四处交替出现黄蜀葵纹和莲花纹，皆以阴刻手法精细刻画，纹饰边缘处以斜刀剔地方式刻划，花脉及叶脉均以圆刀中锋刻划而成，两种刻划技法的交替运用使这些纹饰更具立体感，整体纹饰表现既细腻又写实，积釉随线条粗细深浅变化而变化，自然之美，自然之趣，使人回味无穷。壶盖与壶身是分开烧制的，壶盖底部满釉，并带有三处硅石支钉痕，壶身底部亦可见七处红色耐火土支烧痕。

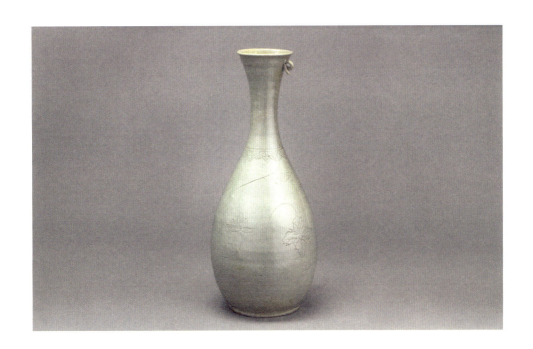

高丽青瓷阴刻莲唐草纹瓶（图5-2-10）

12—13 世纪

高 37.8 cm、径 15.5 cm

日本大阪市立东洋陶瓷美术馆藏

　　该瓶长颈、圈足，圆腹，腹较前图稍窄略下垂，口微外撇，口沿下方有小系，推测该器原应有瓶盖，此小系便是与盖钮绑绳连接作固定之用。瓶肩以两道弦纹为分割线，紧挨弦纹的第一层为如意头纹，第二层为莲瓣纹。瓶身通体依稀可见模糊不清的枝叶底纹，作为主纹的莲花纹是此作品的灵魂所在，自肩带部起笔作软枝蔓迂回旋转的"S"形头尾不相连的莲纹，一支为莲花，挺立向上生长，充满生命态势，另一支作低垂莲叶造型，清新脱俗，两者一上一下，相互呼应，甚是有趣。看似随意的枝干线条，却是得于心、运于手，气息所至而意之所到，含气韵生动之灵气。

高丽青瓷阴刻莲花纹瓶 （图5-2-11）

12—13 世纪
高 32.3 cm、径 17.1 cm
日本大阪市立东洋陶瓷美术馆藏

　　玉壶春瓶这一器型起源于我国北宋时期，优雅而独特的线条设计使得这一造型成为瓷器中的经典之作。高丽青瓷也有很多玉壶春瓶样式的艺术珍品。此瓶发色浅淡透明，但烧制问题致多处带黄褐釉，整体造型敦实稳重，微撇口、细颈、斜肩，梨形大圆腹部，器腹下垂，圈足。器肩以如意头纹和莲纹分割，并阴刻三组以莲叶纹为主的云肩，每两组云肩中间饰折枝莲花，莲花纹以正面形象呈现，比例匀称，造型端庄，花瓣层次精细刻画，莲叶微外翻，似有风吹拂掀起叶片翻转。器底仍以莲瓣相托。这种三段式布局是高丽青瓷瓶身上的惯有构图。

踵武前贤　临流摹影
高丽青瓷纹饰整理与绘录研究

高丽青瓷阴刻葡萄唐草纹瓢形瓶（图5-2-12）

12—13 世纪
高 63.2 cm、径 17.4 cm
日本大阪市立东洋陶瓷美术馆藏

　　此瓶造型优雅别致，线条流畅优雅，釉色温润青翠，口小，口下有环形小系，腰细而长连接上下瓶身，瓶身上小下大。因其形似瓢，即葫芦的一种，故称瓢形瓶。这种形状在古代陶瓷中较为常见，具有独特的审美价值。瓶身上的阴刻葡萄唐草纹图案，构图巧妙，刀法精湛，既有东方艺术的韵味，又不失细腻精致的特点。葡萄唐草纹是一种具有浓郁东方风格的装饰图案，葡萄象征着丰收和富饶，而唐草纹富有流动感和生命力。这些图案不仅增加了瓶子的装饰性，也赋予其深厚的文化内涵和象征意义。足端露胎，有红色耐火土支烧痕迹。

高丽青瓷阴刻莲花纹瓢形瓶 （图5-2-13）

12—13 世纪
高 31.0 cm、径 10.8 cm
日本大阪市立东洋陶瓷美术馆藏

　　此器小口，圆唇，上小下大呈葫芦形，腰部较其他葫芦瓶更为纤细和修长，细腰设计在实际使用中，尤其是在握持时，起到优化手感的作用。当手握瓶腰时，手指可以更自然地环绕并稳定握住瓶子，这使得欣赏和展示瓶子，或是倾倒瓶内液体都非常方便。这种设计反映出古代工匠对细节和实用性的深思熟虑。细腰葫芦瓶在审美上也颇具特色，曲线优雅，瓶身比例匀称，尤其是细腰与上下两部分形成对比，瓶肚上阴刻莲花纹饰更是增强了整体造型的动感和节奏感，既高雅又不失灵动。

踵武前贤　临流摹影
高丽青瓷纹饰整理与绘录研究

高丽青瓷阴刻云纹
玉壶春瓶（图5-2-14）

12 世纪前半叶
高 30.4 cm、口径 5.2 cm、
底径 11.9 cm
韩国国立中央博物馆藏

此瓶造型典雅，线条流畅，犹如一位婀娜多姿的仕女，亭亭玉立。瓶身呈玉壶春式，颈部细长，口沿下方附有环状小系，腹部圆润，底部稳重，整体比例匀称，既不失古朴之风，又透露出高丽青瓷特有的清新雅致。瓶身肩部以双弦纹饰之，瓶身圆腹处以阴刻云纹为饰，云纹线条流畅自然，深浅有致，似朵朵祥云在瓶身上轻轻飘动，给人以飘逸、空灵之感。这种阴刻工艺的运用，使云纹更为立体生动。

高丽青瓷阴刻双鹦鹉
纹盘 （图5-2-15）

12 世纪

高 5.7 cm、口径 17.7 cm、
底径 7.0 cm

韩国国立中央博物馆藏

　　此器盘面平展，边缘圆润，釉面光滑细腻，带开片。鹦鹉作为一种吉祥、美好的象征，在古代文化中深受人们喜爱，传递了人们对美好生活的向往和追求。我国越窑青瓷自五代开始至北宋，一直有鹦鹉纹作为装饰，此器应效仿越窑青瓷，但其图案略有变化。在此件盘心，高丽匠人巧妙地运用阴刻技法，通过刀法的提按关系变化，寥寥数笔将鹦鹉丰满的羽翼，优雅的姿态，相互嬉戏、交流的神情刻画得栩栩如生。

踵武前贤　临流摹影
高丽青瓷纹饰整理与绘录研究

高丽青瓷阴刻牛马纹盘

（图 5-2-16）

12 世纪
高 16.4 cm、径 31.5 cm
日本大阪市立东洋陶瓷美术馆藏

　　此器盘面平整光滑，釉色均匀，透露出一种高贵而典雅的气质。牛马纹以牛头马身为形象，在高丽青瓷中实为罕见，属珍品。盘心以水波纹和篦纹为地纹，刀法肯定而流畅，深浅变化在青釉的堆积下如泉水般碧翠，地纹之上，以四头牛马纹首尾相向进行布局作为主纹，牛马纹刻画细腻，形象生动，似低头沉思，又似抬蹄欲奔，浑厚有力的线条刻画出牛马兽优雅而矫健的身姿，展现其力量和美感。牛马纹是具有深厚文化内涵和艺术价值的陶瓷装饰纹样，传承了古人对牛马的深厚情感和依赖。此器底部与足端刮釉露胎，有十二处耐火土支烧痕迹。

高丽青瓷阴刻缠枝纹碗 （图 5-2-17）

12 世纪前半叶
高 5.1 cm、径 13.5 cm
日本大阪市立东洋陶瓷美术馆藏

　　此碗敞口，外沿，斜直腹，圈足，形似斗笠，又称为斗笠碗。釉色青绿
雅致，胎质轻薄，碗底有乳突钉。碗内壁刻划缠枝花纹，团花布局规整，以
枝干划痕为界，分两枝，团花造型圆绕，尽显妩媚风姿，叶片左右生长的动
态之势增加了装饰画面圆浑之美感。但与我国北宋时期刻划器巅峰之作对比，
其刀法略为拙钝，线条也显蹇涩，在细节把控上明显不足，致使花朵刻划有
松散之态。底部有三处白色耐火土支烧痕。

高丽青瓷刻划牡丹纹碗（图 5-2-18）

12 世纪
高 6.4 cm、口径 19.7 cm、底径 5.5 cm
韩国国立中央博物馆藏

　　本器通身施釉，发色灰青，光泽柔和，撇口，圈足。碗内以印花牡丹纹为饰，此种印花模式在我国耀州窑、定窑、龙泉窑中均有使用，极大地节约了生产时间和成本。一枝牡丹以 "S" 形主干出枝取势，随势造花开成形，卷叶回展取呼应之气，整个纹饰处理均衡而富有动势。值得一提的是，花朵及叶脉细节纹理以划花手法描绘，细部表现细腻轻盈，花瓣及叶子中间画以篦纹，更富有装饰美感。高丽匠人的谨慎与细致于此可见一斑。

高丽青瓷阳刻波涛双龙纹碗 （图5-2-19）

12世纪
高 9.1 cm、径 17.4 cm
韩国国立中央博物馆藏

　　此碗形为钵状，施釉较厚，圈足处有轻微积釉，釉面有细纹开裂。碗外壁以阴刻波涛纹为地，弯弧和波曲线成组，以细密有致的短弧线和短曲线组成水波，以长曲线勾勒浪头，线条流畅、疏密有致。以汹涌的波涛为背景，两条龙在波涛中翻腾、盘旋，形态生动，充满力量感。龙作为中国传统文化中的神兽，象征着权威、力量和吉祥。高丽人对此也甚是喜爱，因此在高丽青瓷装饰中也广泛运用。波涛则代表着海洋的广阔和深邃，寓意着无穷无尽的可能性与力量。波涛和龙纹的组合运用，体现了人们对自然和神秘力量的敬畏和追求。底部有三处支钉烧制痕。

高丽青瓷阳刻菊唐草纹碗

（图 5-2-20）

12 世纪
高 8.1 cm、径 19.4 cm
韩国国立中央博物馆藏

　　此碗侈口，深腹，圈足，与同类器型相比，足部较窄，碗壁线条挺拔有力。釉色光泽度好，说明火候控制恰到好处。胎薄，器物整体轻盈小巧。碗底以圆形弦纹分割，中心部分以单独一枝阳刻莲花纹饰之，碗壁饰莲花缠枝纹，花朵造型简单，几刀点写成形，纹饰刻划设计由简洁抽象的团花和繁复具象的花叶组合而成，装饰效果符合当时社会的审美心理。外壁圈足则以三层仰瓣莲花纹装饰。底部有三处支烧痕迹。

高丽青瓷花瓣纹碗

（图 5-2-21）

12 世纪
高 4.5 cm、口径 11.5 cm、
底径 3.0 cm
韩国国立中央博物馆藏

此碗薄胎，开片，侈口，外敞，直腹，窄足。碗内心修以圆形凸出乳钉，以乳钉为中心，作"S"形双线连续规则旋转刻划，曲线优美，线条在釉层中隐约清晰，似花瓣叠加，繁茂盛开。"S"形双线中间各装饰折枝花一束，双线排列均匀，推测应使用了特制工具，类似用双刀直接划出线条。

踵武前贤　临流摹影
高丽青瓷纹饰整理与绘录研究

高丽青瓷阳刻莲瓣纹碗（图5-2-22）

12世纪
高 9.7 cm、径 18.3 cm
韩国康津高丽青瓷博物馆藏

　　此器采用轮制工艺，造型独特，唇部圆润饱满，腹部呈弧形，倾斜度适中，底部为圈足设计。外壁以模印工艺精心制作，装饰双层仰莲纹，莲瓣中部巧妙设计有一道凸脊，增强了整体立体感。圈足部分为小圈足，足圈宽，足底部有三处硅石支钉痕。整件器物厚重坚实。其刻划花纹因釉层厚薄不一而呈现出或清晰或模糊的效果，釉色为青灰色，略显灰暗，更增添了几分古朴与沉静。莲瓣纹作为佛教纹饰在高丽青瓷装饰中极为常见，在此件器物上更是得到了完美展现。莲瓣纹瓣面丰满凸起，中部棱脊分明，烧成后深浅不一，层次丰富，仿佛在釉色之下隐露着生命的律动，既有无中生有的神秘，又有含蓄内敛的美感。

高丽青瓷阴刻云鹤纹双耳壶 （图5-2-23）

12世纪
高 17.5 cm、径 31.6 cm
日本大阪市立东洋陶瓷美术馆藏

  云鹤纹作为高丽青瓷的重要装饰纹样，其设计独特且富有创意。此壶釉色大部分呈灰青，清亮透明，因采用氧化焰烧制，有部分呈黄色。造型大气端正，广口，无盖，敛腹，腹身两侧有耳钮平沿外张。口沿下部以阴刻细线的云鹤纹施作，云纹与鹤纹交替出现，环绕壶身上方。云鹤两纹均以单线勾勒，云纹潇洒飘逸，鹤纹头部上扬，双脚直立，羽翼张开，与身体呈十字形，作振翅欲飞之姿态。云鹤纹构图和谐，线条流畅，整体纹饰看起来既生动又富有美感。韩国全罗北道扶安郡镇西里窑址发现有同类壶作。

高丽青瓷阴刻莲花纹三耳壶

（图5-2-24）

12 世纪
高 18.9 cm、径 14.6 cm
日本大阪市立东洋陶瓷美术馆藏

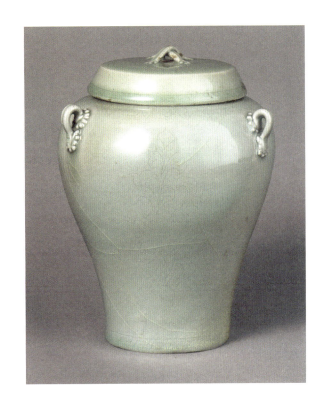

本作模仿金属器装饰造型，圆润厚实，釉色呈灰青色，发色鲜亮，散发着高丽瓷器特有的沉静气质，古朴而高雅。壶身上鼓下窄，带盖，壶身及盖顶均带有耳钮，将三处耳钮系在一起，可起到固定作用。壶身三面均装饰莲花纹，以圆刀中锋阴线刻划，莲花纹呈八瓣向周围延展，配以弯曲蔓延的叶子作为辅纹，和谐又不失动感。壶肩一圈以莲瓣装饰，壶底及壶盖一周则以回纹饰之，互相呼应，相得益彰。此壶身与壶盖均以支钉方式烧制，通体施釉，壶底及盖内可见四个硅石支钉痕迹，说明壶身与壶盖乃分开烧制而成。

高丽青瓷阳刻花纹四耳小壶 （图5-2-25）

12 世纪
高 5.5 cm、口径 8.3 cm、底径 3.5 cm
韩国国立中央博物馆藏

　　此作精巧玲珑，实属可人，壶身布四小耳，壶盖也有耳钮，应为穿绳固定之用。通体施釉，带开片，发色良好，壶身与壶盖釉略有不同，壶盖偏黄。全器装饰丰富，整体结构对称，壶盖以壶钮为中心以阳刻浮雕作莲花纹装饰，继而壶身以壶口为中心以圆刀阴刻作莲花纹，线条运用流畅有力，无论是曲线的转折还是直线的延伸，都显得自然而不失力度，既沉静又富有层次。壶盖及壶身底部皆有支钉烧制痕迹。

踵武前贤　临流摹影
高丽青瓷纹饰整理与绘录研究

高丽青瓷阳刻莲瓣纹香炉（图5-2-26）

12 世纪
高 18.9 cm，径 14.6 cm
日本大阪市立东洋陶瓷美术馆藏

　　青瓷莲瓣纹香炉是一件集美观与实用于一体的艺术品，以其独特的魅力赢得了人们的喜爱和赞誉。无论是在书房中静谧的角落，还是在茶室中品茗的案头，它都能成为一道靓丽的风景线，展现别样的品位和格调。此香炉色泽青翠如玉，温润而有光泽，仿佛蕴含着大自然的灵气。炉身以阳刻莲瓣包裹，每一片莲瓣都仿佛绽放着生机与活力，器座以阴刻莲花纹装饰，匠心独运，细腻入微，仿佛在向人们诉说着千年前的传说与故事。器身内底有支烧痕，可推测该器型是采用上下反转的覆窑方式烧制的。韩国康津郡三与里出土的青铜香炉与该青瓷器型应有密切关联。

高丽青瓷饕餮纹鼎形香炉 （图 5-2-27）

12 世纪前半叶
高 17.0 cm、宽 12.2 cm
日本大阪市立东洋陶瓷美术馆藏

　　高丽青瓷饕餮纹鼎形香炉，是一件集传统工艺与深厚文化内涵于一体的
艺术珍品。饕餮，作为古代青铜器上常见的神秘纹饰，以其狰狞的面目和奇
特的构图，展现威严而神秘的力量。高丽匠人将其巧妙地刻画在青瓷香炉上，
整件作品既展现出古朴典雅的气质，又不失神秘深邃的美感。此香炉釉色温
润，光泽柔和，与炉身的饕餮纹相得益彰，高贵而典雅。从造型上看，此香
炉以鼎为灵感来源，三高足，双耳，设计独特，线条流畅。鼎，自古以来便
是中国礼器的代表，象征着庄重与尊贵。高丽匠人将其巧妙转化为香炉形态，
不仅保留了鼎的庄重感，还赋予了它新的实用功能，让人在欣赏其美丽的同
时感受古代文化的韵味。

踵武前贤　临流摹影
高丽青瓷纹饰整理与绘录研究

高丽青瓷阳刻饕餮纹鼎形香炉 （图5-2-28）

12—13世纪

高 16.2 cm、口径 12.8 cm、底径 13.0 cm

韩国国立中央博物馆藏

　　高丽王朝在追随我国北宋文物的风潮中，也积极模仿青铜器型制造瓷器，巧妙将高丽青瓷的精湛技艺与古代青铜器的经典器型纹饰相融合，展现独特而迷人的魅力。此器通体施釉，灰淡清雅，以圆鼎为范，口沿平沿，三蹲足，两立耳，带状凹槽将器身分为上下两部分，器面又以粗脊为界分割六面，面表以雷纹为地纹，再覆以浮雕饕餮纹，繁复细腻，造型工整，意味深厚。当香火点燃，青烟袅袅升起，青瓷的色泽和饕餮纹的神秘气息相互映衬，营造出既庄严肃穆又神秘莫测的氛围。韩国全罗南道康津郡龙云里与沙堂里窑址发现有相同碎瓷片。

高丽青瓷印花夔龙纹方形香炉（图5-2-29）

12 世纪
高 11.9 cm、长 17.6 cm、宽 16.2 cm
日本大阪市立东洋陶瓷美术馆藏

　　此器参照中国古代青铜器制作而成，器型为方形鼎，四蹲足浑圆敦实，口沿部分饰两方耳，整体规整大气。器身上的装饰细致入微，精美绝伦，口沿部包括耳饰上均以绵延不断的回纹装饰，以凸起的粗筋将器身分为上下两部分，上部以瓦当纹交替装饰，下部以雷纹为地，夔龙纹浮其上。夔龙，作为中国古代神话传说中的神奇生物，象征着祥瑞和威严。高丽匠人通过精湛的技艺，将夔龙的形象刻划在香炉之上，使其仿佛跃然于青瓷之上。印花工艺的运用，让夔龙纹变得更为细腻、立体，充满动感和生命力。

踵武前贤　临流摹影
高丽青瓷纹饰整理与绘录研究

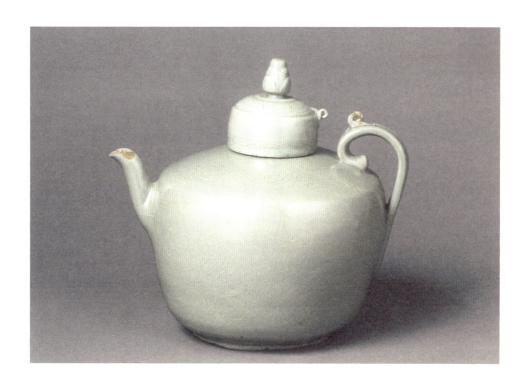

高丽青瓷阴刻唐草纹壶 (图5-2-30)

11世纪
高 19.0 cm、长 19.2 cm
日本大阪市立东洋陶瓷美术馆藏

此器壶身圆矮，肩部平缓外张，壶嘴细小外翘，以莲苞为纽盖，把手呈嫩蕨形被黏附于壶身与壶肩处，壶把及壶盖上均有小系用于穿绳固定。壶身素面，不作任何装饰，釉色温润，发色灰青。壶肩及壶盖部分呈环状饰唐草纹，阴刻技法的运用使唐草纹的纹理和细节更加立体生动，与淡雅的釉色相得益彰，更添清新雅致之意。我国辽代陈国公主（1001—1018）墓有同款银制壶出土，可推测该器型源自金属器。韩国江原道东海市三和洞高丽古墓亦有类似器型出土。

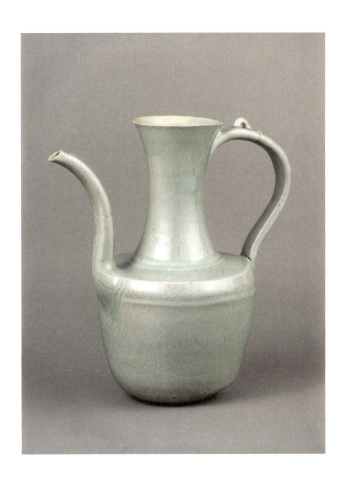

　　此器壶身修长，口外撇，颈部线条自然优雅，肩平缓外沿，壶身圆润饱满，平底无足。壶嘴和执柄与壶身弧度衔接紧密自然，整体造型和谐统一。颈部下方、肩部及胫部三处均以莲瓣纹为饰，以"S"形莲杆首尾相连，一上一下分别作莲花布局，再配以唐草纹，整体结构疏朗有致，富有东方艺术之韵味。壶嘴与壶身连接处以一瓣莲叶巧妙装饰，极具趣味性。本器功能与净瓶相似，为佛前盛装净水的礼佛之具。高丽金属器中有同类器型，因此推测其先身应为金属器。

高丽青瓷阴刻莲花纹
瓜形壶 （图5-2-32）

12 世纪
高 20.2 cm、长 21.4 cm、
宽 15.2 cm
日本大阪市立东洋陶瓷美术
馆藏

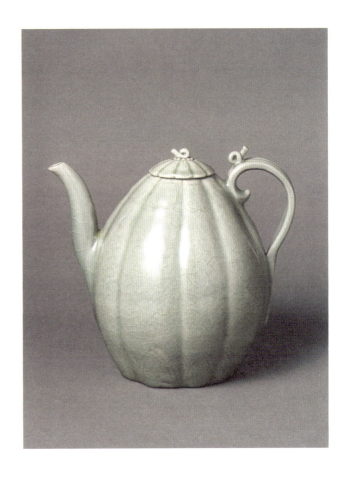

　　此器壶身圆润饱满，线条流畅自然，采用瓜形设计。此设计富有生活气息，充满自然韵味，且非常实用，一般作酒器或茶器之用，可容纳足够液体，满足使用者需求。莲花纹作为中国古代陶瓷装饰中常见的元素之一，以其清新脱俗、高雅纯洁的形象深受人们喜爱。此器壶盖以莲叶为饰，壶身上下部均以莲瓣饰之，壶身每一瓣瓜棱上均阴刻一枝莲花纹，构图规整，曲线细腻生动，刻划精细，器身上的莲花亭亭玉立，花瓣层层叠叠，隐在青翠的釉色之下，让人仿佛能闻到淡淡的荷香，感受来自大自然的清新和宁静。韩国全罗南道长兴郡新月里高丽古墓有相同水注出土。此外，在日本金刚寺开山堂亦发现此类高丽青瓷水注，足见当时的高丽青瓷瓜形壶已用于外销，并得到日本上层阶级的认可和喜爱。

高丽青瓷阴刻莲花纹洗 （图5-2-33）

12 世纪
高 9.8 cm、径 22.8 cm
日本大阪市立东洋陶瓷美术馆藏

　　此器型来源应为金属器，体形圆厚矮宽，口沿向内翻转，故称折口洗，因烧成气氛而使折口部略有变形。釉色清雅透亮，光泽度好。三组莲纹环绕装饰器身，单朵莲花体形硕大，莲瓣以侧刀刻划，花脉用刀转为中锋，线条长短、轻重不一，看似随意，又见其刀功深厚，丰富的线条变化使莲花姿态优美秀气。韩国全罗北道扶安郡柳川里窑址及高敞郡茂长面高丽墓葬中亦有相同碎瓷片及同类器型出现。

高丽青瓷阴刻线纹盒

（图 5-2-34）

12 世纪

高 17.1 cm、径 19.7 cm

日本大阪市立东洋陶瓷美术
馆藏

　　本作为三段式，一层盒盖，两层盒身，一高一矮。盒身旋转刮线，均匀排列。盒盖上以圆刀中锋作菊花缠枝纹装饰，中心点为小朵菊花，以两圈线条围之，外围的缠枝纹以藤蔓唐草经提炼变化而成，委婉多姿，富有动感，循环往复，优美生动。无论是从器型还是施作于瓶身的线纹看，均可推断出该器应是忠实地模仿了金属器的造型特征。与此器同类的器作可见于韩国京畿道安城市长命寺石塔中 997 年以香木与玻璃制成的舍利佛具。

高丽青瓷阳刻鹦鹉纹盒

（图 5-2-35）

12 世纪
高 3.1 cm、口径 8.7 cm、
底径 5.5 cm
韩国国立中央博物馆藏

　　此盒设计精巧，线条流畅，整体呈现出一种端庄而优雅的气质。盒盖与盒身紧密结合，严丝合缝，展现出高丽瓷器工匠高超的制作技艺。釉面光滑细腻，釉质润泽如玉，釉色略带褐黄，呈现出古朴而高雅的美感。盒身以阳刻手法施作鹦鹉纹，图案生动逼真，线条流畅自然。一对鹦鹉作"喜相逢"格式构图，两两相对，做飞翔状，鹦鹉纹外围分别施云纹状，盒盖外圈均匀排列菊瓣纹，优雅而富有韵律感。

高丽青瓷阴刻花纹盏托 （图5-2-36）

12世纪
盏：高 4.7 cm、径 7.9 cm
托：高 4.7 cm、径 11.9 cm
日本大阪市立东洋陶瓷美术馆藏

高丽时代，随着饮茶之风的盛行，青瓷盏托成为风行一时的饮茶用具，盏托的产量也有所增加。此器造型别致，敛口，弧形腹，托盘边沿宽大，圈足外撇，内外施满釉，釉面晶莹类玉。口沿外壁与盏托上分别装饰三层回纹，层次分明，相互呼应。盏内刻有牡丹纹，技艺手法卓越超群，为高丽青瓷最盛时期的精品。但盏与托的釉色不一，推测并非原套。

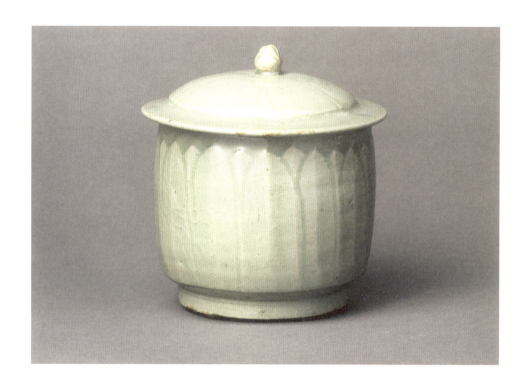

高丽青瓷阳刻莲瓣纹筒形盏 （图5-2-37）

12—13 世纪
高 11.1 cm、径 10.4 cm
日本大阪市立东洋陶瓷美术馆藏

　　此盏器身为筒形，以荷叶盖覆之。器身刻有多层莲瓣纹，中央有凸棱，增加立体感，莲瓣纹形状由先前的肥硕圆胖变得清瘦俊秀，刀法犀利，匀净利落。盖模仿荷叶造型，以斜刀剔地为荷叶脉，盖钮为莲苞状。底部有四处明显的支钉烧制痕迹。

高丽青瓷阴刻菊花纹油壶 （图5-2-38）

12—13 世纪
高 6.4 cm、径 8.4 cm
日本大阪市立东洋陶瓷美术馆藏

　　在传世的高丽青瓷油壶中，几乎难以找到保留有壶盖的完整作品，因此，这件附有壶盖的油壶尤为珍贵。其器型端正，比例匀称，是匠人精湛制作技艺和严谨工作态度的良好体现。釉面光滑完整，布满细腻的开片纹理，色彩鲜亮，釉质温润如玉。壶身上，匠人采用阴刻手法，描绘出菊唐草纹的图案，生动而富有艺术感。圈足处清晰可见三处硅石支烧的痕迹，为这件作品增添了历史的厚重感。在韩国忠清南道泰安郡竹岛外海出水的高丽青瓷中，此类油壶的数量相当可观，这为我们了解当时高丽青瓷的流通情况提供了宝贵的线索。

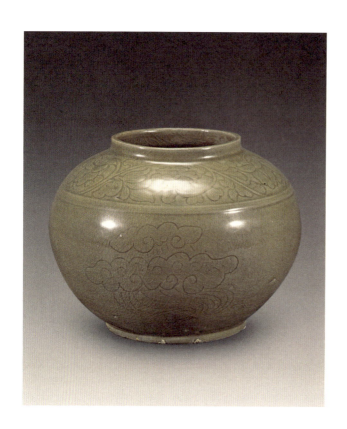

高丽青瓷阳刻牡丹纹罐

（图5-2-39）

12—13 世纪
高 18.2 cm、口 径 12.1 cm、
底径 13.3 cm
韩国国立中央博物馆藏

　　此罐形制端庄大气，通体施以温润如玉的黄釉，釉色纯正，光泽柔和。口部为直口设计，线条简洁明快，便于使用与观赏。肩部向外自然扩展，形成优雅的曲线过渡，既增强了器物的稳定性，又赋予其视觉上的层次感与动态美。腹部圆润饱满，宛如满月之姿，给人以温润之感，体现了高丽瓷器追求自然和谐的美学理念。罐身上半部分采用浮雕技法雕琢出盛开的牡丹纹样。牡丹纹浮雕层次分明，花瓣繁复而不失细腻，色彩与釉色相融，通过精湛的雕刻技艺，仿佛能够感受到其生机勃勃、娇艳欲滴的姿态。在罐身腹部中心处，阴刻两两相对的云纹图案。其线条舒展流畅，如云卷云舒，自由飘逸，既增添了器物的空灵之感，又与牡丹纹相映成趣，共同构建了一幅生动和谐的画面。罐底有明显的支烧痕迹。

高丽青瓷阴刻荔枝莲纹枕

（图 5-2-40）

12—13 世纪

高 14.7 cm、长 29.5 cm

韩国国立中央博物馆藏

　　此青瓷枕采用青釉烧制而成，釉色青翠欲滴，温润如玉，宁静而深邃。瓷枕整体造型简约而不失雅致，线条流畅，形态饱满，既符合人体工学设计，又展现了古朴典雅的韵味。其造型可能依据传统或创新的样式设计，旨在提供舒适睡眠体验的同时，也作为一件精美的艺术品供人欣赏。其装饰亮点在于表面精美的阴刻荔枝莲纹，纹样构图巧妙，布局均衡饱满，瓷枕正反两面作圆形开光[1]，中间侧面作菱形开光，开光内分别装饰莲纹及荔枝纹，瓷枕两侧均有装饰。工匠们运用精湛的阴刻技艺，在瓷枕表面细腻刻画出这些自然元素。荔枝果实饱满圆润，排列有序，仿佛能闻到其香甜气息；莲花则花瓣层叠，姿态各异，有含苞待放的，亦有盛开如盘的，清新脱俗。纹样线条流畅自然，深浅得宜，是高丽古代工匠高超的艺术造诣和深厚的文化底蕴的充分体现。

1　开光，一种陶瓷装饰技法。在瓷胎上的显著部位，做出圆形、方形、长方形、扇形、菱形、花瓣形等框架，再于其中装饰主题纹样。

三、错综成象

高丽王朝在 1170 年经历了武臣夺权事变后，政权逐渐转由武人掌握，开启了武人掌政的新时代。因此，13 世纪的青瓷艺术风格与 12 世纪以文人贵族品位为主导的高丽青瓷有所不同。12 世纪的高丽青瓷在雅致风尚的引领下，注重釉色表现和精巧造型的追求；到了 13 世纪，则更加注重装饰技法的创新与运用，这反映出新兴贵族阶层对于华丽视觉效果的偏好，其中最具代表性的即为象嵌青瓷。

为了满足新兴贵族阶层的视觉审美需求，高丽青瓷在装饰技法上进行了大胆的尝试与创新。除了以象嵌技法为基础，还结合已有的刻划花技法与动植物造型，形成了复杂而独特的装饰技法。同时，高丽青瓷还引入了较新的辰砂彩、透雕、逆象嵌等技法，装饰手法丰富多元。这些新技法的运用，不仅提升了高丽青瓷的艺术价值，也进一步巩固了其在陶瓷艺术领域的重要地位。

（一）象嵌

高丽青瓷中采用象嵌技法装饰的杰作，被赞誉为"象嵌青瓷"。此外，它还有"相嵌""象眼""填嵌"等雅称，这些称呼无不透露出其工艺的精湛与独特。象嵌技法，在不同的工艺领域有着不同的展现：于金属器中，它以金银错的形式呈现；于漆器中，它以螺钿的面貌展现；而它在瓷器上的运用，以高丽象嵌青瓷最为引人瞩目。

象嵌作为高丽青瓷独有的工艺技术，其制作过程极为讲究。匠人首先需在瓷胎上精心刻划出纹饰的轮廓，随后根据图案的需求，巧妙地填入白、赭两色瓷土。经过细致的修整后，瓷坯在低温下素烧成型。最后，挂上一层青釉，经过高温烧制，才能成就佳作。值得一提的是，在高温烧制过程中，赭土会呈现出深邃的黑色，与青瓷的釉色相映成趣，黑白瓷土的对比变化与流畅刻工的完美融合，赋予作品极高的装饰性效果。同时，这种对比与变化也能生动地呈现层次丰富的自然景象，令人陶醉其中。（图5-3-1至图5-3-51）

本器小口、束颈、丰肩，上腹圆鼓，下腹内收，近底部外撇，圈足极浅近乎平底。整体造型优雅大方，线条流畅。器身装饰采用象嵌手法。肩部环饰袱纱纹四组，内填荔枝纹，枝叶以赭土填充，果实以白土呈现，并覆网格赭土以表现外壳粗糙纹理。腹身四面饰竹鹤纹，竹子直立生长，茎干笔直挺拔，节节分明，竹节处及竹叶中心点以白土。鹤纹造型各异，或站立、或行走、或休憩、或觅食、或飞翔。底部装饰莲瓣纹及雷纹。黑白化妆土交错运用，与青釉相映成趣，器物因此更显典雅高贵。

高丽青瓷象嵌柳花蝶纹梅瓶 （图5-3-2）

13 世纪
高 30.8 cm、径 17.6 cm
日本大阪市立东洋陶瓷美术馆藏

本器肩部以白土环饰如意头纹与弦纹，圈足处的雷纹饰带与之呼应，搭配和谐。瓶身均以黑白象嵌施作柳荫花卉、花树纹及蝶花纹组合。柳荫之下，花卉竞相绽放，花卉以白土提亮，柳树的柔美与花卉的靓丽相互映衬，形成和谐而美好的视觉效果。花树纹亦有其独特的形态和线条，花树的枝叶与花朵交织在一起，展现生机与活力，也为画面增添了层次感和立体感。而蝶花的点缀，更添一抹灵动和生气，蝴蝶轻盈飞舞在花间，似乎也在感受着美好的色彩与欢乐。

高丽青瓷象嵌蒲柳水禽纹梅瓶 （图 5-3-3）

14 世纪
高 35.2 cm、口径 6.2 cm、底径 14.0 cm
韩国国立中央博物馆藏

　　蒲柳水禽纹是高丽青瓷中常见的装饰纹样，深受王室贵族喜爱。这种纹饰通常表现为水中小洲或岸际坡地上植柳树、芦苇、梅、竹、蒲草等植物，同时描绘出水禽在静谧的湖水中浮游、嬉闹或栖息于岸边草地的场景。这种取自大自然的素材不仅给人以美的享受，也反映了当时人们对和谐生态环境的珍视。该器中水渚、柳树、芦苇等自然元素被巧妙地布置于瓶身三侧，底部描绘了一群水禽在水面悠游。一侧装饰柳树，枝头可见一只白鹭独立，眺望远方的生动场景；一侧装饰芦苇，或折枝低垂，或迎风摆动；一侧装饰果树，硕果累累，压弯枝头。这种构图在视觉上达到平衡与和谐的效果，也可窥见当时的艺术家对自然生态的深刻理解和热爱。

　　　　　　　　　　踵武前贤　临流摹影
　　　　　　　　高丽青瓷纹饰整理与绘录研究

高丽青瓷象嵌蒲柳水禽纹梅瓶 （图5-3-4）

13 世纪

高 39.0 cm、径 20.6 cm

日本大阪市立东洋陶瓷美术馆藏

该器体形大，丰肩，长敛腹，收腰，足外撇，带盖，整体曲线"S"形明显。瓶肩与瓶底嵌白土分别饰如意头纹、莲瓣纹及雷纹。环瓶身饰三组纹饰，分别为柳树纹、果树纹、花树纹，每组纹饰均搭配鹤纹进行组合。柳树纹的枝条和叶片柔美舒张，似迎风摇曳，果树纹上的果实以赭土、白土交错点缀，累累硕果令人垂涎欲滴，花树交织的纹饰则营造了一派繁花似锦的春光，仙鹤轻盈飘逸的优雅身姿与各树纹相得益彰，构成了一幅既生动又富有诗意的画面。 瓶盖上的果实纹饰与瓶身果树纹一致，故应为原配套之附件，高丽时期的梅瓶瓶口一般以黄布覆盖，再以绳子扎紧，盖上所开两孔，应为穿绳固定瓶盖与瓶身之用。

高丽青瓷象嵌云鹤菊纹梅瓶
（图 5-3-5）

13 世纪
高 31.4 cm、径 17.1 cm
日本大阪市立东洋陶瓷美术馆藏

　　此瓶盘口、丰肩，平展外沿，上腹圆鼓，下腹呈"S"形内收，底部微外撇。象嵌云鹤菊纹作为该器的主要装饰图案，精致繁丽，装饰性极强，整体气质高贵华美，其纹饰设计也寓意深远。云纹象征着高远和神秘，鹤纹代表着长寿和吉祥，菊纹则增添了秋天的气息和清雅的气质。云呈如意头状，鹤做向下飞翔状，重圈纹内填折枝菊花纹，此种图案的组合为 13 世纪高丽青瓷常见的经典装饰纹样。

踵武前贤　临流摹影
高丽青瓷纹饰整理与绘录研究

高丽青瓷象嵌云鹤纹梅瓶

（图 5-3-6）

14 世纪

高 34.3 cm、径 17.1 cm

日本大阪市立东洋陶瓷美术馆藏

此瓶圆唇，溜肩，敛腹，整体弧线略呈"S"形。釉色偏茶褐色，略带氧化焰烧制特征。通体带装饰，上下皆以莲纹装饰，瓶身则布满云鹤纹，云纹排列整齐规整，中间点缀鹤纹，均以白土象嵌。

高丽青瓷象嵌蒲柳水禽纹瓶

（图5-3-7）

13—14 世纪
高 35.3 cm、口径 8.4 cm、底径 11.0 cm
韩国国立中央博物馆藏

　　此器为玉壶春瓶样式，釉色青绿透亮，器身底部有跳釉痕迹。瓶颈装饰如意头纹，一直延伸至瓶身。瓶身被均匀分割成六等份，每个区块分别装饰蒲柳水禽纹，以象嵌技法交替施作柳、芦苇、荷花、鹤等和谐共生的自然场景。蒲柳、荷花摇曳生姿，水禽栖息穿梭于蒲柳之间，此纹饰巧妙地将自然元素与人文情感相结合，通过细腻的笔触和生动的构图，塑造出一个既真实又富有诗意的画面。这是高丽人民对和谐、宁静生活的向往及追求在陶瓷上的间接体现。

踵武前贤　临流摹影
高丽青瓷纹饰整理与绘录研究

高丽青瓷象嵌菊蝶纹瓶 （图5-3-8）

12—13 世纪

高 32.1 cm、径 14.0 cm

日本大阪市立东洋陶瓷美术馆藏

　　此瓶圆唇，撇口，细颈，弧形轮廓线变化柔和，颈部中央微微收束，向下逐渐加宽过渡为杏圆状腹，曲线变化圆缓，圈足内敛。此器型于我国北宋时期的定窑白瓷瓶中已有例作，高丽青瓷在此基础上进行了改良，器型线条更为流畅，颈部纤细高挑，瓶身以象嵌技法装饰菊蝶纹，菊一枝三朵，舌状花一轮，花瓣直伸，各瓣近等长，花瓣丰满，排列疏松，展现出优雅而又不失活力的姿态。蝶两只相向排列一组绕菊花飞舞，触须微长，翅膀张开，悠然盘旋于花朵周围，氛围和谐宁静。

高丽青瓷象嵌菊花纹瓶
（图 5-3-9）

13—14 世纪
高 34.8 cm、口径 8.0 cm、
底径 11.8 cm
韩国国立中央博物馆藏

　　此瓶器身釉色清亮透明，颈部至口沿处釉色呈黄褐色，带开片。颈部六条弦纹作分割，十二组折枝菊花纹嵌于腹身，左右排列，错落有致，轮状菊花瓣以白土填充，线条清晰规整，白花黑叶，对比鲜明，独具美感。

踵武前贤　临流摹影
高丽青瓷纹饰整理与绘录研究

高丽青瓷象嵌云鹤纹小瓶 （图5-3-10）

13—14 世纪
高 8.6 cm、径 5.7 cm
日本大阪市立东洋陶瓷美术馆藏

该器尺寸小，瓶身运用象嵌技法施作云鹤纹，以白象嵌为主调，轮廓清晰，鹤嘴和鹤腿处嵌填赭土，黑白对比强烈，视觉效果突出。鹤作为传统文化中的吉祥之鸟，与云纹的结合，象征着长寿、吉祥和美好，两种纹饰在瓶身上得以完美呈现，增添了作品的文化内涵。

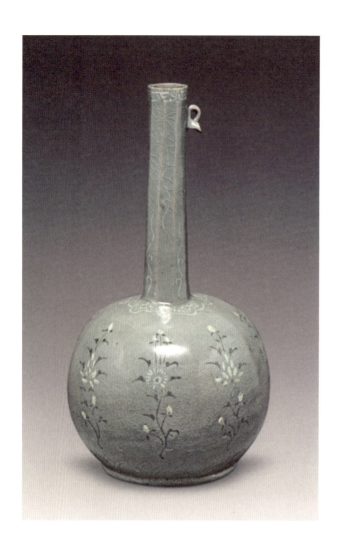

高丽青瓷象嵌牡丹菊纹鹤首瓶（图5-3-11）

13 世纪
高 35.5 cm、径 17.6 cm
韩国国立中央博物馆藏

　　此器瓶口呈鹤首状，颈部细长，线条流畅，形态优美。颈部上端口沿处有弦纹装饰，内里细密纹饰因填充较浅，无法判断，似为云纹饰式。颈部的唐草纹高低错落分布，似优雅的舞者，轻盈旋转、飘落，充满浪漫和诗意。肩部以逆象嵌施花唐草纹，在白土的衬托下，唐草纹清晰可见。瓶身设计元素、构造方式和呈现效果多样且丰富，菊花纹、牡丹纹交替呈现，别具趣味。

踵武前贤　临流摹影
高丽青瓷纹饰整理与绘录研究

高丽青瓷象嵌牡丹菊纹八棱鹤首瓶 （图 5-3-12）

13 世纪
高 32.1 cm，径 17.6 cm
日本大阪市立东洋陶瓷美术馆藏

　　该器身棱分八面，型略倾斜，填土工艺也稍显粗糙，应为残次品。釉色呈灰青色，胎土质佳，带开片。颈与肩白土饰云纹，轻盈飘逸富有动感。瓶身八面交替象嵌折枝牡丹、菊花纹，部分白土漫覆，轮廓模糊。底部阳刻莲瓣纹，筋脉外凸明显。

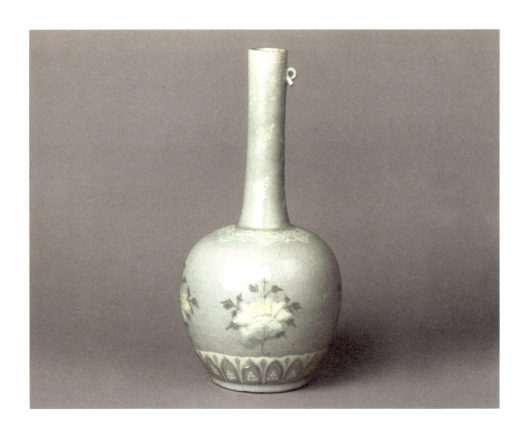

高丽青瓷象嵌牡丹纹鹤首瓶 （图5-3-13）

13 世纪
高 33.0 cm、径 16.7 cm
日本大阪市立东洋陶瓷美术馆藏

　　此瓶整体造型和谐，瓶腹浑圆，颈部略粗，施作祥云纹，至肩部饰莲瓣纹。
四组折枝牡丹纹平均分布腹身，牡丹纹设计为一花多叶，由中心向外舒展开
来，花朵饱满方正，展现全盛牡丹的雍容华丽。但象嵌的白土边缘线稍浑浊。
底部的莲瓣纹之间以白土填充相连接，瓣内含堆叠成三角形的六颗连珠纹。

高丽青瓷象嵌云鹤菊纹鹤首瓶 （图5-3-14）

13 世纪
高 37.5 cm、径 19.0 cm
日本大阪市立东洋陶瓷美术馆藏

　　该器器形略斜，腹部圆润，颈部呈筒状略粗，颈部两组木叶纹，作上下排列，对应相间布置。以颈腹连接处为中心，分别作环绕仰瓣纹、覆瓣纹装饰，各外接弦纹一道。瓶身则满饰菊花纹、如意头纹、飞鹤纹，上下相错，甚是热闹。但此作填工略显粗劣，多处可见白土漫覆，线条也稍欠精谨，轮廓偶见模糊。

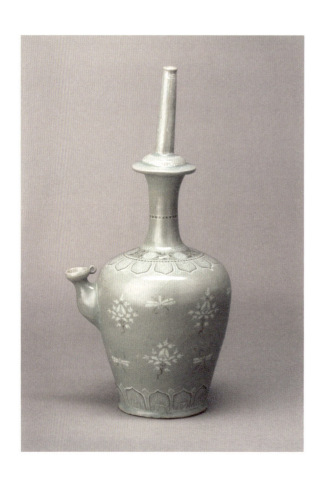

13 世纪
高 33.1 cm、长 16.3 cm、宽 13.4 cm
日本大阪市立东洋陶瓷美术馆藏

　　净瓶为佛前供奉之器皿，高丽时期亦作贮水器之用。此瓶器身装饰华丽精细，象嵌工艺细腻工整。注口以虚实相间的白土填充纹饰，似虚无缥缈的云雾，又似佛前缭绕上升的烟云。颈部两条弦纹中间整齐排列黑色连珠纹，似佩戴了珠链的高贵典雅的妇人。平缓外延的肩部装饰也极为繁复，似给器身披了一副云肩。瓶身的牡丹蝶纹在当时也备受追捧，丰茂华贵的牡丹与翩翩起舞的蝴蝶交替排列，两者融合不仅给画面以自由、轻盈和美丽之感，其丰富深刻的内涵也令人回味无穷。

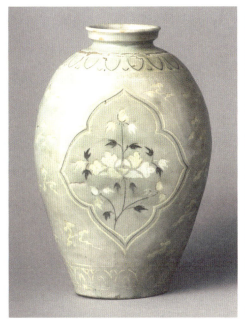

高丽青瓷象嵌牡丹菊纹扁壶（图5-3-16）

13—14 世纪

高 28.4 cm、长 18.7 cm、宽 14.9 cm

韩国国立中央博物馆藏

　　该壶出土于高丽首都开京满月台遗址，为13世纪高丽青瓷珍贵的编年资料。盘口，圆唇，溜肩，腹两面扁平，底部有刮釉。通体施釉，肩部施釉不均，有带状跳釉。肩部分别以覆莲纹、弦纹、连珠纹环饰，底部以仰莲纹装饰。扁平腹面菱花两面开光，内嵌黑白土相间的牡丹、菊花纹，姿态方正，由花心左右对称展开，内紧外松，舒展自然。两面侧腹各作一对冲天翔鹤，上下布置，左右交错，蕴含着自由飞翔、无拘无束的精神状态。留白处以白土填奔如意头纹。

高丽青瓷象嵌牡丹纹壶 （图5-3-17）

13 世纪

高 29.1 cm、径 27.0 cm

日本大阪市立东洋陶瓷美术馆藏

　　此壶浑圆饱满，比例和谐统一。带盖，盖钮为莲苞状，莲苞周围饰双层
莲瓣纹，内层赭土填之，外层白土填之，内饰白土连珠纹，盖沿一圈饰工整
雷纹。壶肩与壶盖饰相同纹饰，后跟复线弦纹，再接连珠纹，连珠纹延续后
再以垂珠纹装饰，似方巾缀穗，缀穗之下紧接一组菊花纹。壶身有四处圆形
双重弦纹开光，内饰牡丹纹，白色化妆土填充的花朵在光线的照射下熠熠生
辉。整体构图既紧凑精美又别具特色。

高丽青瓷象嵌双凤纹壶

（图 5-3-18）

13 世纪
高 17.4 cm、径 12.5 cm
日本大阪市立东洋陶瓷美术馆藏

　　该壶造型优雅大方，线条流畅，轮廓圆润，釉色青翠透亮，质地细腻坚硬。瓶口内凹，推测原器应附盖。壶身为满弓装饰，装饰元素运用极为丰富，几无缝隙，象嵌的黑白化妆土相互交织，对比强烈，处于中心主体地位的是"喜相逢双凤图"，在圆形开光中，双凤如太极般旋转对称、首尾相接，这种对称与旋转的设计不仅赋予了纹饰动态的美感，也体现了生命间相互追逐与融合的和谐状态。整体设计繁复华丽，精美的细节处理无不展现匠人的精湛技艺和审美观念。凤凰作为神话中的神鸟，象征着吉祥、美好、和平。双凤纹则有和谐、美满和幸福的寓意。

高丽青瓷象嵌莲池纹扁壶（图5-3-19）

14 世纪前半叶

高 32.0 cm、长 17.7 cm

日本大阪市立东洋陶瓷美术馆藏

　　此器造型似在梅瓶的基础上将瓶身两面敲打至扁平而成，创造出特定的光影效果和空间感。该造型于13世纪后半叶至14世纪盛行。釉色虽带灰调但清亮莹澈。壶身作两两相对进行装饰，扁平面双线外框，内嵌莲池纹，莲花姿态娉婷舒展，外线以白土填充，内线则用赭土进行双重勾勒，层次分明，装饰效果强。壶身两侧装饰芦苇纹与蓼纹，芦苇迎风摇曳，蓼草上结实累累，含生命、生长、繁荣的寓意。

高丽青瓷象嵌牡丹蒲柳水禽纹壶 (图5-3-20)

13—14 世纪

高 17.0 cm、径 15.4 cm

日本大阪市立东洋陶瓷美术馆藏

　　此壶为直口，口沿作雷纹、弦纹装饰带，丰肩敛腹，肩部及底部作覆莲瓣纹、仰莲瓣纹及弦纹、连珠纹环饰，瓶肩连珠纹延伸有垂缀。腹壁作圆形外附如意头纹开光四处，内嵌折枝牡丹，开光之间空隙处以黑白象嵌施作垂柳、芦花纹，湖水静谧，蒲柳柔软，水禽或浮游在水面，或嬉闹于蒲草间，或栖息于岸边草地。此种自然素材的提取，符合当时王室贵族闲逸高雅的审美情趣。

高丽青瓷象嵌莲池水禽纹扁壶（图5-3-21）

14世纪前半叶

高 28.0 cm、长 18.5 cm、宽 15.7 cm

日本大阪市立东洋陶瓷美术馆藏

  此器采用了高丽青瓷经典的三段式构图，肩部饰覆莲及连珠纹，底部饰仰莲纹。中心主体饰莲池水禽纹，该纹饰是高丽青瓷装饰艺术中惯用的图案，莲花象征着纯洁、高雅，水禽则代表着自由、灵动。莲花与水禽的结合，展现出和谐、自然之美。莲池是古代文人士大夫喜爱赏游之地，他们通常在莲池边吟诗作画，抒发情感。莲池水禽纹作为该时期艺术装饰的代表，也反映了此种游园文化的兴盛和普及。

高丽青瓷象嵌葡萄唐草纹四耳壶（图5-3-22）

13 世纪
高 22.2 cm、径 16.2 cm
日本大阪市立东洋陶瓷美术馆藏

　　此四耳壶的造型颇具特色，整体线条优美，广口，壶肩大幅外张，肩部附四耳，不仅增强了壶提拿和悬挂的实用性，也增加了壶的装饰性，使其具有美感。壶身满饰葡萄唐草纹，除葡萄果实中心以赭土点缀，其余均以白土进行象嵌。葡萄象征着丰收和富饶，而唐草纹以其连绵不断的形态，寓意着生命的延续和永恒。两种图案的结合，既体现了艺术的美感，又富含深厚的文化内涵。

高丽青瓷象嵌菊花纹小壶 （图5-3-23）

13 世纪
高 5.8 cm、径 6.6 cm
日本大阪市立东洋陶瓷美术馆藏

　　该器小巧玲珑，乖巧可人，釉色青灰透明。带盖，花苞小钮下方以逆象嵌方式作十二瓣菊花纹。壶身装饰内容复杂而又和谐，含莲瓣纹、连珠纹、菊花纹等。菊花有高洁、坚贞和长寿之寓意。高丽青瓷的菊花纹以白土填充花瓣，花心及叶子则用赭土填之，清新高雅，独特精致。

踵武前贤　临流摹影
高丽青瓷纹饰整理与绘录研究

高丽青瓷象嵌云凤纹碗

（图 5-3-24）

13 世纪
高 8.5 cm、口径 18 cm、
底径 7.0 cm
韩国国立中央博物馆藏

　　此碗造型独特，广口设计，弧壁流畅，矮圈足稳重。通身施釉，釉色呈黄褐色，整体质地厚重，纹样结构繁复，几乎无隙地留白。碗心圆形开光，因中心破裂，无法判断开光内的纹样，弦纹外覆连珠纹、如意头纹，增添吉祥气息。内壁以云纹及飞翔姿态的四组凤凰纹填充，凤凰纹两两相对，姿态各异。外壁以象嵌方式满饰图纹，口沿周边缘饰唐草纹带，自口沿而下，依次为雷云纹、宝相花唐草纹、双重莲瓣纹。宝相花唐草纹则有圆形开光与宝相化交错，内嵌牡丹纹，图案繁复而不失和谐之美。

高丽青瓷象嵌云鹤纹碗
（图 5-3-25）

13 世纪
高 6.5 cm、径 19.4 cm
日本大阪市立东洋陶瓷美术馆藏

　　此碗侈口设计，弧形深壁流畅，浅足稳重，整体造型端庄典雅。通身施釉，发色灰青，釉面光滑细腻，散发出温润的光泽。整体来看，此碗做工谨慎，造型端正，图案布局和谐统一，在同时期的传世品中堪称佳作。纹样均采用象嵌技法施作，纹饰略带图案化特征，独具匠心。内壁装饰以云鹤纹为主，云纹飘逸，鹤姿优雅，寓意吉祥长寿。碗心处轮状菊花纹与弦纹相接，构图巧妙，寓意富贵如意。外壁则环饰以白土施作唐草纹带，线条流畅，动感十足。外壁上层为云鹤纹，其间四处圆形开光内嵌折枝菊花，为整体装饰增添了几分生动感与活力。近足处装饰有双重莲瓣纹，瓣内含珠，更显精致细腻。

高丽青瓷象嵌双鱼纹碗

（图 5-3-26）

12 世纪后半叶

高 5.8 cm、口径 19 cm、

底径 8.6 cm

日本大阪市立东洋陶瓷美术馆藏

　　此器整体形状欠工整，稍有变形，侈口，矮圈足，釉色青中带灰。内心
有五处圆形双线弦纹开光，正心开光白土象嵌菊花纹，环绕的四处开光饰双
鱼纹，鳞片嵌白土，鱼眼及外轮廓嵌赭土，造型略显呆板，缺乏灵气。外壁
口沿下饰弦纹及唐草纹环带，腹壁开光有四，内嵌折枝牡丹纹，开光间以缀
饰唐草纹连接。

高丽青瓷象嵌菊花纹碟

（图 5-3-27）

13 世纪
高 3.2 cm、口径 11.4 cm、
底径 8.5 cm
韩国国立光州博物馆藏

　　此碟呈八角菱形，敛口，直腹，平底。器型规整，典雅大方，线条优美简洁，胎质干老疏松，釉色呈灰青色。碟心饰弦纹圆形开光一处，内饰折枝菊花纹一朵，中间可见花朵状开光，圆形开光外均匀装饰四朵菊花小花苞，继而布局一圈开放的菊花，口沿处可见唐草纹装饰带。外壁口沿下方饰回纹带，腹壁均匀分布饰菊纹花骨朵。白土为花，赭土为叶，跃然釉面。

踵武前贤　临流摹影
高丽青瓷纹饰整理与绘录研究

高丽象嵌云鹤纹水注

（图 5-3-28）

12—13 世纪
高 21.2 cm、长 18.5 cm、
宽 13.6 cm
日本大阪市立东洋陶瓷美术馆藏

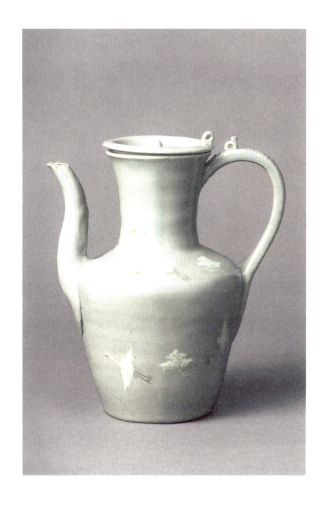

该水注器身宽阔，采用象嵌技法绘制云鹤图案，鹤纹有六种姿态，注口与把手形似竹节，置于肩部。高丽时代佛教盛行，寺院遗址中出土了众多高丽青瓷佛具。与本品器型相似的金属器不仅在寺院遗址中被发现，还常在高丽佛画中被描绘。此种器物虽最为人知的是作为佛坛前供奉净水的净瓶或菩萨持物之用，但亦作民间贮水器之用。除足端外，器身通体施釉，可见六处耐火土支烧痕。

高丽青瓷象嵌鸟纹水注（图5-3-29）

13 世纪
高 16.7 cm、长 16.8 cm、宽 13.7 cm
日本大阪市立东洋陶瓷美术馆藏

  该水注球形器身，罕见纹饰装点其间。长尾鸟栖于枝头，作欲俯冲之势，
形态自然生动，象嵌技法大胆简约；相对面则满绘荷塘美景，细腻描绘荷叶、
荷花等自然元素，五枝荷花以中心最高处荷花为中轴作左右对称布局，两边
各饰三枝，高低错落，形态各异。可惜施釉不均，跳釉导致的露胎情况较为
严重。

踵武前贤 临流摹影
高丽青瓷纹饰整理与绘录研究

高丽青瓷象嵌双鱼纹水注

（图 5-3-30）

13—14 世纪
高 26.6 cm、长 16.4 cm、
宽 9.4 cm
日本大阪市立东洋陶瓷美术馆藏

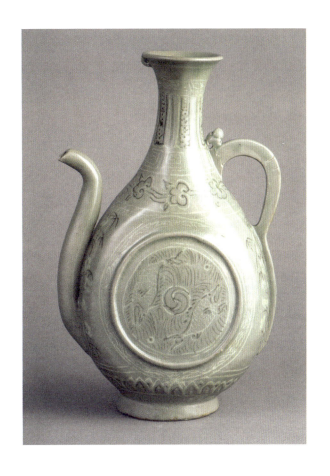

此水注圆形器身，两侧平整，设有注口与把手，造型与纹饰受元青花影响，在 13—14 世纪发生显著变化。器身中央开光，以波涛纹和双鱼纹装饰，侧面辅以梅竹纹和长尾鸟纹，展现当时特色。在烧制技术方面，呈现先磨砂后烧制的特点。釉色灰青透明，更显精致华美，本品堪称同期精品。底部施釉，足端可见砂质支烧痕。通过数件带有诗铭的同类水注和瓶推测，其乃作为酒器使用。

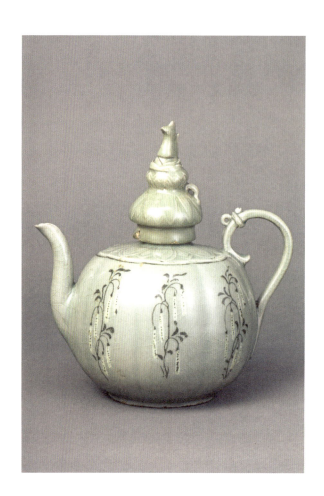

高丽青瓷象嵌折枝纹水注
（图 5-3-31）

13 世纪
高 18.4 cm、口径 3.6 cm、
底径 10.4 cm
韩国康津高丽青瓷博物馆藏

　　此器釉色清澈透明，灰青基调更显器型与花纹典雅之美。借凹沟分作八面，六面均饰以精致的折枝莲花纹，注口连接处以阳刻手法点缀荷叶纹，荷叶筋脉一一勾勒展现，其装饰技法的多样与华丽不言而喻。盖子与瓶身釉色不一，推测并非配套。据众多高丽青瓷上留下的诗词铭文分析，高丽人在饮酒前习惯将酒加热，此器极有可能是当时的温酒专用器皿。

高丽青瓷象嵌芦草纹水注

（图 5-3-32）

12—13 世纪
高 23.2 cm、长 18.3 cm、
宽 14.3 cm
日本大阪市立东洋陶瓷美术馆藏

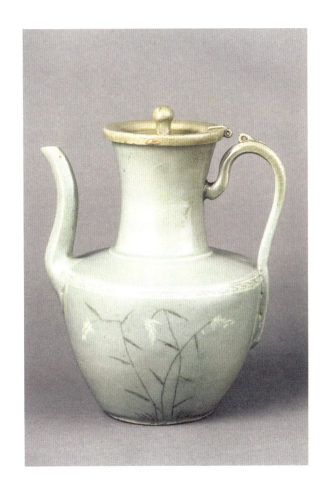

　　本品撇口无唇，长颈宽肩，腹长且敛，足平而稳。器盖内凹，饰以珠纽，小巧把手与口沿等高。把手连颈接腹，中央微凹，倒缘高耸，屈起处作系绳之小结。流分四面，口削圆而伸，与沿相齐。颈肩分界以突棱为标，肩腹则饰带相隔，腹壁芦苇绘以黑白象嵌。器盖、器身施釉匀净，唯盖底与器底刮釉露胎，呈褐色。釉色灰青沉稳，器盖则黄褐相间，开片纹清晰。盖底与器底均有支烧遗痕。器盖与饰带显金属器之韵，造型似由金属器演化而来。我国景德镇青白瓷中有相仿之作。

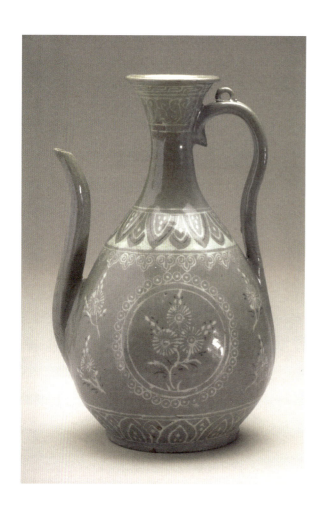

　　此器瓶身为玉壶春式，撇口平底，配有矮圈足。把手宽阔且屈起，略低
于口沿，前端与瓶颈相连，一侧附有曲流，与把手相对，高度略低于把手前
端，与颈部上缘齐平。器身装饰以白象嵌为主，辅以部分黑象嵌，流身上有
简单划花。口沿至颈部分别饰有雷纹和唐草纹，以弦纹分隔；肩部为逆象嵌
双重莲瓣纹，以弦纹和如意头纹分隔，瓣间饰有连珠纹；腹部为两面圆形开
光，周围饰连珠纹，开光内嵌折枝菊花，叶分侧、俯视角，黑白相间，开光
两侧各有上下相对的折枝菊花；下腹则嵌有双重莲瓣纹，瓣间同样饰有连珠
纹，以弦纹与腹部分隔。釉色灰青，足端和底部无釉。整体装饰多样，华丽
繁复，遍布器身。

踵武前贤　临流摹影
高丽青瓷纹饰整理与绘录研究

高丽青瓷象嵌柳莲纹香炉（图5-3-34）

14 世纪
高 17.4 cm、径 12.6 cm
日本大阪市立东洋陶瓷美术馆藏

此香炉器身设计精巧，设有两处圆形开光，其间的柳纹与荷花、荷叶纹饰交相辉映，呈现细腻而生动的艺术效果。炉座部分则饰有三处柳纹，同样采用象嵌技法精心制作。关于此香炉的器型，推测其可能受到韩国庆尚南道通度寺传世铜制银象嵌香炉以及佛教寺院所用铜制香炉的影响。这些传世香炉的器型与本品相似，为我们提供了重要的参考依据。此外，在高丽青瓷的著名产地康津郡三兴里窑遗址周边发现了同款金属香炉，这进一步证明了高丽青瓷与金属器之间的密切关联，表明两者在制作工艺和审美风格上存在着相互影响和借鉴的关系。此高丽青瓷象嵌香炉采用氧化焰烧制而成，釉色偏黄，底部留有砂质支烧痕，这些都是其制作工艺的显著特征。这些特征不仅反映了高丽时期陶瓷制作的技术水平，也为我们提供了研究其制作工艺和审美风格的宝贵线索。

高丽青瓷象嵌鬼面香炉 （图5-3-35）

13—14世纪
高 10.6 cm、径 11.0 cm
日本大阪市立东洋陶瓷美术馆藏

  这件壶形香炉采用象嵌技法，装饰云鹤纹和菊唐草纹，肩部平坦且向外扩张，带有四个简化的鬼面装饰。在韩国全罗南道珍岛郡龙藏城遗址出土的13世纪后半叶文物中，曾发现过同类型的香炉作品。另外，在带有"己巳"（1329）铭文的香炉例子中，虽然口缘、高足等形状或纹饰有所变化，但造型大体一致，表明至少到14世纪，这种相同器型的香炉仍在持续制作中。香炉底部施有釉料，足端留有砂质支烧痕。这件高丽青瓷象嵌鬼面香炉，以其精湛的工艺、独特的装饰风格和深厚的文化内涵，充分展示了高丽时期陶瓷艺术的魅力。通过对其研究，我们不仅可以了解当时陶瓷制作的技术水平，还能窥见高丽时期的文化审美和宗教信仰。

高丽青瓷象嵌蝶恋花纹盒

（图5-3-36）

13 世纪

高 3.2 cm、径 8.2 cm

日本大阪市立东洋陶瓷美术馆藏

　　本作为精美小器，应是供古代女性化妆之用的粉盒。盒壁近直，下腹弧收。盖面黑白土嵌牡丹蝶纹，牡丹的大气磅礴与蝴蝶的灵动轻盈，形成了一种既富贵又浪漫的艺术效果。这种纹饰不仅具有牡丹的富贵与美丽，还融入了蝴蝶的自由与幸福，寓意着人们对美好生活的向往和追求，同时也传达了从困境中获得新生、追求幸福的美好愿景。

（图 5-3-37）

12—13 世纪

高 7.3 cm、径 6.0 cm

韩国国立中央博物馆藏

　　此盒较一般粉盒略显高，但比例得当，装饰和谐，整体散发柔和雅致之感。盒盖中心作圆形开光，内嵌牡丹纹，最外围饰唐草纹并缀以黑珠。部分线条欠清晰，边缘线略有模糊。盒盖与盒身吻合处以黑土饰两条雷纹装饰带，在素纹盒身的衬托下异常分明。

高丽青瓷象嵌云鹤菊纹盒

（图5-3-38）

12—13世纪
高 4.2 cm、径 9.8 cm
日本大阪市立东洋陶瓷美术馆藏

此器虽小，但做工精致华丽，可见其耗时费工程度。青釉覆盖全身，色泽淡雅清新，底部凹足之内留有四处细小的硅石支钉痕，更显古朴典雅。盒盖之上，鹤纹、花纹、云纹交错相映，匠心独运，美不胜收。侧壁点缀菊花纹带，更添清雅之姿，此等设计实属罕见。与本品器型相同的瓷盒，曾与小壶、油壶、带柄铜镜一同自高丽古墓中出土，推测此类盒具应为化妆之用。

高丽青瓷象嵌双鹤纹盒

（图 5-3-39）

13 世纪
高 6.1 cm、径 9.6 cm
日本大阪市立东洋陶瓷美术
馆藏

　　此盒釉色灰青，质地润泽，凹足平底，器身较高挑，以凹槽为界分八面，各面上下相对的菊花纹环饰周身。盒盖中心白土嵌作双鹤交颈图，此图案源于古人的智慧，一般与爱情相关联，展现和谐融洽之氛围。

踵武前贤　临流摹影
高丽青瓷纹饰整理与绘录研究

高丽青瓷象嵌双鹤纹套盒 （图5-3-40）

13 世纪
大：高 5.7 cm、径 13.6 cm
小：高 3.3 cm、径 4.3 cm
日本大阪市立东洋陶瓷美术馆藏

　　此组香盒由一件大香盒和四至五件小香盒组成，本作小香盒现仅存三件。大香盒盖心饰双鹤交颈纹，鹤纹边缘以赭土勾勒，内里嵌白土，羽翼线条清晰，层次分明。六朵黑白相间的云纹围绕着双鹤，接着依次外扩嵌白土弦纹、连珠纹、莲瓣纹等，尽显高丽青瓷象嵌纹饰绚烂多彩、配置繁复的典型特征。小香盒的器面亦可见连珠纹与菊花纹。此类香盒不仅展现了高丽青瓷的高超工艺，也为我们提供了关于当时文化、宗教以及生活习俗等方面的重要信息。

高丽青瓷象嵌菊花纹盒 （图 5-3-41）

13 世纪
高 5.8 cm、径 9.9 cm
日本大阪市立东洋陶瓷美术馆藏

  此盒圆形，釉色灰青，侧壁凹槽处积釉，增添视觉美感。盒面以象嵌手
法饰以菊花、莲瓣及雷纹，整体纹饰繁复华丽，装饰效果极佳。韩国庆尚北
道漆谷郡松林寺五层石塔出土的盒内藏有香木与经文残片，表明此类盒不仅
只用于化妆。盒盖与盒身接触面残留六处耐火土支烧痕，盒底亦有三处硅石
支钉痕，表明其为分开烧制。

高丽青瓷象嵌云鹤纹油壶 （图5-3-42）

14世纪
高 6.0 cm、口径 2.1 cm、底径 6.3 cm
韩国国立中央博物馆藏

　　高丽青瓷油壶深受中国唐宋时期青瓷的影响，尤其是在越窑、耀州窑、汝窑等制瓷技术的影响下发展而来。在传承中国制瓷技术与装饰手法的基础上，它巧妙融合了高丽文化的精髓，构建了一个独特的青瓷体系，这一体系不仅保留了中国青瓷的传统技术和艺术风格，还彰显了高丽本土的文化特色和艺术韵味，部分作品甚至可与中国宋代汝窑瓷相媲美。该器造型端庄典雅，胎骨坚实，釉色青灰，发色纯净内敛，釉面有均匀开片，含蓄淡雅。云纹、鹤纹、弦纹布满器身，几无缝隙，除鹤喙及鹤爪用赭土外，其他均以白土填嵌，象嵌工艺亦十分精湛，属上乘之作。

高丽青瓷象嵌菊花纹油壶（图5-3-43）

12世纪后半叶
高3.7 cm、径8.7 cm
日本大阪市立东洋陶瓷美术馆藏

　　本器为扁壶，其形侈口而宽肩，底部略凹并带有三个支钉痕。壶肩之处，环绕着以缠枝菊花为装饰的图案，菊花的花瓣以白土象嵌其中，而花蕊与枝叶则通过赭土点缀，形成鲜明的色彩对比。壶身上下各饰有两道弦纹，为整体设计增添了一丝雅致的韵味。釉色翠绿，晶莹剔透，尤其在口沿内侧、壶口与肩部相接处、肩部周缘及凹足外侧，均有明显的积釉现象，这些积釉不仅丰富了色彩层次，也增强了整体的视觉效果。此外，壶身表面布满开片，更添古朴气息。此扁壶在古代是专门用于盛装发油的器具，其精美的工艺和独特的装饰说明古代高丽人对生活细节的精致追求。

踵武前贤　临流摹影
高丽青瓷纹饰整理与绘录研究

高丽青瓷象嵌菊花纹盏、盏托 （图5-3-44）

13 世纪

盏：高 5.5 cm、口径 7.3 cm、底径 3.0 cm

盏托：高 6.0 cm、口径 14.7 cm、底径 8.0 cm

韩国国立中央博物馆藏

　　据《宣和奉使高丽图经》记载，高丽贵族深受中国审美趣味的影响，对中原文物情有独钟，此器正是这一风尚的体现。此套茶具由盏、盏托两部分组成，施以满釉，釉层丰厚，透明度高，盏与托皆采用精细的象嵌技法和轮花（八瓣、十瓣）造型，细腻入微，且未见开片现象。轮花形盏的八瓣及盏托边缘、底座上均精心象嵌折枝菊花和缠枝菊花纹，交相辉映，雅致生动，整体设计和谐统一。这种设计在金属器皿中亦可见到相似范例。高丽熙宗（逝于 1237 年）的硕陵曾出土过同款托盏。

高丽青瓷象嵌六鹤纹瓷板 （图 5-3-45）

12—13 世纪
长 20.5 cm、宽 15.9 cm
日本大阪市立东洋陶瓷美术馆藏

　　瓷板是一种极具艺术价值和历史意义的高丽青瓷制品。其制作技艺精湛，以薄如纸、透如镜的特点著称，厚度仅 5 厘米左右，类似于建材中的瓷砖。然而，关于其真正的用途，目前尚不得而知，可能是作为宫殿或重要建筑的装饰材料，或是其他某种特定的实用性物品。此作描绘的白鹤在芦竹繁茂的水岸悠游的画面，可能源自中国传统的《六鹤图》。通过象嵌技法，艺术家将这一画面嵌入瓷板之中，画面中的六只白鹤，姿态各异，或振翅或栖息，在芦竹繁茂的水岸间营造出一种宁静而优雅的氛围，黑白发色效果使得画面更加生动逼真。此作既是对中国传统《六鹤图》的致敬与传承，也是高丽青瓷艺术独特魅力的体现。

高丽青瓷象嵌牡丹纹瓷板 （图5-3-46）

12—13 世纪
长 40.2 cm、宽 30.5 cm
日本大阪市立东洋陶瓷美术馆藏

　　此器于中心位置采用象嵌工艺制作了一个菱花形状的开光，开光内部嵌
牡丹和唐草图案，瓷板的四个角落，则以折枝莲花为饰，进一步增添其美观
性。在韩国全罗南道康津郡沙堂里 23 号窑址和全罗北道扶安郡柳川里窑址，
都曾发掘出此种瓷板。

踵武前贤　临流摹影
高丽青瓷纹饰整理与绘录研究

高丽青瓷象嵌云鹤牡丹纹枕 （图 5-3-47）

13 世纪
高 12.3 cm、长 21.2 cm、宽 10.9 cm
日本大阪市立东洋陶瓷美术馆藏

　　此枕釉施全身，枕面两侧有逐渐翘起的弧形，四壁相对平直，左右两侧开洞，用于烧制时释放空气，这是高丽青瓷制作过程中常见的工艺特点。其中一侧见四处硅石支钉痕残留，为瓷器在烧制过程中支撑和固定之用。枕面装饰图案化云纹，其间以象嵌方式交替施作牡丹、白鹤。云纹流畅飘逸，牡丹和白鹤则形象生动，寓意着吉祥和美好。此枕作为高级日用品，曾在高丽王室的寝殿——惠阴院遗址中出土，足见其珍贵和实用性。此外，韩国新安沉船（沉没于 1323 年）中发现的高丽青瓷长形方枕，也证明了此类瓷枕在当时的流通情形和受欢迎程度。

高丽青瓷象嵌透雕双鹤纹枕 （图5-3-48）

13 世纪
高 10.6 cm、长 13.1 cm、宽 10.7 cm
日本大阪市立东洋陶瓷美术馆藏

　　此器是一款精致的小型枕，枕身通体施釉，釉色略带黄褐，采用六面圆形开光设计，枕的上下面开光处，装饰有白鹤与芦苇的图案，清雅脱俗，而在前后面的开光处，则是一对翩翩起舞的白鹤，象征吉祥与长寿。有别于其他作品的是开光中央的白点设计，疑似描绘的是满月之景，这种设计在同类作品中并不多见。开光外覆双重线纹装饰。在左右面的开光以及其他留白处，运用透雕技法，制作出圆形与窗形的镂空效果，富有层次感和空间感。同时，每面边缘都装饰有连珠纹，精致典雅。

踵武前贤　临流摹影
高丽青瓷纹饰整理与绘录研究

高丽青瓷象嵌透雕莲唐草纹箱盖 （图 5-3-49）

13 世纪
高 9.9 cm、长 19.7 cm、宽 13.6 cm
日本大阪市立东洋陶瓷美术馆藏

　　本作为一件长方形容器的箱盖，制作工艺堪称精致。尽管侧面采用了费时费力的透雕和象嵌技法来雕琢莲花和唐草纹饰，但整体器型依然保持得十分端正，没有出现任何歪斜或变形。箱盖的顶面设计有菱形开光，内部布置白鹭、菊花、蝴蝶以及蓼或苇等植物的纹饰，这些元素相互交织，构成了一幅和谐自然的画面。在开光周围的留白区域，施加云鹤纹饰，并以形式化的白点来表现白云的轻盈与飘逸，为作品增添灵动气息。釉色表现良好，深邃而富有光泽的青绿色在器物不同部位若隐若现，使作品充满生命力及层次感。

高丽青瓷象嵌黄目纹祭器（黄彝）（图 5-3-50）

14 世纪后半叶—15 世纪前半叶

高 30.9 cm、径 11.0 cm

韩国国立中央博物馆藏

　　此器直口敛腹，圈足。器身与瓶口之间有接缝，应是分两次烧制后再进行拼接。黑白两色象嵌条纹勾勒的云纹散落于瓶身，在腹部最鼓出处的云纹中间饰有四组排列并不均匀的"黄目纹"，眼尾微微上翘，黑色化妆土点缀眼珠，眼神清澈纯净，久而观之，有神情凝视之错觉，似在进行一场深邃的心灵交流。此纹饰寓意着内心的中正与外在的清明。

踵武前贤　临流摹影
高丽青瓷纹饰整理与绘录研究

高丽青瓷象嵌牛纹祭器
（牺樽）（图5-3-51）

12—13 世纪
高 27.9 cm、径 17.0 cm
韩国国立中央博物馆藏

　　此器乃高丽古人祭祀时用以承载明水与浊酒的尊贵礼器。釉色略显黄褐色，胎质略显粗犷，施釉不均，带有挂釉痕迹。器口宽敞，腹部微鼓，线条流畅直抵底部，无圈足设计更显古朴。器身巧妙运用象嵌技法，饰以首尾相连的四头牛纹，外轮廓以白线勾勒，内里再以黑线精心描绘。牛纹腹部滚圆，象征着丰收与富饶，其面部表情温和愉悦，嘴角微微上扬，眼神坚定执着，透出力量感与信念感。牛作抬蹄行走之态，仿佛正在享受生活的每一个瞬间。此器承载着高丽古人对勤劳、踏实、肯干精神的赞美与推崇。他们以牛为喻，寓意唯有如此，人民才能过上幸福美好的生活。

（二）象嵌与象形结合

高丽青瓷在既有翡色青瓷传统的基础上，不仅发展出具有独特高丽风格的象嵌青瓷，还进一步融合了翡色青瓷的各种装饰技法，以满足视觉上追求华丽多变的审美需求。常见做法是将杯、托盏、梅瓶、水注等瓷器，通过雕刻手法塑造成瓜形、瓢形、花形等外观造型，并在瓷器表面运用象嵌技法嵌填白泥、赭土，经高温烧制后形成黑白对比鲜明的纹样。（图 5-3-52 至图 5-3-63）

踵武前贤　临流摹影
高丽青瓷纹饰整理与绘录研究

高丽青瓷象嵌柳芦纹瓜形梅瓶

（图5-3-52）

13世纪
高 29.6 cm、径 18.2 cm
日本大阪市立东洋陶瓷美术馆藏

　　此瓶盘口，颈短而粗，肩宽阔浑圆，腹长收敛，足略外撇，浅圈足，器物通身施釉，釉偏灰褐，带有细微开片纹。肩部以下被分为八面，在视觉上更具层次感和立体感。采用黑白象嵌技法，各面以垂柳和芦花相间为饰，装饰风格清新自然。肩部与近底处则分别饰有双重覆莲和仰莲，花瓣采用象嵌和划花技法装饰，线条流畅，工艺精细。整体造型端正，雕刻精细，线条工整，图案化倾向明显。

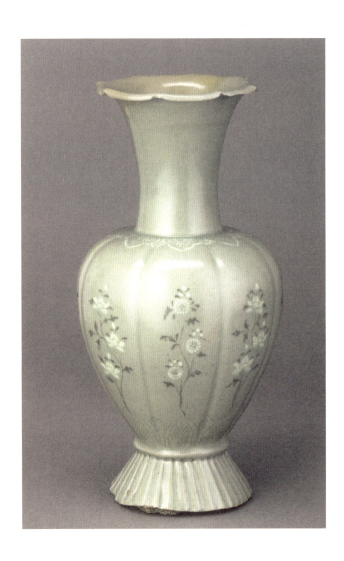

高丽青瓷象嵌牡丹菊纹瓜形瓶（图5-3-53）

12—13 世纪
高 26.7 cm、径 13.4 cm
日本大阪市立东洋陶瓷美术馆藏

　　此器造型独特，以瓜形为瓶身，线条流畅且优雅。瓶身的装饰尤为引人注目，主要以牡丹和菊花为纹饰，两种花卉在传统文化中都有着深厚的寓意，通过象嵌工艺，这些花卉纹饰在青瓷之上呈现出立体而生动的效果。瓶身的色彩搭配也极为和谐。青瓷的翠绿色与牡丹、菊花的色彩相互映衬，清新典雅。此作在历经岁月洗礼后，依然能够保持其原有的风采与魅力，可见其从原料的选择到成型、装饰、烧制等各个环节，都经过精心打磨和严格把控。

高丽青瓷象嵌牡丹菊纹瓜形水注 （图5-3-54）

13世纪
高 18.4 cm、口 径 3.6 cm、
底径 10.4 cm
韩国康津高丽青瓷博物馆藏

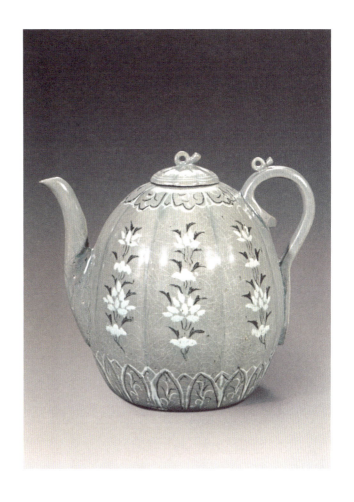

本品形制硕大，器身分为八面，各面以象嵌工艺交替装饰大型牡丹纹与菊花纹，独具特色。通常注口采用阴刻荷叶覆盖，而本品则运用具有立体感的阳刻技法，别具一格。器身施釉，平底凹足，底部施釉后，足端及其周边刮去釉层，留有五处红色耐火土支烧痕。瓜形水注的先例可追溯至唐代绿釉陶，高丽时代备受推崇，现存12—13世纪的作品颇丰。早期高丽青瓷窑址的发掘中，茶具与祭器屡见不鲜，故初步推测瓜形水注可能作为茶具使用。然而，在随后的研究中，发现了数件刻有与酒相关诗文的象嵌青瓷，这一发现最终证实瓜形水注实为酒器。

高丽青瓷象嵌牡丹蝶纹瓢形
水注（图5-3-55）

13 世纪
高 38.7 cm、长 20.3 cm、
宽 15.3 cm
日本大阪市立东洋陶瓷美术馆藏

　　此水注仿照瓢形设计，线条流畅，富有自然之美。瓢形设计不仅赋予了
水注优雅的外形，还有极佳的实用性，便于倾倒和储存水液。把手与注口的
和谐搭配，使水注在使用过程中既得心应手，又赏心悦目。器身装饰既灵动
又富有活力，圆形开光内嵌牡丹纹，白土绘制的花朵纯净高雅，赭土勾勒的
叶片则深邃而富有生命力，二者色彩对比鲜明，相映成趣，牡丹的富贵与华
丽充分展现。开光以外部分则围绕着精美的蝴蝶纹。蝴蝶翩翩起舞，仿佛在
花丛中穿梭，与牡丹花和谐互动，共同构建了一幅生动的牡丹飞蝶画卷。

踵武前贤　临流摹影
高丽青瓷纹饰整理与绘录研究

高丽青瓷象嵌菊花纹瓢形水注

（图5-3-55）

13 世纪
高 34.5 cm、长 19.4 cm、
宽 15.4 cm
日本大阪市立东洋陶瓷美术馆藏

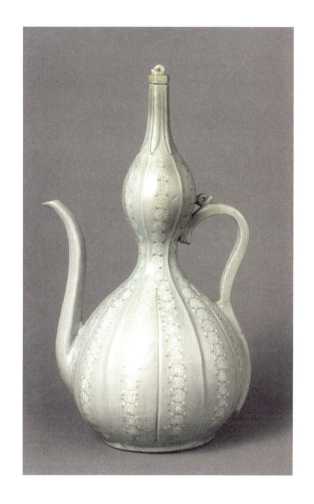

　　此器是高丽青瓷制瓷技艺的生动体现，器型线条流畅，优雅而不失庄重，整体透露着清雅气质。装饰图案尤为引人注目。先以凸棱划分六面，器身下半部分六面又以阴刻线条继续划分为十二面，菊花纹自上而下，朵朵相接，至瓶腰处，菊花纹分化为两条菊花纹带，十二条菊花纹带嵌于瓶腹，宛如一幅流动的菊花画卷，结构和谐统一，视觉层次凸显。象嵌工艺精巧细腻，边缘线干净利落，清晰的轮廓线让菊花纹更加立体生动，仿佛跃然瓷上。壶盖保存完整，带钮，盖上装饰雷云纹。整件器物处处透露着制作者的匠心独运和艺术追求，实属高丽青瓷之精品。

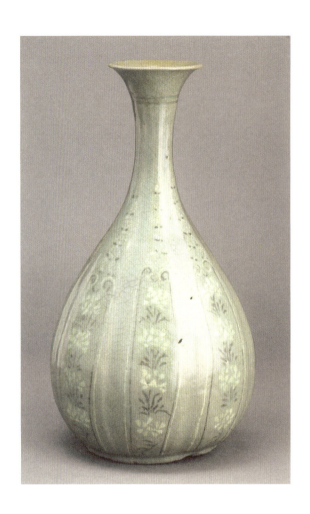

高丽青瓷象嵌牡丹纹瓜形瓶
（图 5-3-57）

13—14 世纪
高 33.5 cm、径 17.2 cm
日本大阪市立东洋陶瓷美术馆藏

　　此瓶为玉壶春式瓜形瓶，造型别致，典雅大方。撇口平唇，细颈斜肩，梨形圆广腹略下垂，圈足稳重。通身施青釉，釉质稍浊，色带黄褐，有开片纹。自口沿下方起，以阴刻弦纹装饰，并以突棱将器表分为七面，各面以黑白象嵌纹饰与留白相间，设计巧妙，富有层次感。象嵌纹饰在肩部为连续菊花纹，腹壁则以连续牡丹纹为饰，左右两侧各作黑白草纹与突棱相邻，布局合理，线条流畅。在制作过程中，菊花、牡丹、草等纹饰先以印模作成图样，再予象嵌，工艺精湛。值得注意的是，各面象嵌位置均未居中，而是偏于一侧，这种设计让瓶身更加灵动，避免呆板之感。

踵武前贤　临流摹影
高丽青瓷纹饰整理与绘录研究

**高丽青瓷象嵌牡丹蒲柳
水禽纹瓜形瓶**（图5-3-58）

13 世纪
高 28.7 cm、径 14.9 cm
日本大阪市立东洋陶瓷美术
馆藏

此器为玉壶春瓶样式，通体施釉，釉略浅带黄褐色，带开片，开片均匀。
颈部中心有重弦纹，肩部饰环形饰带接莲瓣纹。腹身分八面，以象嵌技法相
间施作芦苇水鸟、折枝牡丹、垂柳游禽、折枝花果纹。矮圈足上饰双重莲瓣纹。

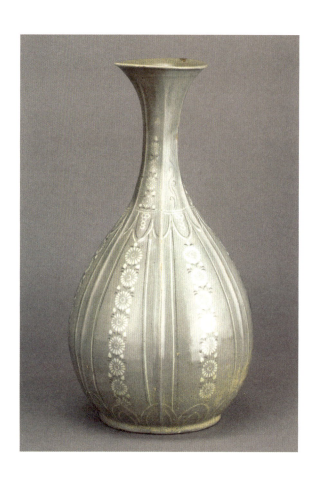

　　此瓶以其独特的造型和精湛的装饰工艺，展现高丽青瓷艺术的卓越成就，属同类作品中之佳作。全器施釉，色灰青明透，釉表带开片。瓜形瓶身，撇口，平唇，细颈，斜肩，梨形圆广腹，圈足，线条流畅而优雅，整体端庄稳重，又不失灵动之美。从颈部上端开始，瓶身被分为六面，每面均以黑白象嵌工艺进行装饰。颈部各面以连续菊花纹与唐草纹相间，瓶颈处的连珠纹装饰带，更添瓶身的层次感和立体感。腹壁各面以连续菊花纹为主，左右两侧则以黑白线纹与瓜棱相邻，这种设计既符合瓜的自然形态，又让瓶身整体装饰更加和谐统一。腹部下端的莲瓣纹环饰，更是点睛之笔，为此瓶增添了几分清雅之气。

高丽青瓷象嵌菊花纹瓢形瓶 （图5-3-60）

13—14 世纪
高 40.5 cm、径 19.6 cm
日本大阪市立东洋陶瓷美术馆藏

　　此瓶为葫芦形，上小下大，细腰，圆腹，直口平沿，口部略倾斜，矮圈
足。小圆球及器肩部分分别饰弦纹及莲瓣纹，再缀以如意头纹。器身双线弦
纹圆形开光有四，外饰如意头纹，内嵌菊花纹，各开光连接空白处饰两朵一
组菊花纹。整体象嵌以白土为主，莲瓣及菊叶处嵌赭土以点缀，整体展现深
邃细腻的视觉效果。

高丽青瓷象嵌童子葡萄唐草纹瓢形瓶（图5-3-61）

13 世纪
高 31.1 cm，径 15.9 cm
日本大阪市立东洋陶瓷美术馆藏

　　此器造型独特，长直口与短束腰相得益彰，瓶身分为上下两部分，上部
纤细修长，下部敦实圆厚，釉质纯净，光泽柔和。装饰图案采用象嵌技法，
口沿处精致的绳帘纹与下方的云鹤纹交织相映，形成和谐而富有层次感的画
面。束腰部位则点缀菊花纹，清雅脱俗，增添自然之美。腹壁以葡萄唐草纹
为基调，其间描绘力士造型的人物，此瓶上的人物形象与普通童子相比别具
一格，他们手握藤蔓，形态各异，头上有双角，身体圆润肥胖，特别是肚子、
臀部和大腿尤为肥胖，另外，脸上的表情、手部的动作以及服装也都展现出
与众不同的特点，实属罕见。

高丽青瓷象嵌童子葡萄唐草纹瓢形瓶 (图 5-3-62)

13 世纪

高 31.5 cm、径 17.2 cm

日本大阪市立东洋陶瓷美术馆藏

　　此瓶不仅具有极高的艺术价值，也是研究高丽青瓷文化和象嵌技法的重要实物资料。其造型独特，优雅大方，完美融合了高丽青瓷的精湛工艺与象嵌技法的艺术魅力。瓶身呈瓢形，线条流畅，富有动感。瓶口和瓶腰处均饰有仰莲瓣纹，设计精巧，既实用又美观。瓶身之上，象嵌工艺的运用更是匠心独运，童子有一，脚部肥大，双手张开，形象天真无邪，生动可爱。剩余空间全部以葡萄、唐草等元素交织成精美图案。特别是葡萄的果实以赭土象嵌，不仅在视觉上对比鲜明，效果突出，在寓意上也有着丰收、吉祥及生活富足的美好追求。

高丽青瓷象嵌菊花纹龙首把匜 （图5-3-63）

13—14 世纪
高 4.3 cm、口径 9.3 cm、底径 4.0 cm
韩国国立中央博物馆藏

　　匜，在古代是指一种盥洗时舀水用的器具。此器型为高丽后期出现的新器型，形似瓢，圆唇，前有流，后以龙首錾，底部无足，保留金属器的造型，通身施釉，釉色灰青澄透，优美动人。其纹饰与造型反映了中国元代白瓷与青瓷的影响，表明当时两国陶瓷艺术的交流与融合之密切。内壁施厚釉，外壁单、双线交替为界，分十二瓣，除龙首所在外，其余十一瓣装饰菊花纹，图案繁复而不失雅致。填工细腻，一笔一画均透露出匠人的精湛技艺与对自然生态的热爱。

踵武前贤　临流摹影
高丽青瓷纹饰整理与绘录研究

（三）象嵌与辰砂彩结合

含铜釉料在高温环境下呈现红色，高丽青瓷中利用此特性装饰纹样的作品，被称为辰砂彩青瓷。铜红釉的使用在中国最早可见于长沙窑与钧窑，至元明时期方逐渐掌握其发色技术。在高丽青瓷中，铜红釉常与象嵌技法结合应用，典型表现为将铜红釉点缀于象嵌白色瓷土所塑造的花卉纹样之上，形成红白相间的折枝花卉图案，瓣蕊鲜明，在青釉的映衬下更显生动与雅致。（图5-3-64至图5-3-68）

踵武前贤　临流摹影
高丽青瓷纹饰整理与绘录研究

高丽青瓷象嵌辰砂彩牡丹纹鹤首瓶 （图5-3-64）

13 世纪
高 34.5 cm、径 16.6 cm
日本大阪市立东洋陶瓷美术馆藏

　　此鹤首瓶采用高丽青瓷经典造型，线条流畅，形态优雅。其原型与宋代瓷器中的长颈瓶存在关联。在瓶身的器面上，运用了象嵌工艺，将牡丹纹饰象嵌于青瓷之上。牡丹纹饰栩栩如生，花瓣层叠，色彩丰富，展现出其固有的富贵与艳丽，辰砂彩的运用丰富了作品的色彩层次，也让后人领略到高丽传统陶瓷工艺的精湛与卓越。青瓷辰砂彩工艺应为高丽青瓷独有，在中国暂未发现相同例作。

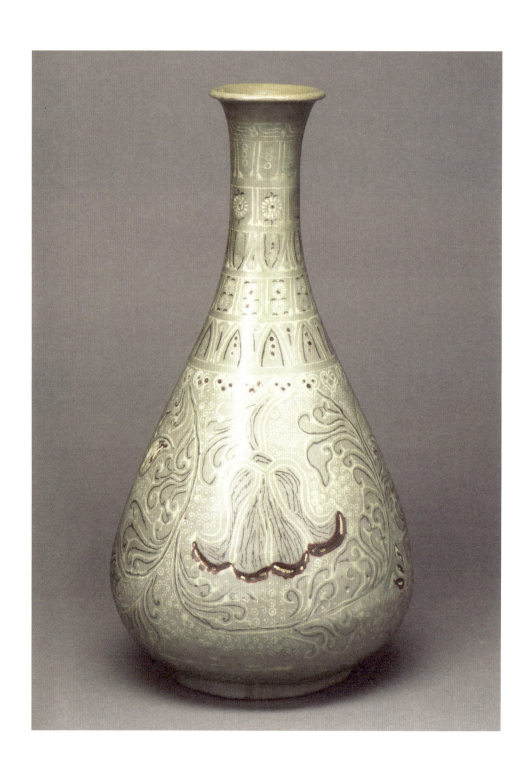

踵武前贤　临流摹影
高丽青瓷纹饰整理与绘录研究

高丽青瓷象嵌辰砂彩莲唐草纹瓶 （图5-3-65）

14 世纪

高 32.6 cm、径 17.0 cm

日本大阪市立东洋陶瓷美术馆藏

　　此瓶以莲唐草纹为饰，图案设计巧妙，寓意深远。莲花和莲叶一分为二，各自描绘生长过程中的不同形态，从莲叶到莲苞到莲花，极具生命力。唐草的叶纹受图案化影响，规律且工整，与莲花的柔美形成对比，增强了视觉效果。在装饰技法上，采用了黑白象嵌的手法，勾勒出双重轮廓线，使图案更加立体而鲜明。这种做法一直延续至朝鲜时代的粉青砂器，可见其影响之深远。器身以鱼子纹为地，这种设计概念源自金属器，在制作过程中费工耗时，是匠人精湛技艺和对艺术执着追求的体现。更为独特的是，莲花与莲叶的局部以含氧化铜颜料着色，发色赤红，这种氧化铜着色的技法，使玉壶春瓶在青翠的釉色中点缀着片片赤红，如同盛开的红莲，美丽而动人，为整件作品增添了浓烈的色彩对比和装饰丰富性。釉施至身，足端与底部刮釉，露出胎质，底部留有支烧痕，这是传统制瓷工艺中支撑器物的工具留下的痕迹，也为其增添了历史厚重感。

高丽青瓷象嵌辰砂彩牡丹纹壶 （图 5-3-66）

13 世纪
高 19.5 cm、径 18.0 cm
日本大阪市立东洋陶瓷美术馆藏

　　此作是一件集高丽青瓷工艺与辰砂彩装饰于一体的杰出艺术品，以独特的造型、细腻的纹饰和艳丽的色彩，展现了高丽青瓷艺术的非凡魅力。器面上，折枝牡丹与折枝菊花交替象嵌，精心雕琢，牡丹的娇艳与菊花的清雅相得益彰。最为吸睛的当数以辰砂彩进行装饰牡丹纹，辰砂彩的主要成分是氧化铜，在烧制过程中会呈现出独特的红色。这种红色鲜艳而浓烈，与青瓷的翠绿底色形成对比，因此壶身更为艳丽夺目。在细节处理上，作品同样出色。肩部与腹部下端分别以如意头纹与莲瓣纹作装饰，这些纹饰不仅丰富了作品的视觉效果，也是高丽匠人对于传统纹饰深刻理解和娴熟运用的结果。

高丽青瓷象嵌辰砂彩莲唐草纹瓶 （图5-3-67）

14 世纪
高 33.2 cm、径 19.4 cm
日本大阪市立东洋陶瓷美术馆藏

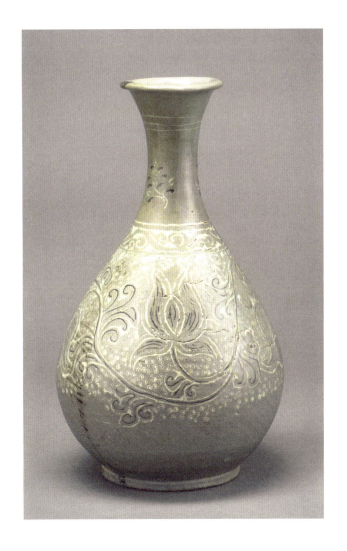

　　此器主要装饰纹样为莲唐草纹，莲唐草纹环绕瓶身，流畅而生动，展现莲花与唐草的和谐共生之美。莲花与莲叶细纹处以氧化铜着色，但出于烧制温度等原因，发色并不明显。地纹采用金属器中的鱼子纹做法，此纹是高丽青瓷后期图案化风格的一种体现，在器面上反复施作此纹饰，形成独特而细腻的装饰效果。底部还刻有阴文铭文"上长"或"工长"，无法辨别，这可能是制作者或工匠的标记，为我们了解作品的制作背景和年代提供了宝贵线索。

高丽青瓷象嵌辰砂彩菊花纹油壶 （图5-3-68）

13 世纪

高 5.1 cm、径 7.9 cm

日本大阪市立东洋陶瓷美术馆藏

　　此油壶造型优雅，线条流畅，呈现出高丽青瓷一贯的精致与细腻，是一件融合高丽青瓷独特技艺与中华传统纹饰精髓的罕见之作。表面采用象嵌工艺，花瓣以白土巧妙象嵌于器肩之上，花蕊以含铜颜料缀饰，发色暗红，色彩对比鲜明，图案立体生动。菊花是高洁与清雅的象征，而辰砂彩在菊花纹上的运用，更添艳丽与华贵。底部处理精细，支钉痕迹规整，细节之处可见高丽匠人的精湛技艺与严谨态度。

（四）象嵌与刻印技法的结合

象嵌与阳刻、阴刻、印花等刻印技法的结合在陶瓷艺术中占据着举足轻重的地位，特别是在碗、碟、盘、钵等日常器物的外壁装饰上。象嵌技法以其独特的黑白对比和丰富的层次感，成为陶瓷装饰中不可或缺的一部分。艺术家通过精心调配的黑白颜料，在器物表面绘制出精美的图案，黑白分明，对比强烈，形成独特的视觉美感。与此同时，阳刻技法的运用为陶瓷装饰增添了立体感。艺术家使用雕刀在图案的轮廓线一侧以斜角剔去部分胎土，使图案呈现出如浅浮雕般的视觉效果。这种立体感不仅增加了图案的层次和深度，还使其更加生动逼真，仿佛赋予图案以生命力。

阴刻技法在陶瓷装饰中同样发挥着重要的作用。艺术家使用尖锐的利器在瓷胎上流畅刻画线条，装饰细节，让图案精细入微。此技法常用于勾勒图案轮廓和刻画细部纹理，使图案更为清晰、生动，具有极高的艺术价值。

印花技法作为另一种常用的装饰手段，为陶瓷装饰带来更多的可能性。艺术家使用陶范模印图案，将图案快速而准确地印刻在瓷胎上，不仅提高了生产效率，还能确保每个器物上的装饰图案的一致性。同时，匠人还会在模印的基础上进行适当调整和创新，使图案更符合自己的创作意图和审美观念。

以阴刻、印花技法装饰的图案，除作为主图案外，还常被用作边饰，从而在美化器物整体外观的同时提升了器物的艺术价值和观赏价值。边饰图案的设计往往与主图案相呼应，形成和谐统一的整体效果。（图 5-3-69 至图 5-3-74）

高丽青瓷象嵌印花牡丹纹钵（图 5-3-69）

12 世纪
高 7.0 cm、径 19.5 cm
中国台北故宫博物院藏

　　此器侈口设计，弧腹流畅，圆底与矮圈足的结合，使整体造型既稳重又端庄。釉面施于全身，釉色哑光，明澈通透，带有细小均匀的开片。外壁口沿下方饰雷纹，神秘而庄重。钵心内凹，印花于中心点，内壁以印花方式满饰牡丹唐草图案，环饰的四朵阴刻折枝莲花清新脱俗，与内壁的牡丹唐草图案形成鲜明对比。口沿下方的草纹装饰，简洁而富有生机，更显自然韵味。牡丹象征着富贵与繁荣，而唐草则代表着坚韧与生机，两种图案结合，极具装饰效果和文化意蕴。部分牡丹的叶脉、花瓣褶纹以及形体模糊难辨，应该是模具被多次使用的结果。

踵武前贤　临流摹影
高丽青瓷纹饰整理与绘录研究

高丽青瓷象嵌阴刻云鹤纹钵（图5-3-70）

12 世纪
高 19.0 cm、径 18.6 cm
日本大阪市立东洋陶瓷美术馆藏

　　此器造型较大，但胎体极薄，制作者的精湛工艺和细致考量可见一斑。
釉色灰青，色泽优美，与翡色青瓷的美称相得益彰，呈现高雅的瓷器品质。
内壁四处以阴刻技法精心雕刻折枝牡丹，牡丹花瓣层次丰富，生动逼真。外
壁则置四处圆形开光，内部以黑白象嵌技法绘制云鹤纹，云鹤纹飘逸灵动，
寓意着吉祥和长寿。开光间的纹饰，融合云纹和唐草纹的特点，同样以阴刻
技法施纹，整休布局和谐统一，充满艺术美感。

高丽青瓷象嵌印花葡萄唐草龙纹钵 （图5-3-71）

13 世纪
高 8.3 cm、径 19.7 cm
日本大阪市立东洋陶瓷美术馆藏

　　此器釉色发色偏黄褐色，带开片。外壁象嵌白花黑叶牡丹三朵。钵内心凹陷，作印花装饰，纹饰虽模糊，但依稀可见为菊花纹饰。内壁圆形开光有三，内嵌卷龙纹，龙身卷曲交叠成环形螺旋状，开光间空白处以模具阳印方式饰葡萄唐草纹。内口沿下方环唐草饰带一周。在此类象嵌与印花技法结合的案例中，龙纹与葡萄纹结合的案例实为罕见，故此器显得尤为珍贵。

踵武前贤　临流摹影
高丽青瓷纹饰整理与绘录研究

高丽青瓷象嵌阴刻牡丹纹盘 (图5-3-72)

12—13 世纪
高 4.0 cm、径 16.7 cm
日本大阪市立东洋陶瓷美术馆藏

　　此盘敞口，弧壁流畅，平底窄足，整体线条优美。瓷器满釉，釉色灰青，带自然开片纹理，古朴典雅。盘心与内底绘折枝牡丹，黑白象嵌技法交替施纹，牡丹花瓣层次分明。内壁则以阴刻技法环饰牡丹唐草纹，与口沿下方的象嵌唐草纹饰带相映成趣，更具艺术气息。外底中央以折枝莲花作装饰，外壁环饰牡丹唐草，均先以斜刀剔地施作，再以线刻描绘细节，技法精湛，刻工细腻。近沿处则以阴刻雷纹装饰带点缀，内外面纹饰布局相似，相互呼应，整体装饰丰富多样，展现和谐统一美感。

高丽青瓷象嵌阴刻莲鱼纹盘 （图5-3-73）

13 世纪

高 5.3 cm、径 19.5 cm

日本大阪市立东洋陶瓷美术馆藏

    青釉的质感之美在此盘中通身可见，平底设计使瓷器摆放时更加稳定，呈现稳重而均衡的美感。外壁满饰宝相花唐草纹，繁复而精美，留白处象嵌赭土，发色漆黑，对比鲜明，整体装饰更加醒目。盘心与内壁皆以阴刻技法施作，分别装饰悠游波间的双鱼纹与莲花纹，线条流畅，细致入微。双鱼纹象征男女间的情爱，寓意和谐美满，与莲花纹相互映衬，富有吉祥寓意又不失典雅。

高丽青瓷象嵌阴刻牡丹纹盒 （图 5 3 74）

12—13 世纪

高 4.7 cm、径 10.2 cm

日本大阪市立东洋陶瓷美术馆藏

　　此器分盒身和盒盖两部分，保存完整。整体雍容华贵，釉色莹润透亮，开片均匀细腻，富有装饰效果。盒盖中心位置饰牡丹纹，白土为花，赭土为叶，盖子边缘环饰阴刻唐草纹。

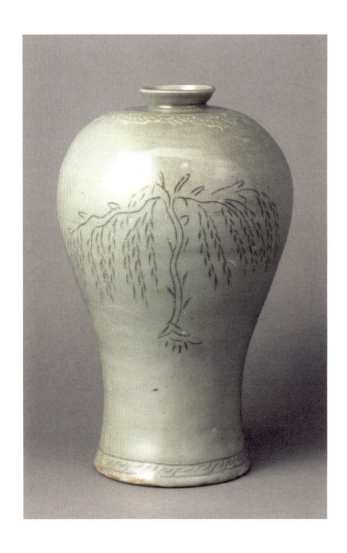

高丽青瓷象嵌柳纹梅瓶
（图5-3-75）

13 世纪
高 28.9 cm、径 17.3 cm
日本大阪市立东洋陶瓷美术
馆藏

  此器造型端庄大气，线条流畅自然，瓶身通身施釉，釉色灰青，部分区域釉层分布不均匀，釉面开片，瓶底刮釉露褐色胎体，留有支烧痕迹。肩部环绕装饰如意头纹饰，与一道弦纹相邻。腹壁上有两处使用赭土象嵌的柳纹装饰，此装饰手法独特且富有美感。近底部有印花雷纹装饰带。此器不仅具有独特的装饰风格和工艺技巧，还蕴含了丰富的文化内涵和吉祥寓意。同时，此种类型的梅瓶也反映了高丽王朝对我国唐宋文化的吸收和融合，以及对自身民族文化的传承和发展。

（五）逆象嵌

象嵌技法主要分为两大类：一类是剔除纹样区域的胎土后，根据设计需求填入白色或赭色瓷土；另一类则是剔除纹样背景区域的胎土，选择白色或赭色瓷土填入，使纹样以素青釉色在白色或黑色背景中凸显，此技法被称为逆象嵌，或依据背景色分别称为白地象嵌与黑地象嵌。

剔除纹样胎土的做法进一步细分为线象嵌与面象嵌。线象嵌是通过在剔除的纹样轮廓线上填充白色或赭色瓷土来形成纹样线条；面象嵌则是将白色或赭色瓷土填入整个纹样轮廓线内，以填充面状区域。值得注意的是，在实际应用中，这两种技法有时也会结合使用，以达到更为丰富的视觉效果。（图5-3-76至图5-3-81）

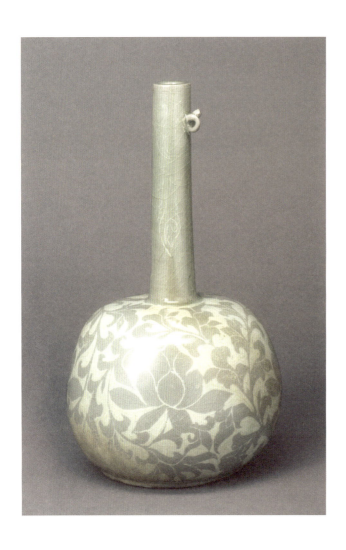

高丽青瓷象嵌莲唐草纹
鹤首瓶（图5-3-76）

12—13 世纪
高 29.8 cm、径 17.0 cm
日本大阪市立东洋陶瓷美术
馆藏

　　此作为逆象嵌技法施作纹饰的现存唯一一件鹤首瓶，现藏于大阪市立东洋陶瓷美术馆，为珍贵之实例。器型前身虽为我国越窑青瓷，但经过高丽技工的演变，肩部更为平缓外张，器身弧度渐增，较越窑更为圆浑。器身以逆象嵌法饰莲唐草纹，在白土背景的映衬下，纹饰结构清晰又具有立体感。连续不断的单条藤蔓将四朵莲花紧密地联系在一起，形成和谐的统一体。整体图案在视觉上既美观又富深意，是富贵、繁荣、生命力、和谐的代表，是具有积极意义的象征符号，是对生命力和活力的赞美。

踵武前贤　临流摹影
高丽青瓷纹饰整理与绘录研究

高丽青瓷象嵌牡丹纹梅瓶

（图5-3-77）

12—13世纪

高 32.6 cm、径 19.0 cm

日本大阪市立东洋陶瓷美术馆藏

　　本作光彩之处在于逆象嵌技法的运用。除后加的瓶口外，器身均以逆象嵌技法装饰牡丹纹，背景嵌白土，充满动感的牡丹纹饰跃然而见。在此纹饰中，牡丹不再仅仅是静态的花卉形象，而是化身为充满生命力的舞者，在釉面上尽情舞动。通过色彩的深浅不一和线条的粗细变化，牡丹的形象仿佛被赋予了生命，花瓣轻轻摇曳，如若拥有了灵魂。牡丹的枝叶则以流畅的线条勾勒，它们缠绕着、伸展着，仿佛在随着花瓣的舞动而翩翩起舞。花瓣和叶子的脉络用刻刀轻盈划出，积釉成线，与白土、青釉相互映衬，形成繁花似锦的景象。此作具有强烈的视觉冲击力，给人以心灵震撼，让我们不仅感受到了牡丹的美丽与生命力，也体会到了艺术的力量和魅力。

高丽青瓷象嵌莲唐草纹钵 （图5-3-78）

13 世纪

高 8.9 cm、径 19.7 cm

日本大阪市立东洋陶瓷美术馆藏

　　此器内外壁纹饰均采用逆象嵌表现手法，图案内容和布局有条不紊，秩序井然。精心雕刻而成的一对交颈白鹤，细腻地象嵌于器物之上。内壁装饰复杂且精美的莲唐草纹，这些纹饰从口缘附近开始，向多个方向延伸出单条茎蔓，而后又分出两枝，一枝绽放着莲花，另一枝则长出莲叶。外壁以宝相花唐草纹作为装饰，整体图案变化多端，富有层次感。器物通体满釉，底部留有三处硅石支钉的痕迹。

踵武前贤　临流摹影
高丽青瓷纹饰整理与绘录研究

高丽青瓷象嵌菊花纹四耳壶

（图 5-3-79）

13 世纪

高 17.5 cm、径 13.3 cm

日本大阪市立东洋陶瓷美术馆藏

　　此壶制作精良、设计独特。广口和直沿造型开阔而端庄，肩部圆润，足部外撇，整体曲线呈现出优雅的"S"形。壶身上的四耳设计罕见，被塑造成了鬼面形象，神秘感十足，也显示出制作者的创新精神。鬼面耳可以穿绳，作壶盖与壶身固定之用，现盖已遗失。壶身的装饰图案十分精美。肩部采用如意头纹，近底处则环饰双重莲瓣纹。腹壁上的六处圆形开光设计别出心裁，内嵌的折枝菊花形象生动，上下相错，与最下段的半圆形开光形成了和谐的视觉效果。开光间逆象嵌宝相花唐草纹，布局繁复，几乎无隙地，这是当时流行的纹饰题材。壶身厚施釉料，色呈灰青，发色良好，底部与足端露胎，并有支烧痕迹。

高丽青瓷象嵌童子宝相花唐草纹水注（图5-3-80）

12—13 世纪
高 19.2 cm、长 23.9 cm、宽 16.4 cm
日本大阪市立东洋陶瓷美术馆藏

　　此作球形器身，圆润饱满，釉色优美，有开片，器盖已遗失。器身以逆
象嵌技法剔底嵌填白土，同时运用线象嵌技法用赭土勾勒纹饰边缘线。图案
绘身材瘦小但充满力量感的童子，面部表情生动且充满好奇，手脚紧抓藤蔓，
身体呈现出向上攀爬之姿态。藤蔓盘绕曲折、生机勃勃，既为童子提供了攀
爬的路径，也象征着生长与延伸。这种描绘不仅展现了童子的活泼好动，也
体现了他面对困难和挑战时的勇气和决心。此形象常常被赋予更深层次的寓
意，激励着人们不断向前，努力攀登生活中的高峰。

踵武前贤　临流摹影
高丽青瓷纹饰整理与绘录研究

高丽青瓷象嵌菊花纹筒形盏 （图5-3-81）

13 世纪
高 8.3 cm、径 7.0 cm
日本大阪市立东洋陶瓷美术馆藏

此盏造型简洁又不失雅致，设计精巧。外壁圆形开光有四，内嵌菊花纹，黑白土交替施作，扭动的 "S" 形弧线，展现其自然生长的状态。以菊花纹为中心，四周环绕枝叶和藤蔓，上下各施雷纹和莲瓣纹相呼应，整体呈现有条不紊的秩序感。

（六）象嵌与铁绘、堆花技法的结合

在广阔的陶瓷艺术领域中，一种独特的装饰技法——铁绘，成为陶瓷艺术家钟爱的表达方式。铁绘技法采用含氧化铁成分的颜料，这些颜料在经过精心的调和后，被用于在瓷坯上绘制各种纹饰。经过高温烧制，纹饰会呈现出深邃而迷人的黑褐色，仿佛将岁月与历史的痕迹凝固在瓷器上。与此同时，陶瓷艺术中还有一种名为堆花的装饰技法，它与铁绘技法交相辉映，共同为陶瓷艺术增光添彩。堆花技法通过在青釉的底层使用细腻的白泥塑造出各种纹饰，在白泥的衬托下，纹饰更加立体且富有层次感。当光线照射在瓷器上时，堆花纹饰仿佛从瓷器中跃然而出，为作品增添几分生机与活力。

高丽青瓷作为陶瓷艺术中的瑰宝，其象嵌技法在 13 世纪已达到成熟。随着陶瓷艺术的发展，象嵌技法开始与其他技法如铁绘、堆花等相结合，形成更为丰富的装饰效果。与象嵌技法所装饰的纹饰相比，铁绘技法所绘制的纹饰线条更加流畅奔放。艺术家运用铁绘技法，将心中的情感与想象倾注于笔端，绘制出一幅幅充满动感的纹饰。这些纹饰或如行云流水，或如狂风暴雨，均呈现艺术家对生活与自然的独特理解。而堆花技法所塑造的纹饰轮廓更为立体，呈现三维空间的视觉效果。艺术家通过堆花技法，将纹饰塑造得栩栩如生，让人仿佛置身于一个充满奇幻色彩的世界。这些技法的综合运用，共同构成了陶瓷艺术的独特魅力，让人们在欣赏作品的同时，感受到艺术家对于艺术的执着追求与无尽热爱。（图 5-3-82 至图 5-3-85）

高丽青瓷象嵌铁绘竹叶纹梅瓶 （图5-3-82）

13世纪

高 37.8 cm、径 21.5 cm

日本大阪市立东洋陶瓷美术馆藏

　　本作是典型的梅瓶造型，器形较大，釉呈灰青。瓶肩以白土饰如意头纹，瓶脚饰雷纹，两者相互呼应，和谐统一。瓶身赭土嵌竹叶纹，布局错落有致，竹竿刚劲有力，叶子舒展，姿态摇曳，随风摆动，绝大部分以竹枝为中轴呈对生上仰姿态生长，也有错落布局的，体现竹叶的自然美及其生机与活力。此器的装饰风格有中国画的韵味，具有独特的形态美、动态美和墨色美。

高丽青瓷堆花云纹梅瓶

（图5-3-83）

12—13 世纪
高 38.4 cm，径 21.6 cm
日本大阪市立东洋陶瓷美术
馆藏

此瓶肩部向外舒展，瓶身呈现出优雅的"S"形曲线，足部则微微外撇。釉色青翠欲滴，仿佛带着春天的气息，清新与宁静之感沁人心脾。瓶身上的装饰纹样，初看仿佛自然象嵌，实则蕴藏着匠人的巧思与匠心——通过堆花技法在青釉下以白泥细腻勾勒出莲瓣与白云的轮廓。要呈现这一效果，工匠不仅要掌握高超的技艺，还需具备丰富的想象力和创造力。此作中，白云形象飘逸自然，与青釉的底色形成对比，营造出宁静而深邃的幽玄美感，让人仿佛置身于天际。堆花技法在高丽青瓷制作中并不多见，而此瓶能够娴熟运用此技法并展现出如此精湛的艺术水平，实属难得。这是当时社会审美趣味和文化氛围的生动反映。

高丽青瓷象嵌铁绘堆花菊纹瓶（图5-3-84）

13世纪
高 29.7 cm、径 17.2 cm
日本大阪市立东洋陶瓷美术馆藏

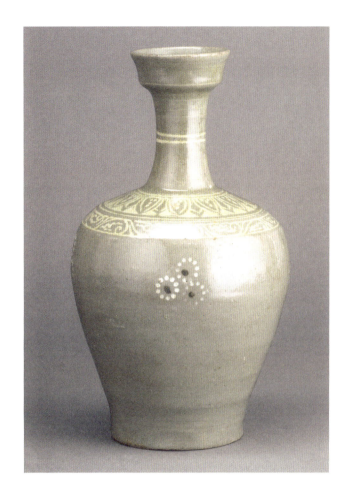

　　盘口瓶是高丽时代常见的器型。此器釉面光洁细腻，色泽温润如玉，在青釉的映衬下，瓶身上的菊花纹格外醒目。菊花纹采用象嵌技法，通过黑白两色泥土的运用，菊花图案黑白分明，对比强烈，立体感十足。铁绘技法被用于勾勒菊花的轮廓和细节，菊花图案因而更加生动传神。此两种技法的结合，增强了图案的层次感、和谐统一感。瓶颈肩处以莲瓣纹和唐草纹作装饰，通过白象嵌技法精心施作。从考古发现来看，高丽古墓中出土的盘口瓶数量众多，这足以证明盘口瓶在当时非常受欢迎。盘口瓶常单独出现或与水注、碗等其他陶瓷器皿成组摆放，显示出其在高丽陶瓷文化中举足轻重的地位。

高丽青瓷象嵌堆花牡丹盆栽纹水注 （图 5-3-85）

12—13 世纪
高 19.5 cm、长 20.8 cm、宽 14.5 cm
日本大阪市立东洋陶瓷美术馆藏

  此水注造型优雅别致，线条流畅，反映出高丽青瓷一贯的精巧工艺。水
注的主体部分以青釉覆盖，色泽温润如玉，青翠欲滴。象嵌技法在此作中得
到充分的展现，在青釉的衬托下，象嵌技法与堆花技法相得益彰，共同构筑
了一幅生动的牡丹盆栽图。同时，堆花技法在此作中得以巧妙运用，通过使
用白泥在青釉底层塑造出牡丹的枝叶和花朵，图案立体而又饱满。此水注的
牡丹图案是以盆栽的形式出现，清新雅致又别具一格。

四、青白融黛

高丽陶工在陶瓷艺术发展道路上，受中国南北众多著名窑系影响深刻。他们在传统的釉料之外，还运用了含铁釉药，并以此为画笔，在瓷面上描绘出各种精美的纹饰。含铁釉药在高温烧制过程中的特性，为高丽青瓷增添了独特的韵味。这种釉药在高温下会发色为深邃的黑色，而且具有较高的黏结性，使得釉层能够更加紧密地附着于瓷胎之上。当器身表面挂满黑釉时，便形成了厚重而富有质感的釉层，使瓷器看起来更加沉稳而庄重。这种技法与中国北方的磁州窑系以及广东西村窑的产品有着异曲同工的妙处，是中韩两国陶瓷文化之间深入交流与融合的见证。

在高丽青瓷的装饰纹样中，牡丹和菊花纹饰尤为常见。这些花朵叶片的图案被精心描绘在瓷器表面，布满整个器面，却又不失疏朗与优雅。高丽陶工对自然之美的深深敬畏造就了层次丰富的花瓣、脉络清晰的叶片，仿佛一幅幅生动的花卉画卷在瓷面上徐徐展开。

除了素面无纹的器皿，高丽青瓷中不乏搭配白色堆花或象嵌装饰的款式。白色的堆花与深色的釉面形成鲜明对比，而象嵌装饰更是将丰富多彩的图案和纹理巧妙融入瓷器之中。这些装饰手法的综合运用使瓷器在厚重与朴实之间，又增添了几分细腻与精致。（图 5-4-1 至图 5-4-18）

高丽青瓷铁地象嵌云鹤纹梅瓶 （图5-4-1）

12 世纪
高 26.7 cm、径 16.2 cm
日本大阪市立东洋陶瓷美术馆藏

　　此梅瓶线条流畅，结构匀称，形态端庄大气，纹饰配置整齐和谐。制作工艺独特且严谨。首先是在瓷胎上均匀涂抹含铁质颜料，随后覆盖上青釉，经过高温烧制，终成青瓷之典范。肩部至腹部上端装饰以鹤纹与云纹，这些纹饰是通过剔除原有胎土后，再以白泥精心塑造而成，铁质黑地与白色纹饰交相辉映，每一处细节都是工匠精湛技艺和深厚造诣的极致体现，堪称青瓷艺术之佳作。在日本，这种独特的工艺被称为"铁彩手"或铁地青瓷，而在韩国则称之为铁彩青瓷，尽显其国际影响力和文化价值。

踵武前贤　临流摹影
高丽青瓷纹饰整理与绘录研究

高丽青瓷铁地象嵌柳纹梅瓶 （图5-4-2）

12 世纪
高 24.8 cm、径 15.4 cm
日本大阪市立东洋陶瓷美术馆藏

　　这款梅瓶的制作工艺精湛而独特。首先，素雅的胎体被精心涂抹上一层含铁的颜料，宛如大地之母披上了深邃的夜幕。接着，在剔除胎土的部分，工匠们细心填上洁白的化妆土，精心雕刻出栩栩如生的柳纹图案。这种技法在青瓷制作中并不多见。通过白土与黑釉的对比，柳纹图案在黑色背景下更加醒目，宛如月光下的柳树，静谧而优雅。随后，梅瓶被覆盖上一层青釉，经过高温烧制，胎体上的铁质颜料与青釉相融合，形成一种神秘而富有光泽、富有高丽青瓷独特韵味和品质的黑色釉面。在历史的长河中，铁地象嵌青瓷技术在高丽青瓷的制作中占据举足轻重的地位。在韩国全罗南道的康津郡大口面沙堂里和海南郡山二面珍山里等地，都曾发现运用这种技法制作的青瓷作品。

高丽青瓷铁地象嵌草花纹梅瓶（图5-4-3）

12世纪
高 26.0 cm、径 16.0 cm
日本大阪市立东洋陶瓷美术馆藏

  本作小口大腹的优雅身姿，肩部外张，线条流畅，充满动感与张力。整体造型庄重堂正，巍然矗立。以素雅而坚实的胎体为基础，表面先涂抹一层含铁的颜料，随后施上釉料，经高温烧制，最终呈现出深邃的铁黑色基底。肩部至腹部上端，两面装饰精美草花纹饰，这是以人参叶为灵感设计的图案。工匠们巧妙地剔去图案部分的胎土，再象嵌上洁白的泥料，黑底与白色纹饰互为对比。在烧制过程中，为确保釉色和胎质的完美结合，工匠们对火候的控制也极为严格。经过高温烧制后的梅瓶釉面光滑如玉，触感细腻，仿佛可以感受到岁月的沉淀。

踵武前贤　临流摹影
高丽青瓷纹饰整理与绘录研究

**高丽青瓷铁地堆花菊花纹
梅瓶**（图5-4-4）

12 世纪
高 26.8 cm、径 16.4 cm
日本大阪市立东洋陶瓷美术馆藏

　　此器的制作过程是首先在瓷胎上均匀涂抹含铁质的浓稠颜料，形成深邃的底色，散发出深沉而内敛的美感。接着，以白泥塑造菊花纹饰，象嵌在铁质黑地上，铁质黑地与白色纹饰相互映衬，菊花纹饰因而更为突出。最后，整体作品覆盖上青釉，以高温烧制。在瓶身设计上，菊花纹饰位于中央，其配置和谐统一，线条流畅，笔触简练而有力，充满律动感。

高丽青瓷铁地堆花草花纹
梅瓶（图5-4-5）

12 世纪
高 25.3 cm、径 15.4 cm
日本大阪市立东洋陶瓷美术馆藏

此器通身无釉，胎质含沙，略显粗糙。器身表面皆以铁绘作为地纹，后以白泥作两处折枝草花为饰，通过疏密有致的布局，以及对花枝的姿态、花朵的形态以及层次、线条等细节处理，画面中的折枝草花更具生命力和情感性，整体画面和谐、美观。

高丽青瓷铁地堆花象嵌草花纹梅瓶 （图5-4-6）

12 世纪
高 25.4 cm、径 15.9 cm
日本大阪市立东洋陶瓷美术
馆藏

此作是一件独特的陶瓷艺术品，制作工艺融合了象嵌与铁地和堆花等技法。瓶身纹饰的雕刻手法精准且流畅，白泥堆饰的草花纹饰在铁质黑地的映衬下格外醒目。纹饰的构图大胆而富有动感，如同绿草丛中的花朵，一阵微风吹过，草花随风摇曳，生机盎然，活力四射。此作具有极高的艺术魅力和审美价值。铁地青瓷的制作手法多样且富有实验性，其中一些较为罕见的技法，更是直接以白泥塑形而不经过额外的雕刻过程，形成独特的纹理和图案，可见高丽匠人的创新意识。

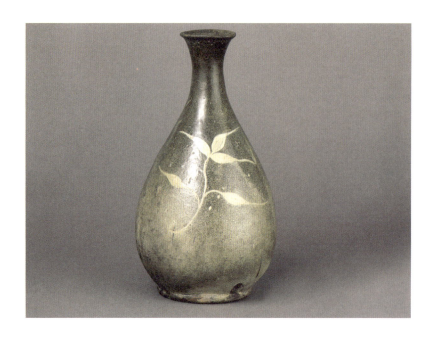

高丽青瓷铁地象嵌草花纹瓶 （图5-4-7）

12世纪
高 24.2 cm、径 13.4 cm
日本大阪市立东洋陶瓷美术馆藏

　　此瓶唇线圆润，颈部短促，瓶身自颈部起逐渐外张，膨胀感强烈，比例
匀称，整体造型稳重又不失和谐，属于典型的玉壶春型青瓷瓶。独特的瓷胎
处理工艺虽常见于梅瓶的烧制，但用于此特定器型的作品较为少见。瓶身表
面的草花纹饰采用剔胎工艺，即在瓷胎上剔除出图案轮廓，再填入白泥进行
塑形。此工艺制作的草花纹与铁地黑底形成强烈对比，凸显纹饰的生动与精
美。此瓶的施釉工艺也十分讲究。釉层未覆盖至圈足，底部与足端部分裸露
瓷胎，此设计是工匠对细节把控的体现，同时也为瓶身增添了古朴感。

高丽青瓷铁画菊纹梅瓶
（图 5-4-8）

12 世纪
高 27.5 cm、口径 7.0 cm、
底径 9.2 cm
韩国国立中央博物馆藏

　　此器整体曲线呈优美的"S"形，造型端庄典雅，肩部微外张，平缓下滑，造型比例恰到好处。胎土略带粗沙，通过氧化焰技术处理，釉色独特，口沿有修理痕迹，底部带支烧痕。装饰布局满弓而不冗杂，疏密相间，富有节奏感与韵律感。自瓶口向外延伸至肩部，菊瓣纹环绕均匀，形成和谐框架。器身装饰分三段：第一部分为瓶口至肩部，以铁绘菊瓣纹环饰；第二部分是以瓶身为主体装饰位置，利用自由奔放的笔触描绘菊唐草纹，笔触利落，线条遒劲，与相邻的辅助纹饰相互映衬，十分抢眼；第三部分为近瓶底处，纯粹以含铁颜料涂绘，推测纹饰原型应来自我国磁州窑。因以氧化焰烧制，装饰纹样发色不均匀，但这无损此器的艺术价值。

高丽青瓷铁绘宝相花唐草纹梅瓶 （图5-4-9）

12 世纪
高 28.2 cm、径 17.8 cm
日本大阪市立东洋陶瓷美术馆藏

　　此器圆唇，盘口，圆肩，长敛腹，腰部略粗，瓶身线条相对平缓。瓶身上的宝相花纹饰描绘极为细腻，工艺精湛且严谨，其技艺水平在铁绘青瓷中实属高超。关于瓶身腹部纹饰的原型，有一种观点认为它源于我国磁州窑的装饰风格。尽管铁绘青瓷在 10 世纪末的高丽初期青瓷窑中已有出现，但直至 12 世纪，以韩国全罗南道海南郡珍山里窑为中心，铁绘青瓷才开始大规模生产。全罗南道莞岛郡鱼头里海底沉船中发现了铁绘青瓷梅瓶与长鼓等遗物。这些出水文物为我们提供了宝贵的历史信息，有助于我们更加清晰地了解当时铁绘青瓷的生产与流通情况，从而更深入地研究铁绘青瓷的历史地位与文化价值。

高丽青瓷铁绘草花纹梅瓶

（图 5-4-10）

12 世纪
高 29.3 cm、径 17.5 cm
日本大阪市立东洋陶瓷美术馆藏

此器盘口，溜肩，整体浑圆，瓶身线条弧度优美，通身施釉，略有不均匀，釉呈黄褐色，胎土含沙，质地较粗。瓶身以铁绘装饰折枝花卉，强调"以小见大"的观念，激发观者无限遐想，画面中的空间镜像充满理趣与情趣。

高丽青瓷铁绘宝相花
唐草纹壶（图5-4-13）

12 世纪
高 22.7 cm、径 27.4 cm
日本大阪市立东洋陶瓷美
术馆藏

　　此壶设计独特且精致，宽口低沿，器身外张，平底设计，且足端与底部均无釉饰，造型稳重而典雅。在众多高丽青瓷作品中，壶形本就稀有，更显本作品珍贵之处。此壶的装饰图案尤为引人注目，表面描绘了三处宝相花唐草纹，线条流畅有力，布局得当，既不显得繁复，又足够精致，完美展现高丽铁绘青瓷落落大方之气质。此类铁绘青瓷主要以韩国全罗南道海南郡珍山里窑为中心进行烧制。珍山里窑作为高丽青瓷的重要产地之一，其烧制的铁绘青瓷作品以独特的艺术风格和精湛的技艺而广受赞誉。在全罗南道康津郡沙堂里窑址，以及全罗北道扶安郡柳川里等地也有铁绘青瓷出土，这说明铁绘青瓷的烧制技艺在当时的高丽各地都有所传承和发展。

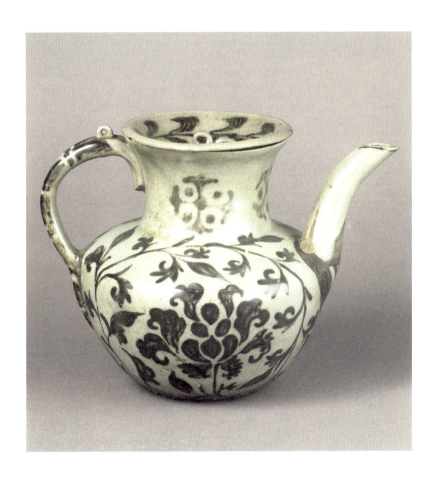

高丽青瓷铁绘牡丹唐草纹水注 （图5-4-12）

12 世纪

高 16.8 cm、径 15.8 cm

日本大阪市立东洋陶瓷美术馆藏

　　水注是一种用于盛装清水的容器，通常用于砚台添水或花瓶供水等。其形状多样，但一般都注重实用性和美观性的结合。此器釉色清亮透明，说明烧制温度控制稳定，为同类器型中的出色之物。器身及器盖均以铁绘技法装饰牡丹唐草纹，笔触豪放，由于高温烧制，铁元素在釉面下形成深浅不一的褐色或黑色纹埋，从而让纹饰更富变化感和韵味，极具水墨写意特色。

高丽青瓷铁绘牡丹纹花口钵 （图5-4-13）

12世纪
高 6.5 cm、径 20.0 cm
中国台北故宫博物院藏

　　此钵采用花口折沿设计，口沿呈现八瓣花式，各瓣间末端略起细棱，外观优雅且别致，此类花口折沿的造型在12世纪的高丽青瓷作品中属稀有之作。钵身深腹，弧形壁流畅，圈足略高且外撇，增强整体稳定感。钵内外壁均使用铁绘技法进行绘制。外壁描绘的是缠枝牡丹，枝蔓缠绕，花朵盛开，生机勃勃，内壁则是折枝花卉与简略花纹间隔排列。足端和底部均未施釉，露出黄褐色胎地，釉色略显黄色，有细微的开片，釉面含有较多的杂质并带有铁斑，呈现古朴韵味。

高丽青瓷铁绘草纹碗（3件1套）（图5-4-14）

12 世纪
高 7.8 cm、径 18.5 cm
日本大阪市立东洋陶瓷美术馆藏

　　此组器皿口沿微微外翻，腹部圆润饱满，圈足内凹。应为食器，为韩国寺院僧侣所用，多为三件或四件成套出现，从大到小用于盛饭、汤、菜肴等，更小型者用于盛水。釉色呈灰青色，透亮明丽，散发着温柔润滑的光泽。碗内壁仅在口沿下方装饰一条弦纹，外壁以铁绘饰两组成对草纹。韩国惠阴院遗址曾出土 77 件青瓷钵盂。在忠清南道泰安郡竹岛外海发现的沉船中，亦发现 51 套共 157 件与惠阴院遗址类似的青瓷碗组，这些发现揭示了青瓷食器的实际流通情况。

高丽青瓷铁绘堆花菊纹盒（图5-4-15）

13 世纪
高 4.0 cm、径 6.4 cm
中国台北故宫博物院藏

　　此盒的功能主要是为女性盛装化妆用品，如白粉、胭脂等。其造型和装饰均源自金银器或漆器。圆盒采用子母口设计，矮壁与凹足相结合，稳重大方又别致典雅。盒盖设计为平顶盖，与盒身紧密相连，增强了美观性和实用性。在装饰技法上采用堆花与铁绘两种技法，展现高丽青瓷工艺的精湛水平。器盖面以菊花纹为主要装饰，菊花花瓣层叠交错，形态各异，显得生机勃勃。盖周环绕黑白连珠纹，简洁而富有变化。器盖壁则饰以单层莲瓣纹，线条流畅，形态优美。器外壁同样饰莲瓣纹，与器盖壁的莲瓣纹方向相对，形成呼应与对比。此盒釉色偏黄，带有细碎开片，在青釉的衬托下，高丽陶工以稚拙的笔触描绘菊花与莲瓣，再搭配化妆土的使用，质朴而富有古趣。黄褐釉色和开片效果与堆花、铁绘技法相结合，更显此盒艺术魅力非凡。此圆盒不仅具有较高的艺术价值，也是研究高丽青瓷工艺和女性文化的重要实物资料。

高丽青瓷铁绘堆花辰砂彩菊纹油壶 （图5-4-16）

13 世纪
高 4.4 cm、径 7.4 cm
日本大阪市立东洋陶瓷美术馆藏

　　此壶器型小巧可爱，表面满釉，青釉发色良好，釉面光滑细腻，底部有三处硅石支烧痕。油壶上的菊花纹饰采用了堆花与铁绘技法施作，这种技法结合了绘画和雕刻的艺术形式，油壶上的纹饰也因此更富立体感和层次感。蕊心部分的辰砂彩尤为引人注目，其色彩鲜艳且持久。总体而言，此器装饰色彩艳丽，纹饰与器身尺寸搭配合宜，在视觉上和谐统一，符合现代审美。

高丽青瓷堆花草花纹水注 （图 5-4-17）

12 世纪
高 17.6 cm、长 24.4 cm、宽 16.8 cm
日本大阪市立东洋陶瓷美术馆藏

  此器整体形态圆润且硕大，呈平口设计，唇部显著突出，足部为凹陷状，釉层均匀施于器身。壶盖简洁素雅，无多余装饰。然仔细观察可发现，其上留有修理痕迹，这或许见证了其历经岁月的沧桑与变迁。小盖之上带有系绳，便于操作与携带。其把手呈弓形，以便于稳定握持，前端同样设有系绳。在把手的中央部分，可见清晰压印，赋予其独特的审美价值。把手的侧缘高耸，与流口保持同一高度，把手表面以阴刻工艺雕刻竹节图案作为装饰元素。流口部分呈弯曲状，前端向前伸展，与壶盖平齐，形成流畅的线条。流身部分则采用阴刻技法刻出莲叶。在莲叶上方，还覆盖了一层白泥，增强了视觉上的层次感与立体感。器皿的腹壁部分采用两面开光设计，内部先敷一层白泥，再以阴刻技法描绘出草花纹饰。此种装饰手法赋予器皿以自然、清新之美感。

高丽青瓷堆花草花纹水注 （图 5-4-18）

12 世纪
高 18.2 cm、长 22.8 cm、宽 15.7 cm
日本大阪市立东洋陶瓷美术馆藏

　　此器以其圆润饱满的器型和独特的把手与注口设计，彰显高丽瓷器独特的艺术魅力。把手与注口设计带有力量感，不仅增强了水注的实用性，更增添了古朴与典雅之感。水注腹壁两面采用圆形开光设计，内部敷以白泥，再以细腻的阴刻技法装饰姿态娇弱的草花纹饰。这些草花纹饰仿佛随风轻舞，给人以宁静自然之美感。在青釉衬托下，白泥所绘制的花纹立体而生动，这便是堆花技法的精妙所在。本水注上的堆花技法运用得恰到好处，是高丽瓷器精湛工艺和工匠们独运匠心的直接体现。器盖上的花纹则以线刻技法描绘，线条流畅而细腻，与器身的堆花技法形成鲜明对比。此类水注的起源虽不明确，但在我国罕见至极，即使在高丽，也主要集中于陶瓷工艺相当成熟的 12 世纪，足见其对工艺要求之高，而这款水注更是其中的佼佼者。

第六章

高丽青瓷装饰纹样整理分类

一、牡丹纹

牡丹原产中国，有着 1600 多年的栽培史。在唐朝，牡丹更是艳压群芳，被誉为"花王"。其寓意丰富而深刻，牡丹花花瓣丰满且色彩艳丽，常被视为富贵荣华的象征；花形高雅端庄，代表着优雅高贵的气质；它在恶劣环境下也能茁壮生长，此种顽强的品质与人们对于勇气和坚韧的追求不谋而合；它还是浪漫、美丽爱情的象征，当情侣之间互赠牡丹花时，代表彼此之间的爱意和承诺。在春意盎然的季节里，牡丹花如同皇后般傲然绽放，朵朵红艳，光彩夺目，仿佛是大自然赐予大地的华丽饰品。其独特而艳丽的色彩，以及那层层叠叠、丰满圆润的花瓣，成为许多工艺品设计师钟爱的灵感来源。

在高丽青瓷这一古老而精湛的艺术中，牡丹纹被赋予了全新的生命和表现形式。工匠们运用高超的技艺，将牡丹的优雅与青瓷的细腻完美结合。在阴刻技法下，工匠们用锐利的刻刀在青瓷的胎体上轻轻勾勒，牡丹花轮廓逐渐清晰，娇艳的花朵正悄然绽放。这种技法要求工匠对牡丹的形态和神韵有深入的理解和把握。而挤压阳刻法则在阴刻的基础上更进一步，加压后线条更加突出，花朵的立体感更为强烈。这种技法刻出的牡丹，不仅形态逼真，而且质感丰富，那柔软的花瓣和饱满的花蕊仿佛触手可及。象嵌技法下，牡丹的表现更为独特。工匠们先在瓷坯上挖出花瓣的形状，然后以白色或赭色瓷土填充，外以细线勾边，叶粗壮而有规则，多有两个角裂，勾叶脉后填色。这些被简化或变形的花瓣，虽然失去了原花的细腻和真实，但在高丽青瓷中焕发别样光彩。它们相互交错、纷繁错落，视觉效果独特，让人感受到别样的艺术魅力。进沙技法则将牡丹花的变形推向了极致。工匠们在瓷胎表面撒上一层细细的沙粒，然后通过巧妙的控制，沙粒便在特定的部位形成图案。这些图案虽然与真实的牡丹花相去甚远，但在青釉色的衬托下，别有一番韵味。沙粒的质感和青釉的光泽相互映衬，牡丹花的形象更为立体生动。

高丽青瓷上的牡丹纹姿态多样，散发着独特魅力。盛开的牡丹，重瓣叠蕊，丰满圆润，色彩艳丽，尽展其华丽高贵之特质；含苞待放的牡丹，花瓣紧紧包裹着花蕊，一个个小巧玲珑的花苞，充满生命力与活力，给人以希望和期待；花茎弯曲的牡丹，花朵斜倚在枝干上，呈现出一种优雅自然的姿态；斜倚的牡丹，给人以温柔、娴静的感觉；低垂的牡丹，花瓣微微张开，露出花蕊，仿佛在向大地低头致敬，展现谦逊、内敛之品质。布局和组织手法亦变幻多样，有独枝、交枝、折枝、串枝、缠枝，或一枝独放，或两枝相交，或花叶缠绕。折枝牡丹、缠枝牡丹被广泛用于装饰瓶、碗、盘、罐等器皿的主要部位。

高丽青瓷牡丹纹的构图形式也多种多样。有主体突出构图：将一朵盛开的牡丹置于画面中心位置，周围配以绿叶或其他花卉作为衬托。这种构图方法能够突出牡丹的主体地位，使观者一眼就被其吸引。有均衡构图：在画面中均衡地分布几朵牡丹，形成左右对称或上下对称的构图。这种构图方法更显画面稳重、和谐。有斜线构图：利用牡丹花茎或枝叶的斜线形态，将画面分割成不同的区域。这种构图方法打破画面的单调性，增加画面的动感和层次感。有三角形构图：将几朵牡丹按照三角形的形状排列在画面中，形成稳定的构图。这种构图方法能够使画面具有稳定、庄严的美感。有散点式构图：在画面中随意分布几朵牡丹，形成自由、随意的构图。这种构图方法能够表现牡丹生长的自然状态，画面因而更加生动、活泼。（图6-1-1）

踵武前贤　临流摹影
高丽青瓷纹饰整理与绘录研究

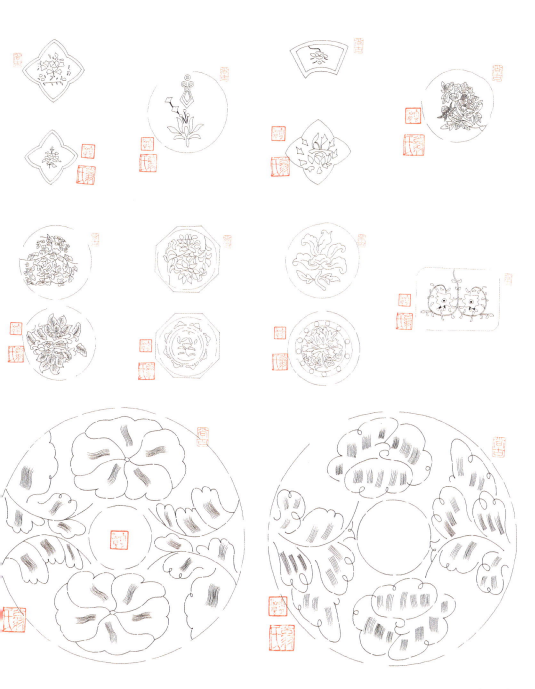

图6-1-1 牡丹纹（组图）

二、菊花纹

菊花，在寒风中傲然挺立，绽放美丽的花朵，以其独特的生命力与优雅的气质展现生命的顽强与坚韧，更象征着一种高洁、清雅、坚贞不屈的气节，是对那些在困境中仍能保持自我、坚守信念的人们最好的赞誉。因此，菊花纹在瓷器上的运用，往往代表着一种高尚的情操和追求。在高丽青瓷中，菊花纹也被广泛运用，成为瓷器装饰的重要元素之一。

在高丽青瓷的艺术世界里，菊花与莲花并驾齐驱，成为最常见的花卉元素。这种花卉不仅是一种装饰，更是艺术家表达情感、展现技艺的媒介。长期以来，菊花在青瓷上被赋予了各种各样的表现形式，如阴刻技法、模印技法、彩绘技法、象嵌技法等，每一种技法都展现出菊花独特的魅力。阴刻技法下，菊花的花瓣和枝叶被精心刻画，线条流畅而富有张力，仿佛能够感受到花瓣的柔软和枝叶的坚韧；模印技法保证纹饰的清晰度和一致性，菊花形象更为规整和美观；彩绘技法则让菊花表现更为丰富，呈现出古朴典雅的韵味，仿佛经过岁月的洗礼，更显沉静与庄重；而精美绝伦的象嵌技法更是将菊花的优雅与美丽展现得淋漓尽致，艺术家将各种颜色的瓷土精心组合，象嵌成一幅幅色彩丰富、层次分明的菊花图案。特别是以"百花嵌"技法表现的菊花，更是将菊花的繁盛与华丽推向极致。在百花嵌的菊花纹饰中，艺术家选择色彩鲜艳、质地细腻的瓷土，通过细心安排和布局，将其象嵌成一朵朵盛开的菊花。百花嵌技法在高丽青瓷中的应用，为菊花这一传统花卉元素注入了新的活力和魅力。通过菊花这一元素，艺术家将自己的情感与思想融入作品中，使其充满生命力和艺术感染力。高丽青瓷也因这种独特的艺术形式和表现手法，在世界陶瓷艺术中独树一帜，备受赞誉。

在构图上，菊花纹通常以单朵或多朵菊花为主体，搭配以枝叶、藤蔓等自然元素，在展现菊花优雅与美丽的同时也展现了人与自然和谐共生的画面。此外，菊花纹还常常与其他纹饰相结合，如与龙凤、牡丹等纹饰相配，形成更丰富的装饰效果，其蕴含的文化内涵也令人回味无穷。（图6-2-1）

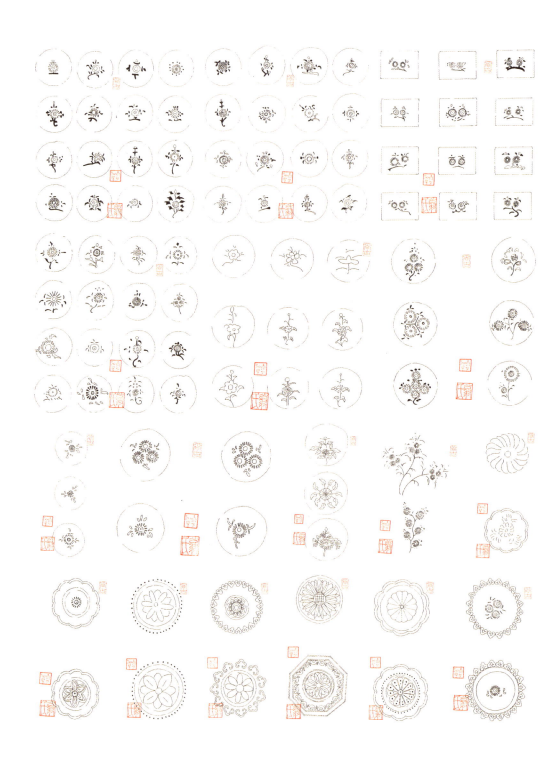

踵武前贤　临流摹影
高丽青瓷纹饰整理与绘录研究

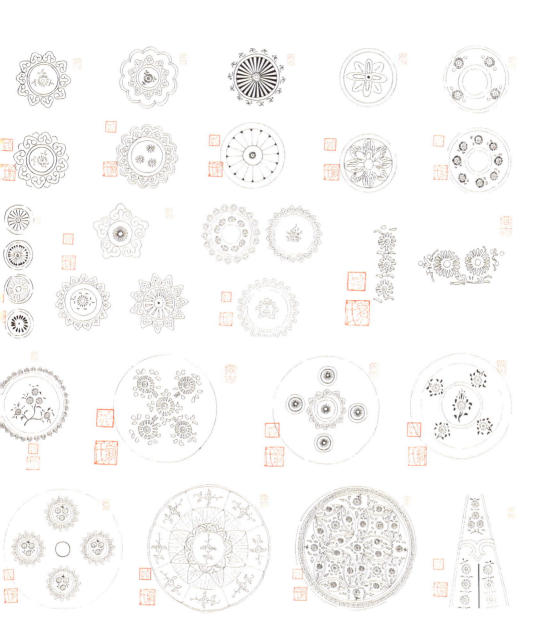

图6-2-1 菊花纹（组图）

三、莲花纹

　　追溯其历史，莲花纹在高丽青瓷中的出现，与佛教的传入和影响密不可分。莲花在佛教中象征着神圣和纯洁，因此，在佛教艺术中，莲花纹被广泛应用。同样，在高丽青瓷的艺术表达中，莲花也占据了举足轻重的地位，它不仅是一种装饰花纹，更承载着深厚的文化意涵。在高丽文化中，莲花还象征着长寿和圣洁。在佛教中，莲花被视为能够净化心灵、延年益寿的圣物，同时也被视为神圣的象征，代表着佛性、慈悲和清净。如来、观音等佛像常以莲花为座，体现了佛法的超脱和圣洁。这些象征意义在高丽青瓷的莲花纹中得到了充分体现。

　　在高丽青瓷中，莲花的形象以多种形式出现，其中最为常见的是以莲花为中心花纹的碗或碟子。这些器物的外表面会反复阴刻荷叶，形成细腻纹理，仿佛将大自然中的荷塘景色融入瓷器之中。莲花花朵往往与实际样子相似，但艺术家也会根据器物的形状和大小进行简化和变形，如莲花与宽叶、花枝或藤蔓形态相结合，形成丰富多样的图案。除了叶子，莲花的果实——莲子，也常被用作创作的素材。艺术家会在器物上阴刻几个小圆圈，以象征莲子的形状，或者将莲子形状的凸起物贴在碗上，增加器物的立体感和观赏性。

　　随着时间的推移，莲花纹在高丽青瓷中的表现方式也发生了一些变化。宽大的叶子逐渐被用作花纹材料，不仅在碗或碟子的外表面出现，还开始在盘子的内面、梅瓶和壶的上方等位置以中心花纹的形式展现。

　　高丽青瓷的莲花纹在表现形式上也是多种多样的，既有简洁的线型花纹，也有更具立体感的印花、模印、贴塑等技法塑造的阳刻莲瓣纹。这些莲花纹或单独出现，或与其他纹饰组合出现，共同构成了高丽青瓷独特的装饰风格。在构图上，高丽青瓷的莲花纹往往展现出柔美和谐的美感。例如，在一些青瓷瓶上，莲花纹以折枝形态出现，莲茎弯曲柔美，花瓣舒展自然，整体纹饰构图留白大，不会刻意放大纹饰尺寸强化视觉效果，而是通过优化图形设计提升纹饰的美学价值。这是高丽人民在审美上崇尚素雅简淡特点的体现。而莲瓣纹常以辅助纹饰被较多地运用在梅瓶或罐等器皿的肩部和底部，上下呼应，达到整体装饰效果的完整性和丰富性。

高丽青瓷的莲花纹是高丽青瓷工匠精湛技艺和高丽时期人们的审美观念和文化传统的直接体现。直到今天，这些珍贵的艺术品仍然被人们珍视和欣赏，成为传承和弘扬高丽文化的重要载体。（图 6-3-1）

图6-3-1 莲花纹（组图）

四、其他花卉纹

在高丽青瓷的艺术创作中，各种花卉素材和形态被赋予了丰富而独特的表现手法。艺术家通过不同的装饰技法，将宝相花、黄蜀葵、梅花等花卉元素展现得栩栩如生，充满了生命力和艺术感染力。

宝相花，这种具有浓厚佛教色彩的花卉，在高丽青瓷中常被用作重要的装饰元素。高丽匠人通过精细的阴刻技法，将宝相花的繁复花瓣和枝叶刻画得细腻入微，似乎能感受到每一枚花瓣的柔软和每一片枝叶的生机。同时，他们还会运用挤压阳刻技法，让宝相花的花纹在平面上略微凸起，增强其立体感和层次感。

黄蜀葵作为一种独特的花卉，在高丽青瓷中更多地采用阴刻技法来表现。匠人们将黄蜀葵的花瓣和枝叶用阴刻的方式刻画出来，有时还在边缘处用斜线雕刻，在保留了黄蜀葵本身的形态和色彩的基础上，使花纹本身看起来略显凸起，如朵朵黄蜀葵在瓷面上盛开。

梅花作为中国传统名花之一，在高丽青瓷中同样得到了精彩的展现。在高丽青瓷中通常采用象嵌技法来表现梅花，将其与竹子等其他元素相结合，梅花的枝干如同竹子般挺拔，花朵则如同象嵌在枝干上的宝石，晶莹剔透，美丽优雅。此外，梅花还常常以花枝的形态与蝴蝶一起象嵌在瓷面上，场景生动而有趣。

总之，高丽青瓷中的花卉装饰技法多样，每一种都独具特色。聪明的高丽匠人通过不同的表现手法将各种花卉元素融入作品中，让高丽青瓷呈现出更加丰富多彩、生动逼真的视觉效果。精美的花卉装饰不仅展现了艺术家的精湛技艺和独特审美观念，更为陶瓷艺术的发展增添了新的元素和动力。（图6-4-1）

图6-4-1 其他花卉纹（组图）

五、仙鹤纹

在各类青瓷艺术作品中，鹤纹以其独特的姿态和魅力频繁出现，成为艺术家表达情感和寄托理想的载体。鹤纹的飞翔姿态极具特色，它展开宽阔的翅膀，双腿水平伸直，仿佛正在天空中自由翱翔，这种姿态充满力量感和生命力，不仅展现了鹤的优雅和从容，也象征着人们对自由的向往。同时，鹤的形象往往又与"仙风道骨"相联系，代表着超脱尘世纷扰、追求内心宁静的理想状态。在古代传说中，鹤是神仙的坐骑，能够引领人们达到理想的境界，因此，鹤纹也被视为吉祥、长寿和健康的象征。

在造型上，高丽青瓷鹤纹饰的造型精细而生动，注重表现鹤的自然形态和优雅气质。鹤的身体修长而匀称，颈部弯曲而优美，翅膀展开或收拢都显得轻盈飘逸。鹤的羽毛细腻而丰富，通过色彩的层次和变化表现出羽毛的质感和光泽。鹤纹饰姿态各异，有静态的站立、栖息，优雅而宁静，仿佛沉醉于静谧的环境中沉思或小憩；又有动态的飞翔、起舞，生动而活泼，似正在天空中自由翱翔，舞动着轻盈的羽翼。无论是静态还是动态，均展现了鹤的优雅与活力。在鹤纹的描绘中，高丽匠人往往会对细节进行精心处理。例如，为了突出鹤的轻盈和飘逸，有时会省略掉黑色翅膀的羽翼部分，或者仅在腿两侧各绘制 1—3 个黑象嵌线，以此来营造一种简约而不失优雅的美感。同样，鹤头顶上的红斑也是其重要的特征之一。有时，匠人会用细黑象嵌线来勾勒出红斑的轮廓，使其更加醒目；有时则选择省略掉这一细节，让观者通过想象来感受鹤的神韵。[1]

在构图上，高丽青瓷的鹤纹饰匠心独运，运用对称或均衡的布局手法，赋予画面以稳定与和谐的视觉感受。鹤这一主题元素往往被安排在画面中心或显著位置，成为视觉焦点，单独出现的鹤纹通常作为主纹饰出现，但也有与其他元素组合出现的鹤纹，周围融入云纹、水纹等自然元素，在丰富画面的层次和细节的同时营造与自然和谐共融的宁静氛围。

在技法上，高丽青瓷鹤纹的技法精湛而独特，主要包括象嵌法、铁画法等。艺术家会根据创作需求采用不同的表现方式。有时，鹤的主体部分会采用简化的模印方式，快速勾勒出鹤的轮廓；有时则只进行白象嵌，即用白色瓷土填充鹤的身体部分；在极少的情况下，为追求更为简洁的艺术效果，艺术家甚至会省略掉鹤的喙和腿的部分。

在器型上，无论是碗、盘还是瓶、罐等，从中都可以看到仙鹤的身影。为使仙鹤与器型相得益彰，高丽匠人往往配合鹤纹的特点进行设计。例如，在碗和盘的边缘绘制鹤纹，使其与器型融为一体。仙鹤作为主体图案，也经常被安排在器身显著位置（如肩部或腹部）或环绕器身作连续重复装饰,成为视觉中心。（图6-5-1）

1　[韩]金尹贞：《高丽青瓷纹样的诗·画的要素和图像的独创性》，韩国美术史教育学会第24回全国学术大会专刊，2014年，第64—80页。

踵武前贤　临流摹影
高丽青瓷纹饰整理与绘录研究

图6-5-1　仙鹤纹（组图）

六、凤凰纹

　　凤凰在中国文化中是一个多元化的象征。在高丽文化中，凤凰文化同样极为丰富和深远，代表着爱情、吉祥、权力、坚韧不拔和完美主义等。凤凰作为一对雌雄相伴的神鸟，常被视为真挚爱情的象征，用来比喻夫妻之间的和谐与恩爱，寄托着夫妻之间不离不弃、白头偕老的美好愿望。凤凰又被誉为"百鸟之王"，代表着吉祥、和谐与幸福。古人深信，逢太平盛世、社会繁荣时代，凤凰便会翩然降临，故凤凰常被尊崇为世间安宁与和谐的象征。在民间，人们常用"龙凤呈祥"来表示吉祥如意、幸福美满的祝愿。凤凰还是皇权的象征，寓意着皇权的尊贵和至高无上。传说中，凤凰每次生命走到尽头时，周身会燃起熊熊烈火，然后在这炽热的火焰中涅槃重生，经历火炼之后，凤凰不仅得以重生，而且还会获得比之前更加强大、更加旺盛的生命力。因此，凤凰纹代表着坚韧不拔、义无反顾、勇于追求的执着精神。同时，凤凰的重生也寓意着经历困难后获得新生和希望。凤凰身上"五色备举"，美丽至极。这五色也被视为仁、义、礼、智、信五条伦理的象征。因此，凤凰也寓意着完美、美好和至高的境界。这些寓意不仅体现了凤凰作为神鸟的独特魅力，也反映了人们对美好、幸福、和谐生活的追求和向往。

　　凤凰纹的整体形象与鹤纹相似，都拥有修长而优雅的体态，以及轻盈飘逸的翅膀。然而，凤凰纹在细节上独具特色。其头部一般用黑色象嵌表现冠冕，象征着皇家的尊贵与权威。此种装饰不仅增添了凤凰的神秘感，更凸显了其在古代社会中的重要地位。此外，凤凰的尾羽是其最为独有的特征之一。与公鸡的尾羽相似，凤凰的尾羽被柔和地形象化，展现出柔美而又不失力量的美感。这种长长的、蜿蜒的尾羽不仅为凤凰增添了华丽的视觉效果，更寓意着吉祥、繁荣和好运。凤凰纹的姿态表现为"立凤"和"飞凤"。"立凤"头部尖尖，喙部伸展，双翅张开，尾羽连续而上翘，样子神气昂扬。立凤的形象在我国唐代的长沙窑瓷器、铜镜等器物上都有所体现。"飞凤"的姿态更加生动，翅膀从上下两侧展开，尾羽随风舞动，脚部则藏于羽毛之中。根据飞翔的不同造型，飞凤纹还可细分为"升凤"和"降凤"两类。升凤的姿态是头部朝上，尾羽向下，身体呈45°倾斜，给人以展翅高飞的感觉；降凤则相反，头部向下，尾羽向上飞舞，仿佛在寻找着什么或在呼唤同伴，展现出生动灵活的姿态。凤凰纹还常常与其他元素相结合，如牡丹、莲花等花卉纹饰，以及龙纹、鱼纹等动物纹饰。凤凰栖落在花草和祥云之间，不仅增添了画面的丰富性，也寓意着喜庆和美好。（图 6-6-1）

图6-6-1　凤凰纹（组图）

七、鹦鹉纹

　　高丽青瓷上的鹦鹉纹是一种具有独特魅力和文化内涵的装饰纹样。在传统文化中，鹦鹉自古以来便承载了丰富的象征意义。它代表着义气、吉祥和好运，其谐音"英武"更是赋予其英勇、威武的象征意义。这些美好的寓意使鹦鹉纹饰在陶瓷装饰中备受欢迎，成为陶瓷艺术中不可或缺的元素，在高丽青瓷装饰历史中也流行一时。鹦鹉纹饰不仅展示了高丽青瓷在造型设计上的精湛技艺，更寄托了高丽人对夫妻恩爱、家庭幸福的美好祝愿。

　　在造型上，鹦鹉纹通常描绘为鹦鹉的整体形象，包括身体比例、体态姿势等。在形象描绘上，鹦鹉往往被描绘为展翅飞翔、优雅多姿的形态，有时喙上还衔有绶带、璎珞、花草等装饰物，更添生动与活泼。鹦鹉的羽毛是其独特之处，因此在鹦鹉纹中，羽毛描绘是非常重要的一部分。虽然一般只用几根简单的线条进行绘制，但在绘制过程中，通过线条的长短、粗细、弧度等的变化来体现鹦鹉羽毛纹路、层次以及鹦鹉的飞翔姿态等，羽毛的精细描绘让鹦鹉形象更为细腻、逼真。

　　在构图上，鹦鹉常常被描绘在自然环境中，如树木、花草、溪流等，营造出一种宜人的景象。鹦鹉纹通常以两只或四只鹦鹉为主体，它们优雅地飞翔于瓷面，共同构筑了一个个圆满的图案。鹦鹉纹还常常出现在背景纹饰中，与其他纹饰相辅相成，共同构成一幅完整、丰富的图案。这种背景纹饰类的鹦鹉纹通常与其他吉祥纹饰成对出现，如龙、凤、鸳鸯等，寓意吉祥、幸福和美满。

在技法上，鹦鹉纹的表现方式多种多样，但最为常见的是阴刻技法。这种技法要求工匠运用熟练的刻刀技艺，使用清晰流畅的线条在瓷面刻画出鹦鹉的轮廓和羽毛，立体感和深度感极强。除阴刻技法外，部分鹦鹉纹还采用象嵌技法。这种技法将不同颜色的釉料填充在刻划出的图案中，经高温烧制后，形成色彩丰富、层次分明的装饰效果。因象嵌技法的运用，鹦鹉纹饰变得更加生动逼真，色彩更加鲜艳夺目。

在器型上，鹦鹉纹多见于日常使用的碗、碟等一些实用性较强的器皿之上。在精美的鹦鹉纹的装饰下，器皿变得雅致而充满韵味。此外，在高丽青瓷注子和盒具中也能看到一部分带有鹦鹉纹的作品。这些作品无论是在造型设计上还是在工艺技法上都体现了高丽青瓷的卓越成就。（图 6-7-1）

踵武前贤　临流摹影
高丽青瓷纹饰整理与绘录研究

图6-7-1　鹦鹉纹（组图）

八、蝴蝶纹

　　蝴蝶，以其绚丽的色彩和轻盈的舞姿，成为自然界中一道令人瞩目的优雅风景线。它们在空中翩翩起舞，无声无息地穿梭于花间，每一个转身和展翅都如同一位舞者在轻盈地演绎着生命的旋律。蝴蝶的翅膀，宛如丝绸般光滑，色彩斑斓，上面点缀着各种细腻的纹路和图案，是大自然最绚烂的画卷，将生命之美展现得淋漓尽致。因此，蝴蝶被人们视为象征着优雅与美丽的昆虫，它们的美丽和灵动成为人们心中永恒的向往。同时，蝴蝶更是被赋予了深刻的象征意义。它常被用作象征男女和谐、爱情美满。在古老的瓷器上，也经常可以看到蝴蝶的图案，它们以各种各样的姿态出现，仿佛在诉说着一段段动人的故事。

　　蝴蝶纹作为一种富有美感和文化寓意的纹饰，不仅展现了蝴蝶的轻盈与灵秀，更承载了人类对于生命、爱情和自由的向往与追求。无论是在我国古代还是韩国高丽时期，蝴蝶纹都以其独特的魅力吸引着人们的目光，成为跨越时空的艺术珍品。高丽蝴蝶纹的起源可追溯到我国古代，受宋代花鸟画影响，开始在瓷器等工艺品中广泛使用。蝴蝶纹多取蝴蝶对飞姿态作圆形构图，表现两只蝴蝶展开翅膀对舞的模样，展现蝴蝶翩翩起舞的轻盈姿态。两只蝴蝶相互凝视，似乎在倾诉着彼此的情感，又似在向世人展示它们的霓裳羽衣与曼妙玲珑。也有散点式构图法，即在瓶体上绘画三三两两聚集飞舞的蝴蝶，灵动又活泼。还有以草花与双飞蝶构成的团蝶纹均匀环布器壁，精致美观，令人叹为观止。另有一种在开片纹地上铁绘彩蝶翻飞的手法，更具艺术感染力。

高丽青瓷蝴蝶纹运用广泛，装饰手法多样。除了单独出现外，蝴蝶纹还经常与菊花、梅花、牡丹等花卉纹结合进行装饰。花卉与蝴蝶相互映衬，尽展动静之美。在装饰手法上，采用阴刻技法较多，也有选择黑白象嵌的方式，简化蝴蝶形态，只表现其翅膀部分，或者在蝴蝶形状上涂白土，简洁而明快的色彩搭配，于简约中不失优雅，令人陶醉其中。（图6-8-1）

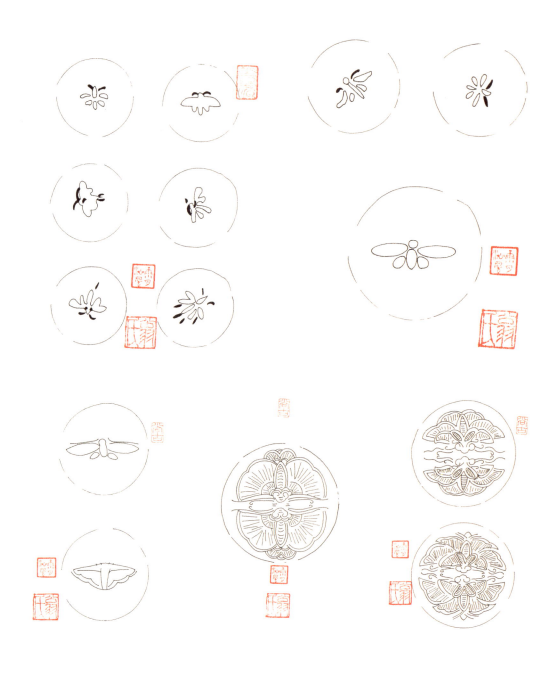

图6-8-1 蝴蝶纹（组图）

九、蒲柳水禽纹

在宁静的莲花池畔，一幅充满生机的画面徐徐展开：翠绿的柳树低垂着枝条，仿佛在轻拂着池水，它们的枝叶婆娑起舞，随风摇曳，带来阵阵清新的气息；池中的鸭子姿态各异，或悠闲地游弋，或嬉戏于蒲草之间，偶尔发出欢快的叫声打破周围的宁静；鸳鸯则成双成对地嬉戏，它们的身影在碧绿的莲叶间若隐若现；池中莲花竞相开放，粉红的花瓣在绿叶的映衬下显得格外娇艳；香蒲、水草和芦苇交织在一起，为这片水域增添了几分野趣；水中的鱼儿穿梭于莲叶之间，自由自在，仿似也陶醉于这美丽的景色之中。这便是高丽陶瓷艺术中深受人们喜爱和追捧的蒲柳水禽纹。

在高丽青瓷中，水边的风景可以用多种技法来表现。不过使用阴刻或阳刻技法来描绘水边风景的例子较少，象嵌技法是最常用的手法。通过精细的象嵌，可以将这些自然景观一一展现出来，无论是莲花的娇艳、柳树的婀娜，还是鸭子的灵动，都能被完美呈现。在画面布局上，有时会将所有的要素都表现在一起，构成一幅完整的画面；有时则只选择其中的几个要素进行表现，以突出其特点；有时为了突出某个主题，还会对某种要素进行简略的描绘，以形成独特的视觉效果。在鸭子的描绘上，艺术家通常喜欢将它们成对进行表现，这是因为鸭子在自然界中常常成双成对地出现。因此，这种描绘方式更具有深远的象征意义。在传统文化中，鸭子常常被视为吉祥的象征，尤其是科举时代，"鸭"与"甲"同音，因此有"科甲顺利，高中甲第"的寓意，而鸭与莲组合，则寄托了"连发科甲、连连高升"的美好祝愿。（图6-9-1）。

踵武前贤　临流摹影
高丽青瓷纹饰整理与绘录研究

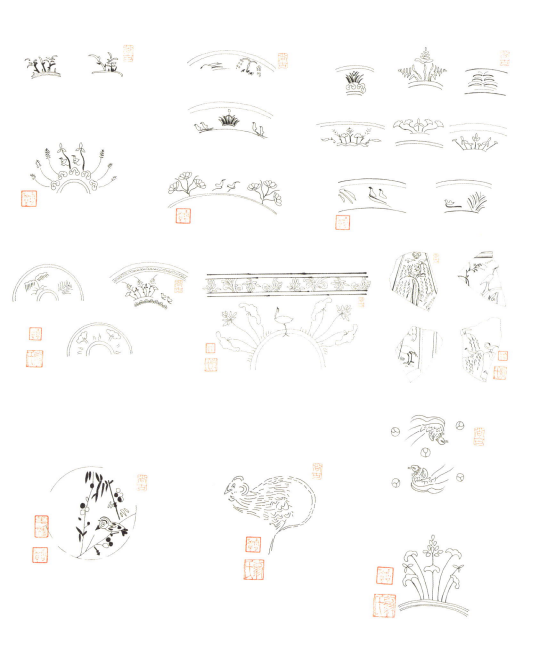

图6-9-1　蒲柳水禽纹（组图）

十、云纹

云，作为自然界中一种常见的存在，其纹样象征着长生、福寿。同时，云纹也寓意着吉祥、和谐与幸福，寄托了人们对生命延续和美好未来的向往。在中国及东亚文化中，云与哲学、神话等学科都有交织，其形象频繁出现在文学、艺术及日常生活中，成为一个富有象征意义的符号。

在陶瓷艺术领域，云彩形象首次在高丽青瓷上展现，是与鹦鹉纹相互映衬，以简洁而精致的阴刻手法刻画，寓意着天空之高远与自由。然而，真正使云朵形态得以完整呈现并大放异彩的，是象嵌技法的运用。云纹或作为主体纹饰被装饰在器物的显著位置，或作为辅助纹饰点缀在器物的边角和空隙处。当云朵与鹤这一象征长寿与吉祥的仙禽相结合时，整个画面便充满了飘逸与灵动之感。

高丽青瓷中的云纹以云雷纹居多，云雷纹来源于古代青铜器，是由远古最初的曲线图案逐渐发展为以直线表现的一种纹饰。高丽匠人还通过对云纹构形元素的"简化"和结构模式的"打散"，使其更趋于大气、明快、简练、圆润、自由，具有简约而富有力度的美感。随着历史的发展，云纹饰式也在不断演变，比如如意蝌蚪云纹、弹簧云纹、壬字云纹和三角如意头纹等，不同时期的云纹饰式都融入了各自时代因素的不同风貌。

在象嵌技法刻绘云纹中，虽然白象嵌是主要的表现手法，但为了更加突出云朵的层次感和立体感，工匠们也会巧妙地使用黑象嵌来勾勒云朵的边缘。通过黑白相间的色彩搭配，云朵的形态更为立体生动，如同飘浮于空中一般。值得一提的是，云纹在高丽青瓷中不仅以阴刻和象嵌两种手法呈现，还随着时间的推移和技艺的发展出现了多种变形。在高丽时代后期，青瓷上的云朵形态逐渐多样化，有的变成了花状，有的简化为点状或其他形状。此外，这些云朵形态的绘制手法也变得更加轻松自如，很多都是通过模印方式完成的。模印手法的运用不仅提高了生产效率，也使云朵的形态更加自然流畅。（图6-10-1）

踵武前贤　临流摹影
高丽青瓷纹饰整理与绘录研究

图6-10-1 云纹（组图）

十一、童子纹

童子纹寓意吉祥，在高丽青瓷上常见的表现有葡萄藤下游戏的童子和在莲间嬉闹的孩童，通常大面积施纹，留白很少或几乎没有留白。与中国童子纹饰不同，高丽青瓷中的童子形象并没有刻意展现得肥胖丰盈，而是基于纹饰整体风格来安排。有时只是刻划人物轮廓，不过多地雕刻细节，但呈现出的效果并不呆滞，仍具有活泼灵动的气息。以俯视角度的童子葡萄纹钵为例，钵的口沿一圈刻有简单的波浪线条和唐草纹装饰，钵内底部中心刻有莲瓣纹。主纹饰为阳刻出的四个童子在葡萄藤下嬉笑玩耍，分布在四个方向，动作各不相同。葡萄纹首尾相连，枝繁叶茂，整个纹饰细节雕刻细致入微。童子纹饰深受高丽贵族的喜爱，以此纹样装饰的青瓷在已婚贵族居所常见，一般作为摆件或女性的首饰盒。童子纹饰较少使用阴刻与阳刻的技法，因为刻刀尖锐，在转折或细节处不易处理得顺滑。为凸显纹饰的层次感和立体感，更多采用铁画和象嵌技法来表现。（图 6-11-1）

图6-11-1　童子纹（组图）

十二、铭文

高丽青瓷上的铭文主要出现在 12—14 世纪，在不同历史时期具有不同的特征，这些铭文为我们提供了辨识和断代的重要线索。12—13 世纪，高丽青瓷上的铭文以诗词和干支纪年为主。进入 14 世纪后，象嵌青瓷的铭文纹饰中出现了更多具有朝鲜半岛地域和民族特色的元素，这些纹饰与之前的铭文风格形成了鲜明对比。[1]（图 6-12-1）

（一）干支纪年铭文

有些高丽青瓷器表上可见一些干支纪年铭文，如己巳（推测为 1269 年）、庚午（推测为 1270 年）、壬申（推测为 1272 年）、癸酉（推测为 1273 年）、甲戌（推测为 1274 年）、壬午（推测为 1282 年）、乙未（推测为 1295 年）、丁亥（推测为 1347 年）等。[2] 除单纯的干支纪年铭文外，还有年号、干支并列的铭文，如"淳化三年壬辰（992）"铭等。[3]

1　唐邦城、张倩：《高丽青瓷的断代与辨伪》，《文物鉴定与鉴赏》2021年第19期。

2　[韩]郑良谟：《高丽陶瓷铭文的特征》，《东方收藏》2011年第6期。

3　[韩]海刚陶瓷美术馆：《支干铭象嵌青瓷》（图录）第2册，海刚陶瓷美术馆，1991年，第9—30页。

（二）器皿用处铭

表示器皿用处的铭有多种。王室铭如"御件""宫""皇帝万年""内"等，精细刻在外底，显示为王室用品。陵墓铭如"正陵""王室"等，多象嵌或阴刻在内底或外底。寺院铭主要在碗、盘的内底和壶的外壁以象嵌形式出现，如"万德""青龙"等，包括梵字和经文，也有铁沙铭。官司铭包括阴刻铭如"尚药局""良酝"等，多刻在外壁或外底。铁沙铭如"烧钱色"，反映官司用途。固有信仰铭涉及《高丽史》中的信仰记录，如"七元前排""十一曜前排"等，象嵌在器皿各处，可能与北斗、十一曜等祭祀相关，还有"天""地""鬼"等字。[1]

（三）作者铭及刻者铭

高丽青瓷的一个特点是不署制作人的姓名。[2] 虽然存在一些刻有作者名字的情况，但较为少见。明显标注作者名字的例子包括"照清造""崔吉会造""王公托造"等，其中，"照清造"是一个具体的例子，它以阴刻的方式出现在12世纪青瓷梅瓶的外底上。除了明显的作者名字，还有一些被推测为作者铭的阴刻铭文，如"孝文""纯关造付""景中""义藏""清""奔达""李""崔""崔信""敦章""昭青""教真""惠""丘""才"等。这些铭文通常出现在器皿的外底，以阴刻的方式呈现。[3] 在器皿外底上，用铁砂表示"成"字的例子也很多，这同样被推测为作者铭的一种形式。"××刻"的例子较为少见，如果"刻"字表示造型完成后在其上面刻制纹饰，那么这可能意味着当时的陶瓷业已经有了造型匠和雕刻匠的分工。[4]

1　[韩]郑良谟：《高丽青瓷》，[韩]金英美译，文物出版社，2000年，第29页。

2　[韩]郑良谟：《高丽陶瓷铭文的特征》，《东方收藏》2011年第6期。

3　[韩]郑良谟：《高丽青瓷》，[韩]金英美译，文物出版社，2000年，第30页。

4　[韩]郑良谟：《高丽青瓷》，[韩]金英美译，文物出版社，2000年，第28页。

（四）诗文铭

基于朝鲜半岛当时对唐诗的追慕和广泛吸收，在 12—13 世纪的高丽青瓷器身上，常见五言绝句、五言律诗、七言绝句，铁沙铭为七言绝句。此外，在铁彩上有白象嵌的异样形式的诗文，即五言两行和六言两行并记的例子。[1] 这些诗词有的来自著名诗人如白居易、王维、韩愈等，有的则来自知名度较低的诗人，如朱彬、李崇嗣等。诗文铭大多装饰于盛酒的瓶或壶上，使用者在饮用美酒时不忘享受这份雅致与浪漫。韩国国立中央博物馆收藏的刻花开光象嵌诗文葫芦形瓶极具代表性。该瓶口径 2.5 厘米，底径 11.1 厘米，高 39.3 厘米，呈葫芦状，近口部设有小环。瓶身通体饰以莲花缠枝唐草纹，腹部有前后对称的两个开光，内各象嵌两句七言诗，分别为"细镂金花碧玉壶，豪家应是喜提壶"和"须知贺老乘清兴，抱向春深醉镜湖"。诗文以黑色行楷字体呈现。[2]

（五）建筑物结构铭

建筑物结构铭主要记录了高丽时期建筑中使用青瓷瓦的情况。据《高丽史》记载，毅宗时期在观澜亭北边建养怡亭，并用青瓷瓦覆盖其顶。这一说法在后续的考古发掘中得到了证实，特别是在全罗南道康津郡大口面沙堂里青瓷窑遗址中发现了大量的青瓷瓦原型及碎片[3]，其中包括阴刻铭文标记瓦片在屋顶中所属位置的青瓷瓦。这些发现表明，高丽时期的建筑使用了多种形状的青瓷瓦，如曲折、棱角、歪斜等，以适应不同的建筑部位。但青瓷瓦不如陶瓦灵活，因此在使用上可能受到一定限制。作为建筑物结构的铭文有"二五""楼西面南""楼

---

1 [韩]郑良谟：《高丽陶瓷铭文的特征》，《东方收藏》2011年第6期。
2 [韩]郑良谟：《高丽青瓷》，[韩]金英美译，文物出版社，2000年，第31页。
3 [韩]郑良谟：《高丽陶瓷铭文的特征》，《东方收藏》2011年第6期。

南""西楼"等。[1]

（六）制作窑符号铭

在全罗南道康津郡大口面沙堂里青瓷窑址的出土瓷片中，外底中央常见"○"或"木"符号。其中，"○"符号尤为普遍。[2]这些符号被初步判定为窑的标识，可能用于区分不同窑口或同一窑口内不同批次、工艺的瓷器。此类符号对研究古代瓷器生产、流通及分布具有显著价值。[3]

（七）青瓷制作用试验试料铭

"桐""紫""灰"这些词语在试验试料铭中出现，这些铭文的具体含义和目的至今仍然模糊。推测是为了研究如何改善青瓷的发色，或者是为了研究有关铁彩的彩料或象嵌赭土等材料的成分比而进行了试验，在试验中以这些词语为标记。

（八）其他铭文

除上述铭文外，还有一些文字如"升""甲""禾""长吉""官""庄"等，均采用阴刻的方式呈现，可能包含了作者或刻者的标识。另外还有"俞""公须""陶令花盏""阳哚枯木树""华山""无夫酒女单出□者□来□良""仇"等独特字样。[4]

1　[韩]郑良谟：《高丽青瓷》，[韩]全英美译，文物出版社，2000年，第30页。
2　[韩]郑良谟：《高丽陶瓷铭文的特征》，《东方收藏》2011年第6期。
3　[韩]郑良谟：《高丽青瓷》，[韩]全英美译，文物出版社，2000年，第29页。
4　[韩]郑良谟：《高丽陶瓷铭文的特征》，《东方收藏》2011年第6期。

图6-12-1 铭文（组图）

十三、水波鱼纹

水波鱼纹是高丽传统陶瓷艺术中常见的一种纹饰，它结合水波的流动感和鱼的生动形态，形成独特而富有动感的视觉效果，体现人们对于自然和生命的敬畏与热爱。水波鱼纹中的水波部分，通常表现为形似小山丘的波浪，一个挨着一个，中间加以线条形成水纹，重复造型不断增加，波浪呈斜上走势，自然排列，让人感受到水波的起伏和流动感，仿若能听到水波荡漾的声音。而鱼的部分，通常表现为双鱼或相互对称的构图方式。鱼在水中自由穿梭，与水波相互映衬，形成和谐共生的画面。鱼代表着富饶、繁荣和子孙的繁衍，因此水波鱼纹也常常被视为吉祥、美好的象征。

在绘制或雕刻波浪时，艺术家追求的是既真实又富有动感的视觉效果。早期表现波浪时，它们被描绘得比较真实，仿佛正在海面上翻滚涌动。当采用阴刻技法来刻画大浪时，艺术家会运用细密而精致的线条来模拟波浪的纹理和起伏。线条紧密交织，波浪的细腻质感或浪涛的磅礴气势均被表现得淋漓尽致。在这种技法下，观者可感受到波浪翻滚的强烈动态和力量感。然而，在象嵌青瓷这一特殊的艺术形式中，波浪的表现方式又有所不同。艺术家将短黑象嵌线以不同方向排列，以此来模拟波浪的翻滚和涌动。这种表现手法虽然不如阴刻技法那般细腻，但更加简洁明了，赋予青瓷独特的韵味。

在绘制或雕刻鱼纹时，艺术家通常会选择双鱼相互对称的构图方式。这是因为鱼在传统文化中有着特殊的象征意义。由于鱼的产卵量大且常常成群结队游动，因此它们常与繁荣、富饶和繁衍后代相关联。同时，双鱼的构图方式，更是强调了和谐与夫妻和睦之寓意。（图6-13-1）

踵武前贤　临流摹影
高丽青瓷纹饰整理与绘录研究

图6-13-1 水波鱼纹（组图）

十四、水果纹

　　葡萄、石榴和荔枝，这三种水果不仅因其美味可口而深受人们喜爱，更因其丰富的内涵和象征意义在传统文化中占据重要地位。它们共同的特点在于拥有众多的精华——果实中的种子或籽粒，因而是富饶和子孙繁衍的象征。无论是在艺术作品还是在日常生活中，都可以看到这些水果的身影，它们以独特的魅力带给人们无尽的喜悦和美好。在高丽青瓷中，葡萄纹常被用于象征多产和富饶。艺术家通过精细的雕刻，将葡萄藤、叶子和葡萄果实生动地展现出来。葡萄果实通常被刻划得饱满紧实，颗粒分明，给人一种丰收和富饶的感觉。同时，葡萄纹还常与童子纹相结合，如童子在葡萄藤下嬉笑玩耍的场景，寓意多生子嗣。石榴作为一种果实饱满、籽粒众多的水果，也常被用于高丽青瓷的装饰中。石榴纹通常表现为石榴果实的形态，形状诱人，鲜红的外皮包裹着密密麻麻的籽粒，果实晶莹剔透，蕴含着无尽的生命力。石榴是富饶和子孙繁衍的极佳象征。荔枝同样承载着丰富的象征意义和文化内涵。荔枝的种子多，果实形状饱满，寓意多子多福；其外皮颜色鲜艳，寓意财富和收入源源不断；其果实内部有着鲜美多汁的果肉，象征美满的家庭生活；其长势快且具有旺盛的生长能力和较长的生命周期，象征健康长寿；其结果时有生机，象征吉祥如意。此外，高丽青瓷中的水果纹还有一些独特的表现手法。例如，艺术家会运用阴刻和阳刻等技法，将水果的轮廓和细节刻划得细腻入微。同时，他们还会根据纹饰整体风格的需要，对水果纹进行适度的夸张和变形，使其更加生动有趣。（图6-14-1）

踵武前贤　临流摹影
高丽青瓷纹饰整理与绘录研究

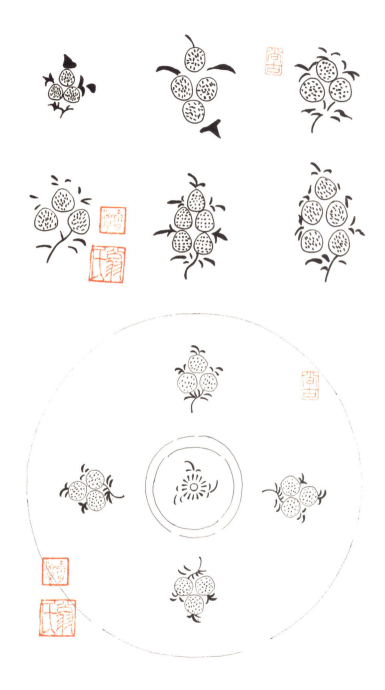

图6-14-1　水果纹（组图）

十五、黄目纹

《世宗实录·五礼》中有关于"黄目"的记载，其大致意思是："'稼彝'用来描绘丰收的禾稼，象征五谷丰登；'黄彝'则代表着黄色的尊贵与崇高。'黄'在此代表着中正平和，'目'则象征着气的清明与纯净，寓意着内心的中正与外在的清明。'黄目'象征着至高的地位和气运。在秋季与冬季的交替之际，祭祀时使用的礼器中，白色象征阴柔的质地和道义，黄色则象征着阴柔中的美好与诚信。这正是先王们运用颜色象征治国理念的一种体现。"

黄目纹是高丽青瓷中一种独特的表现形式。即在瓷器上装饰一双眼睛，其特点是将眉毛描绘成两条宛如疣白象牙般纤细的线条，眉尾处则采用柔软的曲线轻轻上翘，赋予眉毛灵动的美感。眼睛上下眼皮的设计相较于眉尾显得更为短促且厚实，在圆弧形的眼皮之间，眼尾上弯，其凝视前方的瞳孔散发着一种难以言喻的抽象美感，让观者在凝视中产生一种对视的错觉，仿佛这双眼睛正与观者进行一场无声的对话。而当眼尾微微下垂时，眼睛却依然保持上扬姿态，凝视前方的瞳孔更是让观者再次陷入对视的错觉之中。（图6-15-1）

踵武前贤　临流摹影
高丽青瓷纹饰整理与绘录研究

图6-15-1　黄目纹（组图）

十六、牛纹

　　高丽青瓷上的牛纹装饰，尤其是青瓷象嵌牛纹罐，主要出现在13世纪高丽王朝的祭祀器皿上。在高丽，祭祀时装入各种酒和水的礼器被称为"樽"，而青瓷象嵌牛纹罐又名"牺樽"，即樽体画着牛或牛形的礼器。樽象征尊严，用以敬酒有尊严顶天之意。在春季祭祀时会将牺樽作为礼器使用，以明水（清净的水）和醴齐（浊酒）装入牺樽进行供奉。这体现牛纹装饰在高丽青瓷中特殊的文化意义和象征作用。（图6-16-1）

图6-16-1　牛纹

踵武前贤　临流摹影
高丽青瓷纹饰整理与绘录研究

十七、辅助纹饰

在陶瓷艺术中，除了引人瞩目的主纹饰，那些看似简单却不可或缺的辅助纹饰同样扮演着举足轻重的角色。

这些辅助纹饰功能多样，主要用于分割器物的内面中央、边缘、上端和下端或侧面的区域，多装点在瓶类的颈、肩、胫及圆器的边缘等次要部位。其样式丰富多样，包括清新的莲瓣纹、寓意吉祥的如意头纹、精致的连珠纹、象征着永恒的"卍"字纹、藤蔓缠绕的缠枝纹、独特的龟甲纹，以及灵动飘逸的云鹤纹等。辅助纹饰的存在，不仅丰富了陶瓷的视觉层次，更可为主纹饰增光添彩。它们共同构成了一个有结构、有层次、有韵律、和谐又富于变化的整体纹饰。

高丽青瓷上的辅助纹饰经历了从写实到变形，再到简化的演变。早期的辅助纹饰往往追求逼真的形态，力求表现出自然的神韵。然而，随着时间的推移，高丽匠人开始更加注重纹饰的寓意和象征意义，因此，辅助纹饰也逐渐出现变形和简化。这种变化是高丽陶瓷工艺技术进步和人们审美观念转变的结果。

（一）如意头纹

如意头纹，也称如意纹或如意云纹，是一种具有深厚文化内涵和独特艺术魅力的装饰纹样，寓意着吉祥、如意和美满。高丽青瓷中的如意头纹源于中国传统文化中的如意和云纹元素，经过匠人的精心设计和制作，演变成独特的装饰风格。

如意头纹是以如意头或灵芝为来源形成的独特云朵形状。此形状既有流畅的曲线，又有柔和的转折，给人以和谐、自然之美感。在陶瓷装饰上，如意头纹通常以浮雕或彩绘形式呈现。如意头纹在陶瓷上并不单独出现，而是常与其他元素相结合。例如，大部分如意头纹的装饰器型是瓶，寓意"平安如意"，有的则与牡丹组合成"富贵如意"等吉祥图案。

高丽青瓷中的如意头纹通常采用阴刻、浮雕、彩绘等手法进行制作。阴刻手法通过线条的粗细、疏密、曲直等变化表现如意头纹独特的艺术魅力；浮雕手法通过堆塑、雕刻等方式使如意头纹凸起于胎面，形成立体视觉效果；彩绘手法则通过象嵌和铁绘等技法的运用和渲染，表现出如意头纹错落有致的丰富层次与极为细腻的纹理质感。（图6-17-1）

图6-17-1　如意头纹（组图）

踵武前贤　临流摹影
高丽青瓷纹饰整理与绘录研究

（二）莲瓣纹

莲瓣纹作为高丽青瓷中常见的辅助纹饰，以其独特的形态和寓意，为陶瓷器增添了别样韵味，其装饰特点和形式在不同历史时期和地域文化中有着不同的表现。

莲瓣纹具有独特的排列方式和夸张的外形。例如，12世纪的莲瓣纹每瓣自成一个单元，瓣与瓣之间均留有空隙，这种排列方式与之前相邻两瓣之间互相借用边线连为一体的排列方式有明显的区别。到了12世纪后半叶，莲瓣外形的画法也很有特色，瓣肩转折生硬，整体近似方形，外廓的粗直线与瓣内的细曲线形成一种直与曲、刚与柔的对立之美。

莲瓣纹以其独特的形态和丰富的变化，被划分为多种类型。其中最经典的莫过于几何形莲瓣纹。根据造型细腻程度的差异，又可细分为方折莲瓣纹和尖形莲瓣纹两大类。方折莲瓣纹以其近似长方形的整体形态脱颖而出，直边线条宽广而流畅，肩部直角转折略显生硬，瓣与瓣之间留有空隙，既保证整体和谐统一，又让纹样有呼吸空间。尖形莲瓣纹则具有较为尖锐的瓣尖，整体形态较为流畅。此外还有变形莲瓣纹，这种纹样在12—13世纪的瓷器装饰上十分流行，一般装饰在器物的肩部、顶盖或者胫部，是作为辅助纹饰来使用的，更富于图案化和装饰性。变形莲瓣纹的基本形态是外形呈壶门状，将圆形的莲瓣规矩化，将莲瓣的圆转处折成方角，以便于装饰。在中门的空白处描绘各种图案，以花卉为主，还有云头、八宝、杂宝等，力求规矩内变。变形莲瓣纹有仰、覆之分，瓣尖向上的为仰莲瓣纹，瓣尖向下的为覆莲瓣纹。[1]

刻划和模印是莲瓣纹装饰的主要手法。也有采用堆塑手法将莲瓣纹装饰在器物腹部的，有的还分几层装饰在器物的颈、腹、足各个部位，繁缛而华丽。还有以雕刻的方式装饰多层莲瓣纹的，刀法犀利，匀净利落。（图6-17-2）

1　龙霄飞：《古陶瓷纹饰琐谈：莲瓣纹、八大码、变形莲瓣纹》，《收藏家》2008年第5期。

图6-17-2 莲瓣纹（组图）

（三）连珠纹

连珠纹又称联珠纹、圈带纹。连珠纹由大小基本相同的圆形或球形组成，排列成一字形、圆弧形或"S"形，整体线条简洁而流畅，给人以优雅、和谐的美感。连珠纹的样式以圆形为主，表示太阳，环形则象征太阳放射的光辉。在古代，它常被视为光明和希望的象征。连珠纹最初来源于古波斯萨珊王朝，后经过丝绸之路传入中国，又经中国被高丽匠人所临摹，继而在高丽得到进一步的发展和创新。因此，它融合了东西方文化的特色，具有跨文化交流的价值。

连珠纹的基本形式是由一串彼此相连的圆形或球形组成，这些"珠"可以是实心圆、空心圆或同心圆。其排列方式多样，可以连续成直线形，也可以环绕成圆形，还可以扭曲成弧形。同时，连珠纹既可以单独使用，也可以与花卉、动物等纹饰相结合。

高丽陶工在绘制连珠纹时，会采用不同的绘制技法，如釉上彩、釉下彩等。通过精细的笔触和色彩搭配，展现出连珠纹多层结构与精致的质感表现。此外还可以采用雕刻技法在陶瓷上表现连珠纹。通过雕刻刀具的精细操作，在陶瓷表面塑造出立体而生动的连珠纹形象。有时，为了更好地表现连珠纹的艺术装饰效果，也会采用综合技法进行制作。例如，在雕刻的基础上进行彩绘，或者将连珠纹与其他装饰技法结合使用，以达到更好的艺术效果。（图6-17-3）

踵武前贤　临流摹影
高丽青瓷纹饰整理与绘录研究

图6-17-3　连珠纹（组图）

（四）云鹤纹

云鹤纹，顾名思义，是由云纹和鹤纹组合而成的纹饰。鹤一直被视为吉祥、长寿的象征，云则常常代表天空、自由和高远。因此，云纹和鹤纹的结合既表现了仙鹤在云端飞翔的优雅和飘逸，也寓意着吉祥、长寿和超凡脱俗。

在高丽青瓷中，云鹤纹常常作为主体纹饰的陪衬或背景出现，为主纹饰增添灵动和飘逸的气息。如在一些以人物或动物为主题的瓷器上，云鹤纹被象嵌在空白处或作为背景。同时，云鹤纹也常常被用于装饰瓷器的边缘或底部，以增加瓷器的整体美感和艺术价值。

12世纪后半叶，高丽青瓷通过积极吸纳花鸟画等母题，试图达到与宋代陶瓷不同的独创性。在云鹤纹的表现上，高丽青瓷显然采用了当时较为新颖的图像样式，与已经定型的高丽青瓷中的其他鹤纹图像，如源自契丹画的六鹤和草虫，或以北宋绘画为渊源的芦雁等有所不同。这种创新不仅体现在图像的选取上，也体现在装饰技法的运用上。高丽青瓷的云鹤纹之所以成为其特色，与其独特的装饰技法——象嵌技法有着密切关系。这种技法在东亚陶瓷中发展到了极致：能够将飞舞于靛蓝青空的白鹤与浮云，通过青瓷的釉色、白土以及发色呈黑的赭土等材质，精彩地再现出来。同时，使用具有"天圆"之意的器型，如梅瓶和碗等，进一步强化了云鹤纹的完整意象。

此外，高丽青瓷在吸纳云鹤纹时，不仅从绘画等艺术形式中汲取灵感，还从织品等其他媒材中汲取营养。通过跨媒介的借鉴和融合，高丽青瓷的云鹤纹在保持传统韵味的同时，又展现出独特的艺术魅力。（图6-17-4）

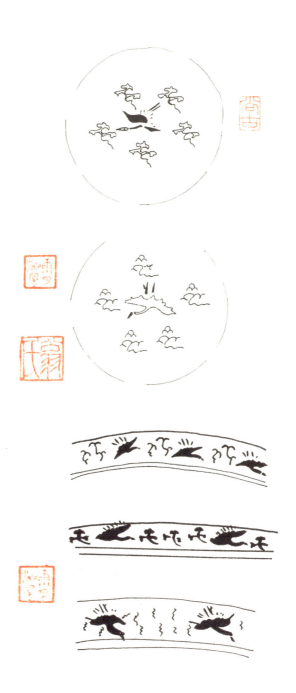

图6-17-4 云鹤纹（组图）

（五）缠枝纹

缠枝纹以其循环往复、变化多端的特点和深刻的寓意，成为高丽青瓷艺术中的一大特色。缠枝纹以藤蔓、唐草为基础提炼而成，经过艺术加工，线条更具飘逸感。缠枝纹所表现的"缠枝"，常常以常青藤、扶芳藤、紫藤、忍冬、爬山虎、凌霄和葡萄等藤蔓植物为原型。[1] 其特点是以植物的枝或藤蔓作骨架，向上下、左右延伸，形成波线式的二方连续或四方连续，循环往复，变化无穷。高丽青瓷的缠枝纹通常表现为一种循环往复、变化多端且婉转流畅的图案，其构图机理是以波状线与切圆线相结合，形成波卷缠绵的基本样式。在切圆中或波线上，常缀以花卉，并点以叶子，形成枝茎缠绕、花繁叶茂的纹饰形式。

在高丽青瓷中，缠枝纹常常与童子纹相结合，通过精细的雕刻和生动的描绘，展现出活泼灵动的气息和生动的场景。（图6-17-5）

---

1 毛佳佳：《意必吉祥的清式家具装饰纹样分析》，《现代装饰（理论）》2016年第4期。

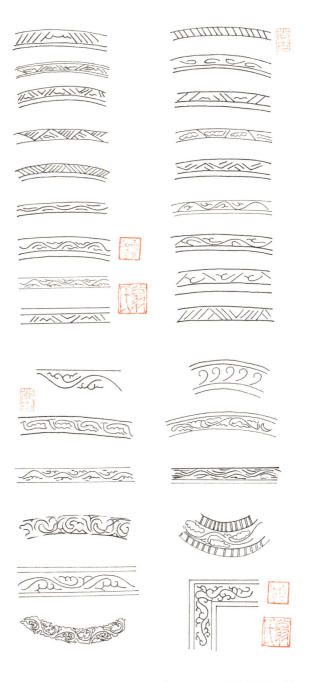

图6-17-5　缠枝纹（组图）

（六）"卐"字纹

　　"卐"字纹（或反写作"卍"字纹）的来源具有深厚的宗教和文化背景。它最初是古代印度宗教的吉祥标志，被称为"Srivatsa"，意为"吉祥之所集"。在佛教中，它被视为释迦牟尼胸部所现的"瑞相"，用作"万德"吉祥的标志。这个符号在古代印度、波斯、希腊等国家中都有出现，不仅在佛教中有所应用，婆罗门教、耆那教等也均有使用。在我国唐代，武则天当政时，"卐"字被正式用作汉字，读作"万"，含义为"吉祥万德之所集"。

　　"卐"字纹在形式上通常表现为一种旋转的形态，像天空中气流循环时所产生的螺旋，也像流水中常出现的一种水旋。这种无头无尾、连续反复的形态，与韩国崇拜的太极螺旋图形相似，是无限循环的宇宙和生命永无休止的象征。

　　"卐"字纹的基本形式是一个类似于"卐"或"卍"的符号，有时会根据设计需要进行变化和调整。在高丽青瓷中，"卐"字纹有时会四端向外延伸，演化成寓意绵延不绝和万福万寿不断头的锦纹，也叫"万寿锦"。高丽青瓷中的"卐"字纹在构图和布局上也展现出独特风格，往往与其他纹饰如花卉纹、云纹等相结合，形成丰富多彩的装饰效果。（图6-17-6）

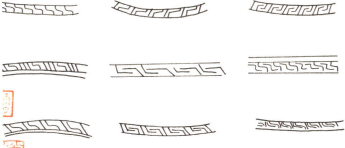

图6-17-6 "卍"字纹（组图）

（七）龟甲纹

龟是一种具有长寿寓意的动物，因此龟甲纹也被视为一种吉祥纹饰，常用于表达对于生命、健康和长寿的祝愿。龟甲纹，也称"龟背纹"或"龟壳纹"，通常是指一种模仿龟背甲壳纹理的装饰纹样，其纹理与龟背上的甲壳纹理相似，呈现出一种规则的几何形状，如六角形等。这种纹饰通常具有连续性和重复性。在陶瓷艺术装饰中并不罕见，因其独特的纹理和象征意义而受到青睐。

在高丽青瓷中，龟甲纹因其独特的几何形式，常作为地纹使用，或与其他纹饰结合进行装饰。但无论以何种形式出现，通常都会呈现出一种自然、古朴的美感。龟甲纹的纹理繁复而有序，是人类对于自然美的追求和模仿，具有自然的原始美。（图6-17-7）

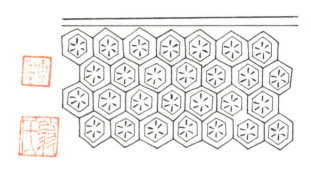

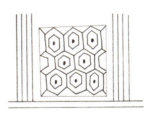

图6-17-7　龟甲纹（组图）

参考文献

（元）脱脱等：《宋史》，清乾隆武英殿刻本。

[朝鲜] 郑麟趾等：《高丽史》，国书刊行会，1908—1909 年。

（宋）叶真：《坦斋笔衡》，商务印书馆，1930 年。

R. L. Hobson. A Catalogue of Chinese and Porcelain in the Collection of Sir Parcival David. London : The Stourton Press, 1934.

[日] 小田省吾：《朝鲜陶瓷史文献考》，学艺书院，1936 年。

[日] 内山省三：《朝鲜陶瓷鉴赏》，学艺书院，1936 年。

陈万里：《越器图录》，中华书局，1937 年。

[日] 野守建：《高丽陶瓷的研究》，清闲舍，1945 年。

王逊：《朝鲜古艺术和中国的关系》，《文物》1950 年第 12 期。

[韩] 高裕燮：《高丽青瓷》，乙酉文化社，1954 年

陈万里：《中国青瓷史略》，上海人民出版社，1956 年。

（清）徐松：《宋会要辑稿》，中华书局，1957 年。

（元）陶宗仪：《南村辍耕录》，中华书局，1959 年。

[日] 内藤匡：《改订古陶瓷的科学》，二玄社，1962 年。

[韩] 崔淳雨：《康津沙堂里窑址出土青瓷瓦》，《美术资料》（9），韩国国立中央博物馆，1964 年。

[韩] 金万钟：《青瓷色的科学》，《科学世纪》（3），科学世纪社，1965 年。

[韩] 崔淳雨：《康津沙堂里窑址出土高丽青瓷砖》，《考古美术》（89），韩国美术史学会，1968 年。

[日] 中野政树：《日本的美术（42）：和镜》，至文堂，1969 年。

踵武前贤　临流摹影
高丽青瓷纹饰整理与绘录研究

［日］小山富士夫：《高丽·李朝的陶瓷》，每日新闻社，1974年。

（明）宋濂等：《元史》，中华书局，1976年。

［韩］韩国国立中央博物馆：《韩国美术五千年》，光明出版社，1976年。

［日］矢部良明：《宋代青瓷的展开》，《世界陶瓷全集（12·宋）》，小学馆，1977年。

［日］长谷部乐尔：《高丽青瓷》，《陶瓷大系》（29），平凡社，1977年。

［日］冈田卫、相贺徹夫、相贺昌宏等编：《世界陶瓷全集（18）·高丽》，小学馆，1978年。

［日］吉冈完祐：《关于高丽青瓷发生的研究》，崇田大学硕士学位论文，1979年。

叶宏明、曹鹤鸣、程朱海：《浙江古代青瓷工艺发展过程的研究》，《硅酸盐通报》1980年第3期。

［韩］崔淳雨：《韩国青瓷陶窑址》，韩国精神文化研究院，1982年。

中国硅酸盐学会编：《中国陶瓷史》，文物出版社，1982年。

叶喆民：《中国古陶瓷科学浅说》，轻工业出版社，1982年。

（宋）徐兢：《宣和奉使高丽图经》，中华书局，1985年。

（宋）太平老人：《袖中锦》，中华书局，1985年。

［韩］尹龙二：《高丽陶瓷窑址的研究》，《考古美术》1986年第171、172期合集。

［韩］尹龙二：《高丽陶瓷的变迁》，《涧松文化》（陶瓷Ⅵ），韩国民族美术研究所，1986年。

［韩］郑良谟：《高丽陶瓷的研究》，《考古美术》1986年第171、172期合辑。

（宋）周密：《癸辛杂识》，吴企明点校，中华书局，1988年。

［韩］国立光州博物馆：《全南地方陶窑址调查报告》（11），国立光州博物馆，1988年。

［日］根津美术馆编：《唐瓷》，根津美术馆，1988年。

［韩］姜敬淑：《韩国陶瓷史》，一志社，1989 年。

（元）不著撰人：《元典章》，中国书店，1990 年。

［韩］韩国考古美术研究所：《关于韩国瓷器发生的诸问题》，1990 年。

［日］大阪市立东洋陶瓷美术馆编：《高丽的金属器与陶瓷器》，大阪市立东洋陶瓷美术馆，1991 年。

熊海堂：《中朝窑业技术交流史论（前篇）》，《东南文化》1991 年第 1 期。

［韩］郑良谟：《高丽陶瓷铭文的性质·高丽陶瓷铭文》，韩国国立中央博物馆，1992 年。

［日］伊藤郁太郎、肥塚良三、出川哲朗等编：《高丽青瓷的诱惑》，大阪市美术振兴协会，1992 年。

熊海堂：《东亚窑业技术发展与交流史研究》，南京大学出版社，1995 年。

中国社会科学院考古研究所、浙江省文物考古研究所、杭州市园林文物局：《南宋官窑》，中国大百科全书出版社，1996 年。

陈尚胜：《唐代的新罗侨民社区》，《历史研究》1996 年第 1 期。

金立言：《略论李朝陶瓷》，《收藏家》1997 年第 2 期。

［日］川本重雄、小泉和子：《类聚杂要抄指圆卷》，中央公论美术出版，1998 年。

河北省文物研究所、保定市文物管理处：《五代王处直墓》，文物出版社，1998 年。

林士民：《青瓷与越窑》，上海古籍出版社，1999 年。

［韩］金银珍：《高丽青瓷—贵族风度：兼谈韩国传统陶瓷美学意蕴》，《景德镇陶瓷》1999 年第 C1 期。

［韩］郑良谟：《高丽青瓷》，［韩］金英美译，文物出版社，2000 年。

［韩］李喜宽：《高丽青磁史上之康津窑和扶安窑——湖严美术馆所藏青磁象嵌菊牡丹文"辛丑"铭砚台铭文之检讨》，全罗南道康津青瓷资料博物馆，2000 年。

踵武前贤　临流摹影
高丽青瓷纹饰整理与绘录研究

冯小琦:《深受中国瓷器影响的高丽青瓷》,《收藏家》2000 年第 6 期。

[韩]龙仁市史编撰委员会等:《龙仁西里高丽白瓷窑址的再探讨》,经济出版社,2001 年。

沈起炜:《中国历史大事年表(古代卷)》,上海辞书出版社,2001 年。

彭善国:《宋元时期中国与朝鲜半岛的瓷器交流》,《中原文物》2001 年第 2 期。

金英兰:《朝鲜半岛早期高丽青瓷初步研究:以中部地区砖筑窑为主》,吉林大学硕士学位论文,2011 年。

王光尧:《韩国访瓷札记》,《收藏家》2001 年第 11 期。

[韩]高丽大学韩国史研究室:《韩国史的再论》,高丽大学出版部,2002 年。

浙江省文物考古研究所、北京大学考古文博学院、慈溪市文物管理委员会编:《寺龙口越窑址》,文物出版社,2002 年。

浙江省文物考古研究所编:《浙江省文物考古研究学刊(第五辑):2002 越窑国际学术讨论会专辑》,杭州出版社,2002 年。

慈溪市博物馆编:《上林湖越窑》,文物出版社,2002 年。

成都市文物考古研究所、彭州市博物馆:《四川彭州宋代金银器窖藏》,科学出版社,2003 年。

(宋)李焘:《续资治通鉴长编》,上海师大古籍所、华东师大古籍所点校,中华书局,2004 年。

[日]大阪市立东洋陶瓷美术馆编集:《高丽青瓷的诞生》,财团法人大阪市美术振兴协会,2004 年。

[日]根津美术馆:《宋元之美——以传来的漆器为中心》,根津美术馆,2004 年。

赵丰:《辽代丝绸》,沐文堂美术出版社,2004 年。

中国织绣服饰全集编辑委员会编:《中国织绣服饰全集(第 1 卷)·织染卷》,天津人民美术出版社,2004 年。

盖之庸:《探寻逝去的王朝:辽耶律羽之墓》,内蒙古大学出版社,2004 年。

王光尧:《中国古代官窑制度》,紫禁城出版社,2004 年。

郭守龄:《中国青瓷与韩国高丽青瓷比较研究》,清华大学硕士学位论文,2004 年。

[韩] 张南原:《高丽中期青瓷研究》,Haean,2006 年。

马争鸣:《高丽青瓷与浙江青瓷比较研究》,《东方博物》2006 年第 2 期。

台北故宫博物院编:《大观——北宋汝窑特展》,台北故宫博物院,2006 年。

熊寥、熊微编注:《中国陶瓷古籍集成》,上海文化出版社,2006 年。

马争鸣:《高丽青瓷的器型特色》,《收藏家》2006 年第 6 期。

欧阳希君:《高丽青瓷与李朝瓷器略说》,《收藏》2006 年第 4 期。

[韩] 韩国国立中央博物馆:《中国陶瓷》,韩国国立中央博物馆,2007 年。

[韩] 尹龙二:《我国古陶瓷的美》,石枕出版社,2007 年。

陕西省考古研究院、法门寺博物馆、宝鸡市文物局等:《法门寺考古发掘报告》,文物出版社,2007 年。

孙建华、杨星宇:《大辽公主:陈国公主墓发掘纪实》,内蒙古大学出版社,2008 年。

龙霄飞:《古陶瓷纹饰琐谈:莲瓣纹、八大码、变形莲瓣纹》,《收藏家》2008 年第 5 期。

[韩] 姜敬仁:《高丽陶瓷新论》,学研文化社,2009 年。

[日] 大阪市立东洋陶瓷美术馆编:《北宋汝窑青瓷考古发掘成果展》,大阪美术振兴协会,2009 年。

台湾历史博物馆编辑委员会编辑:《天青·秘色:高丽青瓷展》,台湾历史博物馆,2009 年。

[日] 小林仁:《中国发现的高丽青瓷》,陈馨译,《收藏》2009 年第 11 期。

马争鸣:《中国出土的高丽青瓷》,《东方文物》2009 年第 4 期。

[韩] 金允贞:《高丽青瓷的制作背景和造型特征》,《当代韩国》2009 年第

踵武前贤　临流摹影
高丽青瓷纹饰整理与绘录研究

2 期。

（清）吴任臣:《十国春秋》，中华书局，2010 年。

蔡芝瑛:《论北宋瓷器对高丽青瓷的影响》，《陶瓷科学与艺术》2010 年第 3 期。

杨雨蕾、魏志江、蔡健等:《韩国的历史与文化》，中山大学出版社，2011 年。

王力军:《宋代明州与高丽》，科学出版社，2011 年。

[韩] 郑良谟:《高丽陶瓷铭文的特征》，《东方收藏》2011 年第 6 期。

徐光冀主编:《中国出土壁画全集》，科学出版社，2012 年。

沈琼华:《翡色出高丽:韩国康津高丽青瓷特展》，文物出版社，2012 年。

许雅惠:《宋代复古铜器风之域外传播初探——以十二至十五世纪的韩国为例》，《美术史研究集刊》2012 年第 32 期。

金英媛、冯晶晶:《朝鲜王朝的宫廷瓷器:以王室瓷器为中心》，《故宫博物院院刊》2012 年第 6 期。

冯小琦主编:《古代外销瓷器研究》，紫禁城出版社，2013 年。

[韩] 金尹贞:《高丽青瓷纹样的诗·画的要素和图像的独创性》，韩国美术史教育学会第 24 回全国学术大会专刊，2014 年。

乔芸芸、张琨:《韩国朝鲜时代瓷器上的汉字饰文研究》，《艺术品鉴》2015 年第 11 期。

[韩] 高丽青瓷博物馆编:《康津沙堂里高丽青瓷》，高丽青瓷博物馆，2016 年。

[韩] 姜星坤:《高丽青瓷中中国瓷器的特征和相关性研究》，韩国湖南大学论文集，2016 年。

谢捷:《浅析高丽青瓷从模仿到创新的原因》，《陶瓷科学与艺术》2016 年第 6 期。

陈墨缘、[韩] 姜星坤:《宋代青瓷的造型分析研究》，韩国湖南大学论文集，2017 年。

帅倩:《试析中国青瓷制瓷技艺影响下高丽青瓷的发展与传播》，《文物保护与考古科学》2017 年第 4 期。

宋凌晨:《三缘堂藏瓷集萃》,江苏凤凰美术出版社,2020 年。

唐邦城、张倩:《高丽青瓷的断代与辨伪》,《文物鉴定与鉴赏》2021 年第 19 期。

刘子萌:《中国宋朝瓷业管理制度对高丽瓷业制度的影响》,《陶瓷艺术》2023 年第 2 期。

后记

完成拙著之际，我深感责任重大，同时也满怀欣慰。这部专著不仅是对高丽青瓷装饰纹样的一次系统整理与深入研究，更是对前人研究成果的继承与发扬，是对中韩陶瓷艺术文化交流的一次深情致敬。

在撰写过程中，我深入探讨了高丽青瓷装饰纹样的艺术特点、历史背景与文化内涵，尝试从中找寻出与当时社会、文化、经济的密切联系，特别聚焦于高丽青瓷与我国浙江青瓷之间深厚的渊源关系。这一关系不仅体现在技术传承与相互影响上，更在审美理念、艺术风格乃至文化交流等多个层面展现出丰富的内涵。希望通过本书研究可以更好地解读两国陶瓷文化的历史脉络和发展趋势，为未来的陶瓷文化交流与合作提供有益的借鉴。这虽然是一项非常有趣的研究，但完成它并非易事。在搜集资料、整理纹饰、分析解读的过程中，我也遇到了困难和挑战。虽然在韩读博期间已积累了前期资料，但真正提笔撰写已是毕业回国一年多以后了，在文献、实物资料的深入查阅、研究以及韩语翻译和理解的准确性等方面都遇到了限制。有时，一个看似简单的纹饰背后，隐藏着复杂的历史背景和深厚的文化内涵，需要反复推敲、深入研究。但正是这些困难和挑战，让我更加深刻地认识到高丽青瓷装饰纹样的独特魅力和研究价值。

在此，我要特别感谢那些在我研究过程中给予帮助和支持的人。首先，感谢我的博士生导师姜星坤（강성곤）教授为本书作序并提供指导和帮助。在韩期间，他带我去韩国国立中央博物馆、韩国康

津高丽青瓷博物馆、韩国国立光州博物馆等地进行实地考察、查找资料，我也因此认识了诸多同为研究高丽青瓷的专家学者。感谢为我提供资料和信息的学者，你们的慷慨与热情，让我的研究更加深入和全面。感谢我的韩语老师李泳旼（이영민）女士，及时对我在韩语翻译和理解上的偏差及遗漏进行指正。还要感谢我的同事和朋友们，你们的鼓励和支持，让我更加坚定地走在研究的道路上。

最后，感谢我亲爱的父母和亲人们，你们的期望和信任，是我前行的动力；你们的包容和理解，让我能够专注于自己的追求，不断向前。在此，特别要感谢我的丈夫吴新伟先生，他不仅是我生活中的伴侣，也是我学术道路上不可或缺的支持者。共同的研究兴趣和学术追求促使我们紧密合作，共同推进这一领域的研究。他在青瓷刻划纹饰的研究领域有着丰富的经验和独到的见解，在本书中负责部分纹饰绘录以及第四章的文本撰写工作，对专著的完成做出了重要贡献。他的贡献不仅限于学术层面，更体现在对我工作和生活的无私付出和关心。当然，还要感谢我的一对可爱儿女——吴霁原和吴沁檀小朋友。你们的陪伴和支持，让我在面对挑战时不再孤单；你们微笑的脸庞是我心灵的港湾，让我在繁忙的研究中找到片刻欢乐和放松。你们是我生命中最宝贵的财富，也是我不断追求卓越的源泉。

拙著的完成，离不开身边每一个人的支持和鼓励。在此，再次向你们表达最真挚的感谢。愿我们的家庭永远充满爱和幸福，愿我的研究之路能够继续前行，为更多的人带来知识和启迪。

翁妙妙

2024 年 12 月 3 日